宮本常一と土佐源氏の真実

井出幸男

梟《ふくろう》社

まえがき
――本書の淵源

話は青春時代にまで遡る。今から五十年ほども前のことである。当時、国文学の研究者となる以前の私は、信濃毎日新聞社の記者で、警察担当、いわゆるサツ回りの駆け出しとして諏訪市に赴任していた。その駅前近くにあった古書店が、私の〝性〟にかかわる文献渉猟の〝入り口〟となる。両側にうずたかく本が積まれ、ひと一人がやっと通れる、二坪ほどもない狭い店のおじさん（店主であるが、失礼ながら確かなお名前は失念した）が、有り難い導き手となった。

毎日顔を出すうち、親しくなったおじさんは、私に対し、秘蔵の永井荷風の『四畳半襖の下張』や、小栗風葉作と称されていた『袖と袖』『むき玉子』などを惜しげもなく貸してくれた。独り身の私は、その類いの本を逐一コピーにとり、むさぼり読んだ。有り体に言えばその当初は、文学というよりは人間の〝性〟とその表現そのものに対する興味・関心が第一であり、徒然の慰めであったことは言うまでもない。これらの出版物は、当時は「猥褻文書」として警察の摘発もあり、「秘密出版」という、どこかうしろめたい〝裏文化〟の陰翳をおびていた。昨今のように「官能小説」という明るいイメージの言葉は使われていなかったと思う。

性科学者として著名な高橋鐵（一九〇七―七一）の諸著作、『あるす・あまとりあ』『人性記』などとの出会いもその頃であり、いわゆる地下秘密出版物専門の編集者で、『或る女』や『好いおんな』等の発禁好色本シリーズを刊行していた青木信光（一九三二―二〇〇六）の知遇を得るのも、そうした文献に対する興味の延長線での出来事となる。私はこの『好いおんな』シリーズの⑥において、『夜這奇譚』『破瓜異聞』の二篇とともに、三篇目として収載されていた『土佐乞食のいろざんげ』という作品に出会うのである。この作品を執筆した者が誰か、筆者は不明とされていたが、一読して、類書には見られない素朴で圧倒的な性の語りが、土俗の豊かなかおりを漂わせていて、極めて印象的であった（高橋鐵及び青木信光と『土佐乞食のいろざんげ』との具体的なかかわりについては第一章、三参照）。

個人的な〝性〟への興味から出発した、こうした研究以前の私の文献収集ではあったが、大正時代から昭和にかけて活躍した小倉清三郎（一八八二―一九四一）の「相対会」の資料にまで手をのばしているので、次第に探求的姿勢をおびていったのは確かであると思う。物事にこだわり、徹底しないとやまないのは、私の生まれつきの性分かもしれない。

そして、この『土佐乞食のいろざんげ』が、民俗学者宮本常一の代表作として名高い『忘れられた日本人』所収の『土佐源氏』の原形をなす作品であることを、驚きとともにはっきりと意識するのは、それから十数年後のことである。すなわち、私がかつて親しんだ秘密出版物と、「民俗誌」の名品とうたわれる作品とのかかわりに執着し、その結びつきに論文として取り組むに至るのには、民俗学を専門とする二人の友人、杉本仁・永池健二両氏との出会いが決定的な出来事となる。

私はすでに新聞社を辞めて再び修学、そののち国文学の研究者・教育者として再出発し、常勤として土佐の高知大学に赴任していたのであるが、その縁で、「土佐へ行くので『土佐源氏』と土佐の民俗について案内してほしい」という話がもちこまれ、主人公〝土佐源氏〟のモデルの地・檮原《ゆすはら》町へ三人で行くことになったのである。未だその任にたえない私は、案内役を地元の民俗学者・坂本正夫氏（当時高知県立歴史民俗資料館の館長をされていたと記憶している）にお願いした。「土佐民俗学会」を通じ、個人的にも親交を結んだ坂本氏との出会いも、また有り難い縁であった。前代の民俗における〝性意識及び結婚観〟については多くのことを教えていただいている（第二章、二三参照。なお、この時の取材記録は「資料編2　下元サカエ媼 聞書」として巻末に収録）。

書物の世界を越えたこうした実体験が、時をへだて、私の中の秘密出版本『土佐乞食のいろざんげ』の記憶にあらためてつながり、〝原作〟と〝名作〟との懸隔の実態、及び作者宮本常一の心の真実を探りたいという、私の研究心・探究心に火を付けることとなったのである。

それまでの膨大な性関連文献、資料収集のうち、個人的趣味に終わらず、この方面で研究論文にまで行きついたのはこの一件だけである。ここにお名前を挙げることができなかった多くの導き手、また論文の成り立ちにあたり、それぞれの場面で幸運にも助力をいただいた方々にも、心よりの感謝を捧げなければならないと思っている。

本書論文の執筆・成立に至る経緯について、余談を出るものではない個人的な思い出話を披露して、その淵源を述べてきたが、ところで、こうしたこしかたの秘密出版物渉猟の頃の読書体験をよみがえらせるにつけ、思うのは『土佐乞食のいろざんげ』がもっていた感動の高い水準である。

その〝みなもと〟にあるのは、実意に満ちた切実で具体的、かつ躍動的で圧倒的な性表現であると思う。また、それと一体の〝秋の夕日〟に象徴されるような哀切な情緒表現も、それまでのいわゆる秘密出版物には見られないすぐれた特質であろう。そのうち、哀切な抒情はそのまま『土佐源氏』に受け継がれたが、性器の俗語を駆使した胸を打つ性愛表現は、そのほとんどが切り取られ、打ち捨てられてしまったと言える。

しかしながら、闇に捨てられたそれらは、本当に「みだら」で「猥褻」なものであったのであろうか。原作の存在を明らかにし、その表現を復元して示し、論文として世に問う私の姿勢の拠り所の一つはここにある。ある意味では、私の青春の日々の復権でもあり、個人的には、ここにこそ人間存在の原点、人間が生きていく根源があると考えている。

『人間の性はなぜ奇妙に進化したのか』(ジャレド・ダイヤモンド、長谷川寿一訳、草思社文庫)によると、〝性〟を楽しみとし、かつ人目を避けることは、多くの動物の中にあっても、「人間固有の性的特徴」であり、一方では、その奇妙で異常な進化が、言語・文化など、人間固有の能力、特質を生み出した要因にもなったと教えてくれている。

そうした観点から見ると、かつての春画やその脇に添えられた文章の例を持ち出すまでもなく、前代までの民俗には、〝性〟にかかわる表現を積極的に取り入れ、生かしていくことが、〝文化〟として存在したことは確かである。春画・春本は私の論考の中にも点景として登場するが、ことに、性器・性愛の俗語表現が生産と結びつき、人間の生存にとって不可欠であった民俗芸能の事例については、さらに詳しく紹介している(第三章、おわりに、性愛表現と「忘れられた」民俗歌謡—の項参照)。

人間における〝性〟の意味を考える、この先の大きな問題はさておき、少なくとも、秘密出版物とされた原作『土佐乞食のいろざんげ』と、改作『土佐源氏』（雑誌『民話』には「土佐源氏―年よりたち五―」という標題で掲載され、『日本残酷物語』では「土佐檮原の乞食」と改題して収載された）との間に、近代という時代を生きた民俗学者、宮本常一の秘められた心の闇と真実が隠されていることは間違いない。

本書は、何とかして作者宮本常一を理解したい、『土佐源氏』の本質を明らかにしたいとの一心で取り組んだ結果でもある。予測できない瑕疵《かし》があるやもしれず、不十分な論究との誹《そし》りも免れないかもしれないが、私の示した論考、各資料が、おおかたのそれぞれの立場で受け止められ、宮本常一と『土佐源氏』の真実が、さらには人間存在の真実が追究される、その一助とならんことを心より願うものである。

本書の構成について一言しておくと、ここには『土佐源氏』にかかわる三編の論文と二編の資料とを収録している。

第一章に当てた論文（「『土佐源氏』の成立」）と資料編に収録した二編（『土佐乞食のいろざんげ』、「下元サカエ媼 聞書」）は、ともに柳田国男年報3『柳田国男・民俗の記述』（岩田書院、平成十二年十月）に収め、同時に公表したものである。資料編1の『土佐乞食のいろざんげ』が、本書でいう原作本に当たる。また資料編2の「下元サカエ媼 聞書」は、モデルとなった人物の子女からの聞書で、研究をともにした杉本仁、永池健二両氏のお力添えもあってこうした形にまとめることができた。

第二章（「『土佐源氏』の欠落」）に当てた論文（原題「『土佐源氏』再考――「悪党」強盗亀・池田亀五郎の語るもの」）は、『季刊 東北学』第四号（東北芸術工科大学東北文化研究センター、平成十七年七月）

に掲載されたものである。第一章の論からはおよそ五年の時間を経ている。第三章の論文（「『土佐源氏』の実像」）は、本書刊行のために用意した新稿であるが、第二章の論考からはさらに約十年の年月を要している。分量的には本書の約半分を占めるものとなった。

遅々たる歩みのまとめと言わざるを得ないが、一書としての刊行に辿りついた今、それぞれの場面でご理解・ご協力、ご支援を賜った多くの関連する方々に、厚く御礼を申し上げたい。

宮本常一と土佐源氏の真実・目次

宮本常一と土佐源氏の真実

第一章『土佐源氏』の成立

はじめに

『土佐源氏』が（その特異性はひとまず措《お》くとして）、〝宮本民俗学〟の方法を最も良く体現した著作の一つであり、またその代表作とも目されることは、ほぼ大方の一致するところと思われる。ただその一方で、早くから「創作ではないか」との疑問も出され、また近くは、その主人公を「作られた老乞食」とする検証[1]も示されるなど、民俗資料の記述の在り方をめぐっては、現在でもわれわれに重要な問題を問いかけている作品でもある。

その採集・取材源の実態については、私も平成九年八月、柳田国男研究会の友人とともに現地（高知県高岡郡檮原《ゆすはら》町四万川《しまがわ》区茶や谷）を訪れることができ、その設定にかなりの虚構が含まれていることが確認できた。取材成果の報告については別稿を用意しているが[2]、この調査行をきっかけに、私には『土佐源氏』の本文そのものの成り立ちの経緯についても、きちんと捉え直しておかなければいけないとの問題意識が明確に生じた。

私がそう考えるにいたる大きな理由の一つは、何年前になるのか、私は『土佐乞食のいろざんげ』（青木信光編、大正・昭和地下発禁文庫『好いおんな』⑥所収[3]）という著作を偶然目にしていたからである。それが『土佐源氏』の原作本ではないかと気づくのは数年後のことであるが、その記憶と真相を究明する必要性を、この調査・取材の過程ではっきりと呼び覚まされたのである。

一方は庶民の「生活誌」として高い評価を受け、もう一方は「地下秘密出版物」としてほとんど日の当たらない世界に置き去りにされている。もし同一作者の著作であるとしたら、その落差は見過ごすことができないほどに大きい。

本稿はその落差を埋め、作品『土佐源氏』成立の隠された状況を明らかにすることを目的とするが、そのことはとりもなおさず『土佐源氏』本来の表現意図を明らかにすることであり、正当な評価に至りつく道を見出すことになると考える。またさらには、本文成立の過程を検証する作業を通じ、結果的に〝宮本民俗学〟の本質あるいは評価にかかわる一つの鍵を示すことができればとも考えている。

一『土佐源氏』の位置——従来の評価、疑問と私見

『土佐源氏』は、単行本『忘れられた日本人』及び『日本残酷物語』1に収録され、広く世に知られることとなった。本文成立の経緯に立ち入る前に、それらの著作も含めて、これまで『土佐源氏』という作品が、宮本常一（一九〇七―八一）の仕事としてどのように受け止められ、どのように評価されてきたのか、つまり〝宮本民俗学〟における位置付けについて、従来の諸説を管見

の範囲でひとわたり押さえておきたい。本文成立の経緯にふれる発言もあるが、必要に応じてはそれらも取り上げることとする。

「生活誌」への強い志向

諸氏の論点を紹介・検討する前に、まず宮本自身がこの作品をどう捉え、位置付けていたのか、その説明を聞いておこう。

亡くなる二年余り前、昭和五十三年十二月に出された、自伝とも言うべき『民俗学の旅』（文藝春秋）における発言。その中では『土佐源氏』が雑誌『民話』（未来社）に隔月一回「年寄りたち」という題で連載したものの一つであり、それは「老人たちのライフヒストリーをまとめたものであった」と述べたあと、特に具体的に次のように記している。

私は檮原町四万川の橋の下で八十歳すぎの盲目の老人からそのライフヒストリーをきいたのである。世の中のアウトサイダーとして生涯を歩きつづけて来た人、おそらく最後は誰の印象にも残らないように消えていったであろうと思うその人にも、人間として生き、しかもわれわれよりはもっと深いところを歩いた過去があり、多くの考える問題を提供してくれる生きざまがあったのである。私の話は創作ではないかと疑って檮原町へたずねていった人があった。どこをあるいてもこの乞食を記憶する人はなかったが、最後に四万川でかすかにこの老人のことをおぼえている人に逢ったという。それほどひそやかな人生だったのである。（中略）どのようにささやかな人生でも、それぞれがみずからのいのち精一杯に生きるものはやはりすばらしいことである。生きるということは何かいろいろの意味があるだろうが、一人一人にとってはその可能性の限界をためして見るような生き方をすることではないかと思う。

ひっそりと生き消えていった盲目の老乞食、そのアウトサイダーとしての生涯を記録したもの、ひそやかな人生ではあっても、人間として精一杯生きたその生きざまは深く、われわれに多くの考えるべき問題を提供しているものと規定している。

こうした考えは、「民俗誌」より「生活誌」を重視すべきという、宮本の民俗学に対する根本的な姿勢から出ているものであり、右に紹介した記事の直前では、「実は私は昭和三十年頃から民俗学という学問に一つの疑問を持ちはじめていた」という書き出しのあと、「日常生活の中からいわゆる民俗的な事象をひき出してそれを整理してならべることで民俗誌というのは事足りるのだろうか」「人びとの日々いとなまれている生活をもっとつぶさに見るべきではなかろうか。民俗誌ではなく、生活誌の方がもっと大事にとりあげられるべき」「人はそれぞれ自分の歴史を持っているのである。まずそういうものから掘りおこしていくこと、そして生きるというのはどういうことかを考える機会をできるだけ多く持つようにしなければいけないと思った。」と述懐・主張している。また、

村を歩いて年寄りたちばかりでなく、中年の人も若い人も一番関心の深いのは自分自身とその周囲の生活のこと、村の生活のことである。民俗的な事象を聞くことについて喜んで答えてくれる人は多いのだが、その人たちの本当の心は夜ふけてイロリの火を見ていて話のと

ぎれたあとに田畑の作柄のこと、世の中の景気のこと、歩いてきた過去のことなど、聞かれて答えるのではなくて、進んで語りたい多くを持っていることであった。

と述べ、村の人たちの「本当の心」は、現在の生活や歩いてきた過去のことなど進んで語る〝生活〟の中にあり、そうした語りを掘りおこす作業、「生きる」意味を考える機会を多くする仕事こそが大切ではないかと強調している。

昭和三十年頃からの疑問に基づく「生活誌」に対する宮本の強い思い、その考えを最も良く体現したのが『土佐源氏』であった。——以上紹介した晩年の一連の記述からは、宮本自身もそのように位置付けていたと見てよいであろう。

生きた人間の生活の歴史から記述する民俗学、これをもって〝宮本民俗学〟の根幹とすると、それは宮本の中では必ずしも昭和三十年頃になって初めて芽生えた志向というべきものではなかった。益田勝実は「宮本常一論の瀬ぶみ[4]」の中で次のように言っている。

かけがえのない伝承者を発掘して、トコトンその個人のもつ全貌をとらえ、民俗の歴史を、その生きた人間をフィルターとしてとらえる。観念的に調べて構成する歴史でなく、なま身の人間のなかに息づいている歴史——宮本さんの『河内国滝畑左近熊太翁旧事談』は、最初の宮本さんらしい大きな仕事になったが、それをどういう意味をもつものとするかは、戦後の『忘れられた日本人』を中間におき、最晩年の『野田泉光院—旅人たちの歴史1』までを視野に入れて、広い射程のなかでとらえる必要がある。

『忘れられた日本人』を間に、初期から最晩年まで、宮本の一貫した方法としての「生活誌」を意図した志向の有り様を示唆しているが、ちなみに、昭和十二年秋彼岸に刊行された『左近熊太翁旧事談』を直接左近翁に届けた宮本は、その折の記録「左近翁に献本の記[5]」の中で次のように述べている。

　私の様に民俗の採集を学問とするよりも詩とせんものには、この故に旅がやめられぬ。爺さん仲間の気嫌をとつて歩くのが私の仕事でもない。だが老いたるものに語るだけ語らせて、その熱情をかきたたせる事は、私自身の熱情をそそる。彼等は遂に訴へる事もなかつた。併し訴へる事のない程平凡な日々であつただらうか。訴へたい多くを持ちつつ、実は聞いて呉れる人がなかつたのだ。然もその言葉のすべてが聞くべき価値のないものであらうか。筆をとつて書き言葉を以て訴へるすべを知る仲間はそれでいい。それさへ許されぬ人たちを訴へぬからとて之を無能無為無知に帰すべきであらうか。私たちは無名の民からも多くの真理を書きとめておくべきである。

　この宮本の「爺さん」（左近翁）に向けての文は、そのまま『土佐源氏』の老人を念頭に置いてのものとしてもぴったりと当てはまる。無名の民から真理を聞く――宮本が初期からその熱情を傾けて行った仕事は、まさに『土佐源氏』において〝作品として〟完璧な熟成を見たと言ってよいのかもしれない。

　なお益田勝実は、宮本のこうした方法を〝柳田民俗学〟以後の達成としてどのように評価すべきかという視点から、さらに次のように述べる。

> 民俗学ほど伝承者にたよりながらも、〈個〉を消去しようとしたものはなかった。具体的な生活に追いすがりながら、〈物〉を消去しようとしたものはなかった。具体的な土地にすがりつつ、それを日本一般に昇華し、普遍化するに急で、〈地域性〉をネグレクトする結果になるものはなかった。その柳田学が背負いこんだジレンマを、宮本さんは、次第に自覚し乗りこえていこうとしたが、それは、柳田に開眼させられた時代、渋沢の民具という〈物〉と地方《じかた》文書という〈文献〉に力を注ぐ方法を学びとる時代を経て、戦後の独自の境地の熟成を見ていく必要があろう。
> 　戦後の宮本さんの、農事指導者としての実践の時期、谷川健一と組み、『日本残酷物語』の四分の三におよぶ原稿を仕上げる時期なども視野に入れて、はじめて日本の民俗研究における柳田以後の問題、宮本さんのなしとげたことの評価もありえようし、最初の金字塔『河内国滝畑左近熊太翁旧事談』の内容も、具体的に価値を提示してくるように思うが、（以下略）

民俗学においても、宮本にとっても、『土佐源氏』を含む『忘れられた日本人』『日本残酷物語』の占める位置と、それが担う意味はこの上もなく重い。

民俗資料か創作か

「生活誌」という主張を宮本の個性的な民俗学の出発点と位置付け、『忘れられた日本人』をその記念碑的著作とする考察は、すでに網野善彦によっても行われている。岩波文庫『忘れられた日本人』(6)の「解説」の中で同氏は、

『民俗学への道』が公刊された一九五五年（昭和三十年）という年は、まさしく宮本氏の個性的な民俗学の一つの出発点であったといってよい。多少とも「中央的」な権威の匂いのする既成の民俗学に抗して、泥にまみれた庶民の生活そのものの中に、人の生きる明るさ、たくましさをとらえようとする自らの「民俗学への道」を進む自信を、宮本氏はこのころ固めたのではなかろうか。

と述べたあと、「本書『忘れられた日本人』はそうした野心的な宮本氏の歩みの中で書かれ」たものであり、「それは心のこもった庶民の「生活誌」であるとともに、強烈な個性を持つ宮本氏の民俗学の、最も密度の高い結晶であった。」「それは氏の民俗資料論の実践の、会心の成果であるとともに、その基本的な視点の確立のための、重要な基礎作業でもあった」とし、さらに「庶民自身の語りを再現した名品」「宮本氏の最高傑作の一つであるとともに、最良の文献民俗資料といってよかろう」と、『土佐源氏』を含むこの著作に対し、最大級の評価を与えている。

ただ注意すべきことは、右に紹介した評価の一方で、次のような慎重な言い回しも付け足していることである。

しかしこうした読み方だけでなく、「土佐源氏」や「梶田富五郎翁」をはじめ、本書のすべてを文学作品とうけとることもできる。「土佐源氏」を創作と疑った人に対し、宮本氏は吉沢和夫氏に採訪ノートを示して憤ったという逸話があり、宮本自身も『民俗学の旅』でそうした人のいたことにふれている。実際そのような疑問がでてくる程に、これは見事な作品なので、橋の下の乞食の物語は宮本というすぐれた伝承者を得て、はじめてこうした形をとりえたことも間違いない。

片方で「最良の民俗資料」と言い、また同時に「文学作品」でもあると言う。一見矛盾することの二つの言葉は、網野の中ではどのように折り合いがついていたのであろうか。

鍵になるのは「創作」という言葉であろう。網野が『土佐源氏』における創作性と資料的価値とのかかわりをどのように判断していたかは「解説」にはこれ以上の言及はなく、厳密には知ることはできない。一応は、その創作性は資料的価値に影響を及ぼさない程度のものと判断していたのではないかと推測はできるが（なお、引用している創作を否定する採訪ノートの逸話については、事実とは思われないが、この件はまた後で取りあげることとする）。

創作か否かの問題に、はっきりと創作否定の立場を取っている論者には、宮本とも親密な交友関係のあった赤松啓介がいる。赤松は、非常民の生活実態を地を這う民俗採取の成果としてそのまま報告したもの——との立場から、次のような認識を示している。

宮本常一に「土佐源氏」という変わった報告がある。岩波文庫版『忘れられた日本人』では「土佐源氏」、日本残酷物語『貧しき人々のむれ』では「土佐檮原《ユスハラ》の乞食」になっており、同文であった。『好い女』（6）では「土佐乞食のいろざんげ」となり、殆んど同文だが小林区署の役人の嫁さんと、伊予の庄屋のおかた（奥さん）との情交だけが精細に描出されている。原文は秘密出版であったように書いているが、そういうことはあるまい。前二書とも情交の部分だけ削除、また欠落になっていた。それで宮本の創作でないかという噂もあるようだが、私は聞いた通りの報告であると思う。世にいう教育者とか、学者とかいうバカモンは、自分の住んでいる世界すらよく見ていないのに、少しでも道徳、倫理に反したと独断すると、あれはウソだとか、創作だとほざく。戦後の民俗学の研究者どもも、昔のわれわれのように地を這うような民俗採取はやらない。まとめて成績の上がりそうなところをねらって網を打ち、かかったものだけを分析、統計化して、いかにも科学的調査であるかのように見せかける。それでは貧乏人、渡世人、漂泊者など非定住人、被差別者たちの世界が欠落するのは当然だろう。

『非常民の民俗境界』(7)における論述であるが、「聞いた通りの報告であると思う」とするその根拠についてはさらに明示がない。「戦前、われわれは国家権力や政府を信用しなかったから、地獄の下まで自分で入って行って納得できるまで調べた。宮本も同じ型の人間だから、私は疑いをもったりしない」とも記しており、友人としての、また自らの経験に基づく共感による推断的主張と思われるが、戦後の民俗学への方法批判はそれとして、やはり具体的な検証が求められるであろう(『土佐源氏』成立の経緯にかかわる秘密出版うんぬんの問題については、後に詳細に検討することとする)。

次いで創作の問題について、「作られた老乞食」との明確な論拠を示してその虚構性を批判したのは山田一郎である。本論考の存在については、すでに本稿の冒頭でふれた(注(1)引用文参照)が、その大要は、①語り手の盲目のおじいさんは乞食ではなかった。②宮本が聞き書きをした当時は檮原町茶や谷の竜王橋のたもとに住み、その妻・息子らとともに水車で精米・製粉業を営んでいた。③そこに落ち着く以前は愛媛県東宇和郡野村町の分限者の養子であったが、放蕩を

竜王橋と茶や谷（檮原町四万川区）の風景。

して潰してしまった。④失明する以前、仕事は腕ききの博労であり、駄賃持ち（運送業）もしていた。⑤宮本は文章化する段階で舞台を橋の下に、主人公は乞食に変形した――とするものである。また特に坂本長利の一人芝居「土佐源氏」の公演の際、地元で「檮原の乞食のじいさんの芝居」と喧伝されたことを取り上げ、「文章を書くことの恐ろしさ、真実と虚構と、人権とモラルと――ものを書く人間のはしくれとして私は、そのことを痛切に考えている」と述べている。

創作としての老乞食の実態を指摘し、『土佐源氏』の評価論に大きな一石を投じたものであるが、山田の主たる関心は、新聞記者という自身の来歴からして、物書きのモラルという点にあり、学問としての民俗資料の記述の在り方そのものを問うというよりは、虚構による人権被害を特に問題視していたものと思われる。

〝おはなし〟と〝ノンフィクション〟という視点

民俗資料の記述の在り方について、一次資料を〝おはなし〟として再構成したものとの視点で、その問題性を検証しようとした論者に大月隆寛がいる。大月は『日本残酷物語』1の「解説――かつて「残酷」と名づけられてしまった現実(8)」の中で、「土佐檮原の乞食」と題して収められている『土佐源氏』について、「この国の民俗学が生んだ散文的記述の傑作のひとつ」「〝声〟と〝語り〟の気配を紙の上に焼きつけようと努めた結果のもの」と紹介した後、次のように述べている。

民俗学とそのまわりがおおむね一九二〇年代あたりからため込んできたこの国の「現前の事実」がこのような新たな文体の〝おはなし〟として再構成され、提示されていて、その際に当時支配的だった空気に沿って「残酷」というもの言いが採用された――いずれこの国の歴史にとって貴重な一次資料がひとくくりに「残酷」と名づけられてしまった、その経緯については、ひとまずそう総括しておいて間違いではないはずです。

戦後の「大衆化し、通俗化した〝左翼〟的階級史観」や「マス・コミュニケーション」の波に翻弄された結果としての「残酷」というもの言いと、その結果として作り出された〝おはなし〟の水準に対する疑問。

この『日本残酷物語』は、民俗学とそのまわりに蓄積されてきた見聞を素材として、果たしてどのような〝おはなし〟の器に盛りつけてゆくかということが、大きくふたつの道筋に分かれ始めた、そのような時期のものだと言えるでしょう。「階級」を軸に分断的に見るのか、それとも「日本」といったもの言いで求められた何らかの共同性を軸に統合的に語るのか。それは共に未だ「貧困」という解決すべき大きな問いが前にあり、さらに「民主化」という同時代的使命感が切実なものとして生きてあった上でのことであれ、具体的な現前としては同じ「眼前の事実」をどのように構成してゆくかということについての方法的水準での齟齬として立ち現われてきていたもののはずです。

『日本残酷物語』の筆頭監修者で、その四分の三に及ぶ原稿を仕上げたと目されている宮本自身についても、「しかし、この時期以降の彼の仕事については、その身の処し方も含めて静かに考え直してみなければならない問題がいくつかはらまれていると、僕は思っています」と指摘している。

ここには、私が『土佐源氏』において肝心と思う「性」の問題にまでは視線が向けられていないが、「おはなし」あるいは「残酷」(9)という言葉を手がかりに、民俗学の記述における「戦後」(身の処し方も含めて)を問うという問題意識が明確に見て取れるものと思う。(ただ、ここで大月が言う「貴重な一次資料」という言葉については、『土佐源氏』の場合、今一度その実態を問い正すべき必要性を私は強く感じている。)

次に、「宮本の著作を読むにつれ、私は宮本を単なる民俗学者ではなく、徹底的に足を使って調べるすぐれたノンフィクションライターだと思うようになっていた。私が現在の仕事についたのも、『忘れられた日本人』をはじめて読んだときの衝撃が、どこかしら尾を引いている。」と、その「あとがき」で述べている佐野眞一の『旅する巨人』[10]における見解。佐野は、「宮本が一躍注目を集めるようになるのは『民話』第十一号（昭和三十四年八月号）に載った『土佐源氏』からである。」「そこには、頭ではない、身体の領域でしか語りえない生の記憶が、何の猥雑さもなく驚くべき平易さと深さをもって語られている。」と『土佐源氏』を紹介、山田一郎の後を受けた形での現地取材の結果として「虚実をとりまぜ」た『土佐源氏』の実態を確認し、次のように述べている。

私は、宮本が〝土佐源氏〟の語る〝詩と真実〟のうち、なぜ〝真実〟ではなく〝詩〟の方に傾いてしまったのかを考えつづけていた。（中略）なぜ宮本はあえて錯誤を犯したのか。理由はいくつか考えられる。一つは取材時と発表時の大きな隔たりである。（中略）「土佐源氏」は、取材時が昭和十六年と、発表時と十五年以上という大きな隔たりがある。（中略）宮本は「土佐源氏」を書くにあたって、おそらく記憶だけに頼ったのだろう。そのことが、水車小屋の老人が虚実とりまぜて語る色ざんげを、〝土佐源氏〟の哀切こもる一人語りの物語に昇華させてしまったのではなかろうか。もう一つ考えられるのは、宮本が話者の語る嘘にはじめから気づきながら、乞食という自称も含めてそれを丸ごと信じてあげ、そんな話をした男がいたという事実の方に、むしろ力点をおいたのではないかということである。この考えに立てば、話者の語り口をそのまま忠実に再現した宮本の態度は正しかったことになる。この頃の宮本の心理状態を忖度すれば、私の気持ちは後者の見方に傾く。

宮本は、虚実とりまぜての色ざんげを、記憶により物語に昇華させたのか、あるいはまた、嘘を知りながら話者の語り口のまま忠実に再現したのか。佐野は二通りの考えを示した上で、妻アサ子との往復書簡を資料にして〝妻を裏切って別の女性と旅をする宮本〟の当時の心理状態を析出し、それを根拠に後者を選び取る。

宮本は〝土佐源氏〟が語る話のなかに、妻を裏切り、別の女性と旅をつづける自分の姿を重ねあわせたはずである。何の束縛もなく放蕩の限りをつくしてきた〝土佐源氏〟は、宮本にとって、自分の絶対に到達することのできない一種の理想的人間だった。いや、宮本自身がいつ帰るあてもない夫を畑仕事をしながら島で待ちつづける妻のアサ子は、片田舎でひっそり日本全国を放浪するひとりの〝土佐源氏〟だった。そして「源氏物語」になぞらえれば、いつ帰るあてもない夫を畑仕事をしながら島で待ちつづける妻のアサ子は、片田舎でひっそり暮らす〝葵上〟にもたとえることができた。その相反する思いが「土佐源氏」の最後の絶唱となった。（以下『土佐源氏』の引用文、略）

乞食を自称する男の嘘を信じてやり、それに宮本の心理状態を重ねあわせて作られた作品——佐野は、自身のこの解釈に対して、さらに「話者の語り口をそのまま忠実に再現した宮本の態度は正しかった」との評価を付け加えている。

果たしてそうか。佐野の評価は本当に妥当と言えるのか。前にも紹介したように『土佐源氏』には「最良の文献民俗資料」（網野善彦、前出「解説」）という評価があり、それが一般にも広く行き渡っている感がある。私も本稿ではあくまでも『土佐源氏』をまずは文字通りの「民俗資料」として扱い、その記述の妥当性を検証しようとしている。また宮本自身も、「八十歳すぎの盲目の老乞食」から聞いた「精一杯に生き」た「ライフヒストリー」であると言い、その「創作」に対する疑問をはっきりと否定している（前出『民俗学の旅』）。

佐野は、宮本を「すぐれたノンフィクションライター」ととらえ、自身もノンフィクション作家である。その立場からすれば「宮本の態度は正しかった」となるのかもしれないが、言うまでもなく宮本は民俗学者であり、『土佐源氏』に対しても民俗学の仕事としての評価を要求している。ノンフィクションの「作品」ならいざ知らず、嘘と知りつつ「あえて錯誤を犯し」、それに自身の感慨を重ねるなど、「資料」と名乗る以上はまずは許されることではあるまい。また「錯誤」というが、前述の山田一郎の調査ですでに明らかなように、また後にも述べるように、その記述は明らかに意図的な「作為」によるものである。蛇足とは思うが、『民俗学への道』[11]より宮本自身の「資料」にかかわる発言を付け加えておく。

今日、この学問の外にある人びとが、なおこのような趣味家たちをも一つに見て、この学問に対する非難をさえする者もあるけれど、学問に忠実な人びとは、そういう人との間に一線をおき、道楽にしている人たちの報告したものは、一見それがよい資料に見えても使用しないことにしている。資料にいつわりがあっては資料としては役立たぬからである。学問が学問としての意義を持つためには、どこまでも正確を期さなければならない。小耳にはさんだうわさ話と、かざられた文章の中には正確なものは求め難い。

当然のことながら、学問における「資料」の正確性を求める立場は極めて厳密かつ明確であり、それが直截に表明されている。

理解できない土佐方言の存在

さらに「話者の語り口をそのまま忠実に再現した」と佐野は言うが、そのことはそれほど自明なことであろうか。また、そのことを保証する根拠は何かあるのであろうか。前述のように他の論者にも「庶民自身の語りを再現した名品」（網野）、「〝声〟と〝語り〟の気配を紙の上に焼きつけようと努めた結果のもの」（大月）という見解があり、程度の差はあれ、そのことは一般にも広く容認されていることのように思われる。

しかし、「語り」のことばについて言えば、私の調査したところでは、あの文章を土佐方言、あるいは土佐弁をベースにしたものと認める人はまったくいなかった。私が大学教員であったとき、これを授業の中で読んだ高知県出身の学生も「私の知らない土佐弁が多くあり、ことばも昔と今とそんなに変わってしまったのかと悲しく思った」と言い、一読をお願いした友人の方言学者も「西日本の方言を用いているとは言えるが、土佐方言を生かした文章とは言い難い。むしろ土佐方言ではこうは言わないという箇所もいくつかある」と教えてくれた。例えば「思わだった」「寄りつかだった」「だまさだった」などという時の「だった」（過去の打ち消し「しなかった」の意の助動詞）は、土佐方言ならば「ざった」であろうという。ちなみに『高知県方言辞典』[12]によれば、「ざった」は「主として中年以上の人が使用。若年層は「……んかった」に変わりつつある」とあり、広く高知県全域から採集されている。もちろん檮原町も使用地としてあげられている。

さらに象徴的と思われることばを一つあげよう。「ランプをかねって」という表現の「かねって」である。「（母者は）嫁入先で夜、蚕に桑をやっていて、ランプをかねって、油が身体中へふりかかって、それに火がついて、大やけどをして、むごい死に方をしなさった[13]」と使われている。

私は最初にこれを読んだ時、「かねって」の意味がわからず、状況を把握しかねた。『民話』第十一号所収の「土佐源氏」では同文であるが、『日本残酷物語』所収の「土佐檮原の乞食」では、この部分は「ランプをたおして」と変えられている。それにしても、たおした結果「油が身体中へふりかか」るという状態になる状況が理解できない。

　この疑問は『日本方言大辞典』[14]の「かぐむる」の項を見ていて氷解した。「かねる」の用例として、「山口県大島」の「ランプをかねる」をあげ、「頭で突き上げて落とす」と説明している。典拠として示しているのは『周防大島方言集』（原安雄、昭和十七年）である。このほか「頭にかぶる」の意もあり、同じ典拠資料から「蒲団をかねる」をあげている。ランプは「頭で突きあげて落と」したからこそ、油を「頭から（身体中に）かぶり」、それに火がついて死に至るほどの大やけどになったのである。こうしたことは「かねる」ということばのニュアンスを知らなければ理解できないことである。単に「たおす」のとは意味が違う。

『土佐源氏』の方言記述においては、通常、「まつぼり子（私生児）[15]」「せいさい（精一杯）」「やおい（やわらかな）」などとあり、一般に理解が難しいと思われることばには宮本がカッコを付し説明を加えている。しかし右の「かねる」については、何の標準語的言い換えもなされていない。なぜか。方言辞典の用例からも明らかなように、おそらく宮本にとっては、それは今更説明の必要のない、身体に染み込んだ故郷のことばであり、特殊な方言との認識がなかったものと考えられる。

　宮本は全体を通して、山口県周防大島の身についたことばを核として方言的記述を作り上げた。そしてさらには中国地方・西日本のことば、読みやすさを考慮しては標準語的言い回しをも取り入れて全体を構成した。そう考えるのが私の現時点での見通しである。

今、ほかの方言をはじめとした用語について、詳しく論証していく余裕はない。しかし上述の例からしても「話者の語り口をそのまま忠実に再現した」ものでないことは、明白な事実として確認できる。

佐野は記述の在り方として「記憶にだけ頼った」方法を可能性としては挙げながら、結果的にはこちらに拠る判断を捨てている。しかし本当は、この方法こそが事実であったと言える。

焼失した採集記録

「土佐檮原の乞食」（『土佐源氏』）が収められた『日本残酷物語』の刊行後間もなく行われた「鼎談 残酷ということ」(16)における宮本自身の発言。岡本太郎（画家）の「この中に盲の乞食の話があるでしょう。モノローグが。すばらしいね……。これはあなた（宮本氏に）が採集されたんじゃないでしょう。」という問いかけに対して、

宮本　わたしがやったんです。

岡本　採集されたんですか。

宮本　実際にはもっとながい話なんですけれど、不思議にね、たいていはノートをこまかにとるんですが、それをノートを非常にこまかにとっておったんですけれども、そのノートは焼いたんです。それにもかかわらず、おぼえておったんです。それほど印象深い話だったんです。

岡本　すばらしいですね。あらゆる小説よりもすばらしい小説です。

とのやり取りがあり、宮本は、直接の採集記録ではなく記憶による記述であることを明言している。

採集は『民俗学の旅(17)』などの記述によると昭和十六年二月のこと。そのノートの方法については、岡本の「あなたはそれを記録されるときは速記なさるんですか」という問いに対して「カタカナでずうと書いてゆくんです」「カタカナで書けば、大体とれるんです」と答えている。それを「焼いた」とあるのは昭和二十年七月の空襲のこと。『民俗学の旅(18)』には、

私の家は堺が空襲に逢うた夜に焼けた。郊外にあるのであるいは無事に戦災をまぬかれるのではないかと思ったが、書物以外に調査ノートや原稿などもすべて焼いた。東京の渋沢邸においてあったものも、西宮へあずけてあったものもすべて灰になった。今になってみると、再び調査することのできない資料が大半であった。

とあり、『民俗学への道(19)』にはさらに詳しく、

しかし調査してもそれは徒労に近かった。七月九日の堺空襲のとばっちりを受けて、いっさい灰にしたのである。旅行や業務のかたわら、孜々《しし》として書きあげた原稿が一万二千枚ほどあった。抜き書きしたカードもそれほどあった。未整理の採集ノートが百冊も残っていた。写真も千枚ほどうつしていた。そういうものもいっさい消失した。さいわいにして原稿の一部が東京で助かっていたことのわかったのはありがたかったが、それは調査資料の何十分の一にあたるものであった。

と述べている。家族とも離れ、貧しさに耐えて打ち込んだ「実地調査の事業」、その成果としての資料の大半が灰燼に帰したのである。「再びこの学問に情熱をかたむけるにはおそすぎるように思われた」「最初よき資料提供者たらんとした念願さえが一場の夢と化したのである」とも述懐している。当時の宮本の偽りのない心境であろう。「学問」を、また「よき資料提供者」を断念しかけている宮本の姿が、私には印象的である。

第一次資料の焼失、取材から十数年後の記述、宮本は採集ノートの焼失にもかかわらず、「おぼえておったんです。それほど印象深い話だったんです」と「鼎談」では言うが、『土佐源氏』が「学問」として成立することの困難さの第一因は、やはりこうした事情の中に求めることができるのであろう。

佐野の見解に触発されて成立の経緯に深入りしてしまった感があるが、この問題については、このあと『土佐源氏』の本文自体を検討し、順次その成り立ちを検証する際にもう一度取りあげたい。

『土佐源氏』に対する従来の評価のうち、最近の見解として、毛利甚八の『宮本常一を歩く』下巻[20]における発言を紹介しておく。毛利は「私は宮本常一を挫折した文学青年ととらえている。「土佐源氏」は文学青年時代の夢と、旅を通して培った現実認識が融合して生まれた文学的達成であり、宮本の本懐だったと思う」「おそらく宮本の肩書が作家であれば、このような形で作品の出自が詮索されることはないに違いない」「「土佐源氏」は複数の人から聞き取った事実を組み合わせた一人語りではなかったか。複数を一人にまとめることが罪かどうかは、いろいろな見方があろう。発表媒体が『民話』という雑誌であり、形式としてエッセイに近かったことを思えば、私は宮本を責める気にはならない」と述べている。

ここでも私は、前述の佐野の見解に対して述べたのと同様のことを繰り返さなければならないであろう。宮本は、その本質はともかくとして、世間的には作家ではなかったし、『土佐源氏』も「文学作品」や「エッセイ」として発表されてはいない。民俗学の「事実」に基づく仕事として提出され、自身もそのように主張し、そのように評価されるのを望んでいたのである。一体、『土佐源氏』から「事実」ということを除いたら、あれほどの評価はあり得たか。もし「事実」が評価の鍵の大半を握るとすれば、記述された「事実」は何かという問題について、立ち返り問い直し検証していかなければならないであろう。毛利も一方で「事実」ということばを使っているが、そうしたことの保証はどこまで、どのような形であるのかという問題である。

私は決して『土佐源氏』のあら探しをし、貶めようとしているのではない。その成り立ちについて、検証を尽くしたうえで、あるべき正当な評価の道を見出したいと考えているのである。

二『土佐源氏』成立の経緯

『民話』―『日本残酷物語』―『忘れられた日本人』

『土佐源氏』の本文の成り立ちの経緯をたどり検証するに当たっても、まずは宮本自身の説明を聞こう。『忘れられた日本人』[21]の「あとがき」冒頭の記述。

ここにおさめたもろもろの文章の大半は雑誌『民話』の第三号から隔月に一回ずつ十回にわたって「年寄たち」と題して連載したものである。対馬にて、村の寄りあい、女の世間、土佐源氏、梶田富五郎翁、私の祖父、世間師(一)・(二)、文字をもつ伝承者(一)・(二)がこれである。年寄を中心にして古い伝承のなされかたについて書いた。枚数が三十枚とかぎられていたためにあるものは引きのばし、あるものはちぢめている。(中略)そのうち土佐源氏は『日本残酷物語』へ「土佐檮原の乞食」と題していちど身売りした。その時『民話』へのせたものにもう少しつぎたした。ここへはそのつぎ足したものをのせる。このはなしはもう少し長いのだが、それは男女のいとなみのはなしになるので省略した。この老人には昼の話も夜の話も区別がなかった。(中略)これらの文章ははじめ、伝承者としての老人の姿を描いて見たいと思って書きはじめたのであるが、途中から、いま老人になっている人々が、その若い時代にどのような環境の中をどのように生きて来たかを描いて見ようと思うようになった。それは単なる回顧としてでなく、現在につながる問題として、老人たちのはたして来た役割を考えて見たくなったからである。

ここからはまず、「民話の会」編集の雑誌『民話』における連載から『日本残酷物語』、さらに『忘れられた日本人』へという、これまでもよく知られている一連の流れが見てとれる。『土佐源氏』が「土佐源氏―年よりたち五―」と題して『民話』に掲載されたのは、昭和三十四年八月の第十一号。「年よりたち」という一連の副題にも示されているように、焦点は「古い伝承のなされかた」や「伝承者としての老人の姿」にあった。宮本はその表現意図を「若い時代にどのような環境の中をどのように生きて来たか」を描くことにより、「現在につながる問題として、老人たちのはたして来た役割を考え」ようとしたものと説明している。

それを「土佐檮原の乞食」と改題して『日本残酷物語1　貧しき人々のむれ』に収めたのは、三カ月後の昭和三十四年十一月。「第一章　追いつめられた人々」のうち「乞食」の項に、「乞食の流れ」「飛驒の乞食」「北海道のオド」に次いで、これらと並べて収録している。ここでは「貧しき人々のむれ」や「追いつめられた人々」というタイトル、改題された題名にも象徴されるように、焦点は伝承者としての「老人」から微妙に離れ、「乞食」へと意図的に移行し、それが強調されている。

すなわち、前章にあたる「北海道のオド」の末尾には、

しかし、いっぽうには、その前身が並の人とはすこしもちがわないで、正業についていたのが、ふとした転落の機をつくってしまったものがいたにちがいなく、それは昔になるほど多かったにちがいない。わたしたちの目にふれるのは乞食としての後半生だけであるが、その前半生の歴史にこそ、いい知れぬ零落の秘密を嗅ぐことのできる乞食も多かったろうと思われる。その一つの例として、ながらく、ばくろう渡世をしたあげく両の目をつぶした乞食の話がある。この老乞食は高知県高岡郡檮原在の、とある橋の下をすみかとし暮らしていた。たまたまゆきあわせた宮本常一（筆者）にむかって、一夜、彼は次のように物語った。もう二十年以上も前の話である。

とあり、「土佐檮原の乞食」の導入文としている。「老乞食」の前半生の歴史を描き、「いい知れ

ぬ零落の秘密」を明らかにするものというのである。それにしても、その設定として「この老乞食は高知県高岡郡檮原在の、とある橋の下をすみかとして暮らしていた。……もう二十年以上も前の話である」と、その実在性を強調していることは改めて記憶しておきたい。（ただし「二十年以上も前の話」とすると、その取材は、『日本残酷物語』の出版年から逆算して昭和十四年十一月以前のこととなり、この点でもこの記述は正確性を欠く。）

そして、さらには本文の末尾に、次のような教訓的文章を付け加えている。

もしわたしたちと乞食との関係を、ほどこすものとほどこしを受けるものという単純なかたちから離れてながめるならば、そこに暗示されてくるものは意外に深いのである。

「乞食」への深い関心

『日本残酷物語』におけるこうした設定は、宮本自身の長年にわたる「乞食」に対する並々ならぬ関心に発するものと考えられる。たとえば『民俗学の旅』[22]では、「郵便局員時代」と「小学校教員時代」の二箇所において、次のようにそのかかわりと関心を述べている。

その頃大阪の大きな橋の下には乞食の集落があった。橋の下に莚で小屋掛けして大ぜいの人が住んでいた。もっとも大きな集落は淀川にかかっている長柄橋の下であり、都島橋の下にも何十家族といってよいほどの小屋があった。そこへいって話など聞いたこともあった。橋の下の住民からいろいろ話を聞くようになるのは、それから二年ほどたって、和泉の農村に住むようになってからである。そうした人たちの生活に特に興味をおぼえたわけではなく、あるいているうちにそうした人びとに出あい、また話をする機会を持った。そしてその人たちを不潔とも無知とも思わなかった。中には白痴に近い者、不具者、病気を持った者、精神異常者もいた。それが町の片隅に吹きだまりのようになって生活しているのである。私はそうした現実に義憤をおぼえるよりも、そこにまた一つの世界があり秩序があり、それなりに生きている姿にいろいろのことを考えさせられたのである。(「郵便局員時代」)

私は有真香小学校へ勤めるようになってもその付近をあるきまわった。あるいていると、そのあたりの川の橋の下にも莚掛けの小屋のあることを発見した。川も小さく、したがって河原も狭いから、小屋の数は大てい二つ三つであったが、その小屋に住む乞食と仲よくなった。そして乞食の生活について教えられた。乞食にはそれぞれ領域があった。(中略)そのほかこまごました慣習などについても聞いたが、乞食には乞食の社会がきちんと存在していることに大へんおどろかされたのである。(「小学校教員時代」)

橋の下の莚掛けの小屋に住む乞食。この設定は『土佐源氏』においても同様になされているのであるが、偶然の一致ではあるまい、間違いなく上述の関心の延長線上に紡ぎ出されてきた表現であろう。そこで特に問題なのは、前節ですでに確認しているように、それが事実をゆがめたまったくの虚構であるということである。

それだけでなく『土佐源氏』の「老乞食」に関しては、宮本は発表後の岡本太郎(「画家」)、深沢七郎(「作家」)との座談会[23]においても、「民俗学者」との肩書つきで次のように発言している。

その爺さんは「残酷物語」にも書いたように八十すぎの本当にしなびてしまった、梅干の

本《お》も谷川にかかる竜王橋とそのたもとにある“土佐源氏”の家。昔から、川筋、河原、橋の下に乞食小屋ができるような状況にはなかった。

しなびたのと同じような、それで目がみえないで、小さい——手のひらにのりそうなそれも破れこけた着物を着て、そしていろりというのが、別にわくがあるわけじゃないんですが、土間で火をたいているんですから。そしてむしろをひいてあるだけでしょう。そしてすわって話してるんですから、目をあけてみるとおそろしく何か貧しい感じがするんです。ところが目をつぶってきいていると、その話というのは実にすばらしいですね。人間というものはこういうものじゃないだろうか。ぼくらがものをみて動く場合には本質的なものをみないで、まず外をみますからね。そうじゃなくて、それをとり去ってしまった本人の中にある

“土佐源氏”の家の神棚。かつてはこの部屋に「いろり」が切ってあった。

ものは、これなんだろうという感じがしたんです。非常に聞いた私自身も胸うたれたんです。それで、出来るだけ一番下層におる人たちのそういう人たちの話を聞けるだけ聞いてみる必要があるという気がして、その後もそういう人たちから話を聞くようにし、何人もの乞食から話を聞いたことがありますけれども、そういう話はそれ以後ぶっつからないです。ただし、いろいろいい話、それ以外のいい話はたくさん聞くことが出来ました。

「胸うたれた」宮本の体験はそれとして、ここでも、莚をひいただけの土間で、じかに火をたく貧しい生活――と言っているのはまったくの偽りである。

私が訪れた檮原町茶や谷のかつての〝老乞食〟の木造平屋建ての家は、切られていた「いろり」こそ畳部屋に改造され、なくなってはいたが、その部屋の神棚はすすけてはいるがかつてのままにきちんと残されていたのである。

人間の外見と中身。「乞食」あるいは「乞食小屋」はその落差を強調するための効果的な設定であり、宮本自身の「乞食」への格別の思い入れに発した虚構ではあったと思うが、事実をゆがめただけでなく、発表後もことさらに事実を装おうとする宮本の姿勢には、大きな疑問を感じざるを得ない。

さて、冒頭の宮本の説明のうち、「土佐檮原の乞食」(『日本残酷物語』)には『民話』のものに「少しつぎたした」とあるのは、「庄屋のおかた」との情交の話である。『民話』の「土佐源氏─年よりたち五─」は、女性とのかかわりの具体的な話は「小林区署の役人」の嫁さんとの情交までで、「五(それからまた)」に相当する「庄屋のおかた」とのことは、

わしは伊予へ帰ってまたばくろうになった。それからのわしはこれと思う女をみなかもうた。昔の庄屋のおかたにまで手をつけた。

という簡単な文章だけで省略している。三十枚という枚数制限により、「あるものは引きのばし、あるものはちぢめ」たというが、これは元のものから縮めた方になる。そして『忘れられた日本人』所収の「土佐源氏」は『日本残酷物語』と同じく、『民話』に「少しつぎたしたものをのせ」たという。

「男女のいとなみ」と「発売禁止」の示唆するもの

以上が宮本自身の説明による『土佐源氏』の本文成立の経緯であり、それを私なりに検証しながらたどったのであるが、実は、冒頭に掲出した宮本の説明には、さらに重大な問題が隠されている。すなわち、

このはなしはもうすこし長いのだが、それは男女のいとなみのはなしになるので省略した。この老人には昼の話も夜の話も区別がなかった。

という箇所である。省略したという「もう少し長い」「男女のいとなみのはなし」。そうしたものが実際に存在したことは、自身も先にあげた「鼎談」の中で「実際にはもっとながい話なんですけれど」とわざわざ発言しているほか、周囲の人の回想からも見てとれる。

「『忘れられた日本人』のころ」[24]という、民話の会の吉沢和夫の文章には、

一九五九年八月号に掲載された「土佐源氏」は「年寄たち」の第五回目のもので、この原稿は私が宮本さんと何処かで落合って受け取ったように記憶している。その時、宮本さんは内容を概略説明されて、「雑誌が発売禁止などになったら悪いがの、へへへへ……」といたづらっぽそうに笑われたのを憶えているからである。

という一文があり、佐野眞一の『旅する巨人』[25]には、『日本残酷物語』の平凡社の担当編集者児玉惇の回想として、

……この盲乞食がむかし愛した女性の性器について「……芍薬か牡丹のはなびらのように見えたもんじゃ」とのべるくだりがあり、さらに精緻な性愛の技巧が展開される描写のシーンがカットされたのは、今考えると、かえすがえすも惜しい気がする。おそらく荷風をこえる作品になったのではなかろうか。

という話が紹介されている。吉沢に対する概略説明において「発売禁止」ということばを用いていることは、決定的なものではないが、私にはことさらな言挙げであり、裏に含みのあるものに思われる。児玉の回想は、カットされる以前の文章を実際に見たという記憶に拠るもので、男女のいとなみにわたる本文の実在性を示している（ただし後述する私が原作本と認定する著作には該当する文章はなく、記憶の細部については疑問が残る）。

また、宮本の没後、雑誌『無限大』[26]で行われた座談会における村武精一の発言には、

終生周防弁というか、あの辺の言葉をいつも使っていましたね。「土佐源氏」なども、土佐のことばではないような気がするな。私はあれを見て非常に感心したのですが。宮本さんは、もっとノートはあるんだけれども、それは発表しないと言っていました。（以下略）

とある。前半の発言は、前節で私が論述した『土佐源氏』の方言的記述のレベル（山口県周防大島のことばを核として成立していること）のさらなる裏付けとなるものであるが、後半の「ノート」に関する発言も注目に値する。ここで「ノート」と言っているのは、宮本自身が採集ノートの存在は「焼いた」として否定しているので[27]、文字通りの「書きとめ」であり「土佐源氏」の〝原作〟

を指し示している可能性が高い。
自身が「発表しない」といっていた「ノート」（〝原作〟）とは一体いかなるものか。「発売禁止」を予測させ「男女のいとなみ」にわたる表現を含むもの。結論から先に言えば、私はそれこそが本論文（第一章）の冒頭にその存在を示した『土佐乞食のいろざんげ』（青木信光編、大正・昭和地下発禁文庫『好いおんな』⑥所収[28]）であると思う。赤松啓介は秘密出版としての流布を簡単に否定しているが[29]、次の三節以降では、出版の経緯、内容の比較検討も含めてそれが「原作本」に間違いないことを論証するとともに、原作『土佐源氏』（『土佐乞食のいろざんげ』）の提出している問題の意味について考えてみたい。そうすることこそが、『土佐源氏』の正当な評価に至りつく間違いのない道であると思う。

三　『土佐乞食のいろざんげ』の出所と本文の比較

宮本と高橋鐵、青木信光

まず「原作本」と考えるその〝素性〟から。『土佐乞食のいろざんげ』が活字化され一般の目にふれるようになったのは、前述の青木信光の編集による出版物からである。青木は「はじめに」として、次のように紹介している。

今は余りはやらないようだが、夜這いとか破瓜とか色ざんげといった話は、昔の地下本の恰好のテーマだった。筆のすさびに好色本を書いた著名文士も、生活のために猥書に手を染めた無名文士も、一度や二度はこれらのテーマを手がけている。それだけに気の利いた力作が数多く残され、今日読んでも飽きさせないものが多い。本巻収録の「夜這奇譚」「破瓜異聞」「土佐乞食のいろざんげ」はそうした作品群の中から特選した名作ばかりで、かつて秘密出版された折にも好事家間の評判を呼んだ作品である。内容は、もちろん迫真的、刺激的なもので、地下密造本ならではの味わいが堪能できよう。

青木はこの種の類の「作品」の専門家として著名であるが、同氏によれば、活字出版の底本としたものは「ガリ版刷り、紐綴じ」のもので、「昭和三十年頃に、高橋鐵の所へ出入りしている折に見かけた」ものという。高橋鐵は日本生活心理学会を主宰し、『生心リポート』のほか多くの著述を刊行した著名な性科学者。宮本とはまったく同年の明治四十年生まれ。昭和四十六年、六十三歳で亡くなっているが、青木はその所持本を没後数年して、遺族である長男の高橋文春から譲り受けたという。

ただし、そのことを高橋文春及び会員・弟子であった栗山一夫・鈴木敏文の三氏に尋ねてみると、『土佐乞食のいろざんげ』についての記憶はなく、昭和五十四年頃に『生心リポート』の出版権譲渡をしたことがあり、それを資料の譲渡と混同しているのではないかとのことであった。なお、再度の念押しに対して青木信光は、「文春氏の方が忘れてしまっているのでは」と言っている。栗山は、高橋鐵の所持本としたら、末子未亡人が貸した可能性もあるという。

「日本生活心理学会」の出版物とのかかわりについては、鈴木敏文は「会で作ったものではない。

会で作ったものはリストがあり、チェックできるようになっている」と言い、また栗山一夫も「当時こうした地下出版物を出す人は何人もいた。弟子が二冊買って、こんなものを入手したと、一冊を先生に渡すことはあった。高橋も弟子に回して見せることはあったが、自身は一切こうしたものにかかわったことはない。持ち込みもすべて断るのが会の方針であった」と、会とのかかわりを否定している。鈴木によれば、当時（昭和三十年前後）はいわゆる「性学裁判」[30]の最中であり、そうした出版物の配布は「また同じことをしている」と当局からにらまれるので、資料の出版等は実際できない状況にあったという。

ところで肝心の宮本と高橋鐵のかかわり、また「日本生活心理学会」とのかかわりであるが、宮本と高橋とが友人関係にあったことは三氏（文春・栗山・鈴木）ともよく記憶していた。高橋文春によれば、生前父親との会話の中に「数日前に会ったが……」などと宮本の名前が何度か登場していたという。

具体的なかかわりを示す資料としては、高橋の著書『近世近代150年性風俗図史』上・下[31]の出版案内パンフレットの中に「支援」者として「宮本常一」の名前が出ているほか、下巻の「完結してのお伝え　諸家からの言葉――序にかえて」という高橋の一文の中には、「資料文献の山にうもれながら安堵の溜息をついています。その山の傍らには、この仕事を援け励ましてくださったお手紙の山積。（本書上巻への感想です）」という文を添えて、次のような宮本の手紙が紹介されている。

先般参上いたし教えられるところが大きく、今回の御著書でも和服から洋服への移りかわりなどに教えられるものが多々あり、実によくあつめられたもので、こういう資料は、もっといろいろの見方・方法があるのではないかと考えました。

昭和四十三年から四十四年頃の消息を示すものであるが、お互いに「学者」として交流しあっていた様子をうかがわせる。

二人の交流がいつ頃に始まったのかは確実な証拠はないが、高橋文春は「推測」と前置きして、昭和二十五年前後からではないかと指摘している。高橋鐵は昭和二十五年五月から二十七年十月まで『文化人の性科学誌　人間探究』の刊行にかかわり、また昭和二十六年三月から三十年八月までは『性文化綜合誌　あまとりあ』の出版に尽力しているが、まずはこれらの雑誌編集を通じての交友ではなかったかというのである。これらの雑誌の寄稿者には大宅壮一、藤澤衛彦、宮尾しげを、田邊尚雄、渥美清太郎、平野威馬雄、堀秀彦、南部僑一郎など、当時の学者・文化人も多数名を連ねているが、国会図書館の蔵書では、一覧の限りでは寄稿者あるいは座談会の中に宮本の名前は確認できなかった。ただ、同年生まれの同世代人として、一方は地方の、一方は都市の風俗研究者として、このあたりに相寄るところ、機縁があったとする想像は、かなりのところ的を射ている可能性はある。

「日本生活心理学会」は、山本潔の記述[32]によると、

昭和十五年に内閣情報局の外郭団体として、世論調査や生活心理面の調査を目的として設立された団体で、敗戦後の昭和二十三年、日本性学会・日本性教育協会の下部機関として精神分析学の立場からする性科学の研究部門になった。

というものであり、鈴木敏文は「設立の目的は、本来、日本人の生活意識を心理学的に考察することにあった。それを戦後、性学研究会に看板を塗り替えた」と説明している。[33] 会の趣旨には宮本の関心と近いものが感じられるが、宮本が会員ないしは会員待遇、あるいはそれに近いかかわりであったかは、「会員名簿がずさん」（鈴木）とのことで確認できない。ただ注目されることは『日本残酷物語』の監修者の一人である作家の山本周五郎が、本名の清水三十六で正会員となっていることである。高橋は著書の『性感の神秘』[34] の「あとがき」の中で、山本の作品「虚空遍歴」を「不思議きわまる女性性感の文学」と紹介、

山本周五郎氏は、私の研究道に共鳴され、私の主宰する特定少数機関「日本生活心理学会」にも入会された作家だから、同じく会員の大江健三郎・開高健・宇能鴻一郎などの諸氏と共に、今やますます性の〝神秘〟界へ潜行されているといえよう。

と述べて、自身との深いかかわりを強調している。宮本はこの山本周五郎との交流の中で、高橋との共鳴関係を深めていった可能性もある。なお、鈴木によると山本は正規の入会手続・審査を経て会員資格を得ているが、多くの文士はほとんどが客員待遇であったとのことである。

以上見てきたように、宮本と高橋鐵との関係が、学者として友人として、互いにその仕事を認め合った上での交友であったとすると、宮本が自身の取材に基づく「作品」を高橋にも研究資料として提供した可能性は高いと思う。前述した青木信光が、昭和三十年前後に高橋のところで見たという「ガリ版刷り」のものはそうしたものではなかったか。宮本が、小学校教員の経歴からして、ガリ版刷りの技能に長じていたことは諸書からうかがえるが、当初、高橋の手元にあった

という段階では、いわゆる営利目的の秘密出版とは性格を異にしたものであったと私は思う。ただし、青木の証言では、ガリ版刷りのほかにタイプ印刷の体裁のものも出回ったことがあり、「かつて秘密出版された折」というのは複数の機会としてあり、ガリ版刷りのものも秘密出版物とするのが青木の認識であった。

青木信光が底本に用いたというガリ版刷りの資料については、再三、事務所兼資料室に伺い、捜索したが、結局閲覧することはかなわなかった。すでに失われている可能性もあると思っている。ただ、そうした〝原本〟が今後どこからか出てくれば、その〝素性・来歴〟についてはもっとはっきりとしたことがわかると思う。

不幸にも「秘密出版物」として扱われたためか、その〝生成〟について判明したことは以上の程度であるが、性科学者高橋鐵とのかかわりが見出せたことは、『土佐源氏』の「作品」としての意味を考える上で重要なポイントになる。そのことは、次に本文の比較検証をした上で、最後にもう一度取りあげて考えてみたい。

大量の情感豊かな性愛描写

青木信光が紹介した『土佐乞食のいろざんげ』と従来知られている『土佐源氏』とを比較した時、まず最も大きく違う点は、具体的な性愛・性行為にかかわる描写の量である。活字本は一行四十一字詰めの体裁になっているが、それで数えて全体で約三百五十行分（本書、資料編1所収参照）が、『土佐源氏』にはない性器の俗称を用いた精細な記述になっている。

例えば、違いの大きなものに限ってあげれば、三箇所ある。まず、十五歳でばくろうの家へ奉公に行った主人公が、ばくろう宿の後家と親方の性行為をのぞき見したとの記述のあとに、このばくろう宿の後家に誘われて男女の行為を教えられ、初めて「ほんとうの女の味をおぼえ」た経験が二十四行にわたって記されている。年長の女性の誘い・手引きにより、少年から性的に一人前の男になる趣旨の話であるが、宮本のいう「ライフヒストリー」の視点から見れば、不可欠とも言える叙述である。話はそのあと、いずれの本文も「どうも助平話ばかりじゃあいそがないのう」と続いているが、『土佐乞食のいろざんげ』だけが、具体的に「助平話」の内実をそなえているのである。

次に「小林区署の役人」の嫁さんとの情交の話。大師堂での媾曳で、互いに「ニコッと」笑みを交わし「お堂の中へはいっていった」のであるが、『土佐乞食のいろざんげ』は、

嫁さんははきものをお堂の中へ入れて、格子をしめなさった。そうして板の上へすわっての、わしの手をとって、その手をじぶんのみずおちのところへあてて「こんなに動悸がうっている」というてわしを見てほんのり笑いなさった。何ともいえんかわゆい顔じゃった。困ったような、たよりにしているような。わしはおなごからそないにせられたことはなかった。

という叙述のあと、お堂での三回の性交、さらにはその後旦那の留守に「四、五へんもおう」た時の性交渉の様子を、約八十行にわたって具体的かつ情感豊かに記している。

ちなみに、右に掲出した導入ともいえる文章も、『民話』及び『忘れられた日本人』所収本に

はないもので、『土佐乞食のいろざんげ』と『日本残酷物語』所収の本文だけが一致している箇所である。ただし「何ともいえんかわゆい顔じゃった」とある文のうち、「かわゆい」という語だけは『日本残酷物語』はなぜか省略している。『いろざんげ』にあって他の二書にはなく、『日本残酷物語』だけが一致している文はもう一箇所ある。主人公が「迷惑をかけてはいかんと思うて」「伊予へもどった」その理由として、「しかしこの土地にいるかぎりはとても縁のきれるものではないと思うて」と述べているのがそれで、こうした叙述の在り方は、小さな一致・異同ではあるが、『土佐乞食のいろざんげ』の記述が別人の手になる不自然なものではなく、宮本自身の文章であることをよく示しているものと思う。

性愛にかかわる描写の三つ目は、「庄屋のおかた」との情交における記述である。『土佐源氏』においては「わしは牛の駄屋の隣の納屋の藁の中でおかたさまと寝た」と、わずか一行分に圧縮されている部分は、約百二十行を用い、舐陰をはじめさまざまな交情の態様を精緻に描写したものとなっている。特にその仕舞いのほうにある、

おかたさまは美しい目をとろんとなさって「ほんとの夫婦の愛情というものは、お前さんのように、そそうもかまわず、いたわってくれるのが、男の実意というものじゃ、わたしはいま、うちの旦那さんにもしてもらえないことをしてもらって、おまえさんにすまないと思っている。しかしお前さんによって、わたしは、はじめてほんとの女の喜びをおそわった」といって（中略）坐りなをした。

という文章は、二人の真に心の通い合った「性」の交わりの在り方を示唆しているもので『土

佐源氏』では省略されてしまっているが、その主題ともかかわる大切な叙述であると思う。「庄屋のおかた」とのことは、さらに半月後の情交二十二行分と、亡くなる前の最後の性交の思い出約六十行分が、性愛の技巧を尽くして具体的に描写されている。また、「おかたさま」の突然の死後、その死を悼む男の気持ちを「三日三晩、寝こんだまま男泣きに泣いたのう」と記すだけでなく、さらに、

ひと月ほどたってお方さまの墓えまいり、こっそり、おかたさまの好きじゃった野菊の一枝を水いれの竹つつにさして、おかたさまの墓をゆすってまた男泣きに泣いたじゃ。

と書き込み、その悲痛さを強調している。こうした文章も『土佐源氏』の主題とかかわる要文と思うが、宮本はくどいと思ったのであろうか、『土佐源氏』からは削除してしまっている。

私は『土佐乞食のいろざんげ』を、本文の検証においても宮本の自筆と論証すると言いながら、すでに行文ではそれを宮本のものとして扱い始めている。論文として不徹底と言われるかもしれないが、もうこれまでのところで論証は十分ではないだろうか。そのことは原文を一読していただければすぐわかることなのであるが、性愛の描写についても決して別人が興味本位で付け加えたような文章ではないし、右に紹介したような、真に肉体と心を通わせた女の死を悲しむ男の行為も、宮本以外に一体誰が書き込もうと思い付くであろうか。そもそも意図的な「地下密造本」には不必要な文章なのである。

作為（作意）による付加

以上は、『土佐乞食のいろざんげ』のほうが余分に持っている部分であるが、逆に『土佐源氏』の側に付加されたと考えられるところが、主なものだけで二箇所ある。

一つは、冒頭の書き出しから、「時々天井の上を人の通っていく足音がきこえる。寒そうないそぎ足である」とする記述までの導入部である。『民話』『日本残酷物語』『忘れられた日本人』ともにほとんど同文であるが、『日本残酷物語』で題名を「土佐源氏」から「土佐檮原の乞食」と変更したのを受けて、『忘れられた日本人』所収本だけは、老人の語りとその風体の紹介文のあとに「ここは土佐の山中、檮原村」と追加し、さらに「実録」を強調した体裁になっている

盲目になって三十年、極道のむくいだという八十をこえた老人。住居は橋の下、莚でかこっただけのまったくの乞食小屋。チロチロもえる火の前で、筆者に対し「あんた女房はありなさるか。女房は大事にせにゃいけん。盲目になっても女房だけは見捨てはせん」と語りかける。こうした舞台の設定にも似た書き出しの文章は、実は『土佐乞食のいろざんげ』にはない。

『土佐乞食のいろざんげ』の書き出しは「あんたもよっぽど酔狂じゃ。乞食の話を聞きに来るとはのう……」から始まる。素直に読めば話の出だしとしては、ここからで十分である。いや、むしろここからのほうが良いと言えるかもしれない。「橋の下でもう三十年」「人をだますことと、おなご（女）をかまう事ですぎてしまうた」八十の老乞食の問はず語り。欠ける要素は何もなく、自然にその思い出話に導かれていく。実際にこの『土佐源氏』を一人芝居に仕立てた坂本長利も、この書き出しのところから語りはじめている。

こうしてその二つの冒頭の文章を比較してみると、私には『土佐源氏』の『民話』以下の冒頭

本文のほうが、ことさらな作為により後から付加したものと思える。乞食小屋を強調し、天井の上を行く足音までも付け加える。これが事実と大きく相違することは、すでに再三述べたところでもある。

もう一つの付加と考えられる箇所は、「ぬすっと（盗人）」「ごうどう（強盗）亀」「盗人宿」「おとし宿」の話である。

『土佐乞食のいろざんげ』には一切ないのであるが、『土佐源氏』においては、「人をだましてもうける」「ばくろう口」「ばくろうのうそ」の話の中に割って入る形で挿入されている。比較してよく読み比べてみればわかるのであるが、老人の語りの流れとしてはむしろないほうが自然であり、これも「民俗資料」を意識した宮本のことさらな作為（作意）によるものと考えられる。

「おとし宿」については、宮本は『民俗学の旅』[35]の中で、昭和十六年二月の四国山地の取材旅行の際に学んだこととして、

そうした山中に泥棒を泊める落し宿のたくさんあることも教えられた。おそらく中世の生活のあり方をそのまま残しているのではないかとさえ思った。

と記している。また、『日本残酷物語』[36]1の第一章「掠奪に生きる」の中の「山民の盗伐」の節では、「盗人の宿」という項目を立てて、

伊予の貧しさも土佐に劣らないものがあったのである。貧窮をきわめた山村のならいとして、今は語り草としてのみ伝わっている伊予のおとし宿の話がある。盗人を泊めた宿のこと

であるが、もとは少なからずそういう家があった。住家が山地に散在しているところでは、隣家の様子などそれほどくわしくわかるものではない。とくに村のはしのほうであるとか、一軒はなれているとかいうような家は秘密も保ちやすかったわけで、盗人はそういう家を宿にして、盗んできたものの処分もたのんだという。そういう家は、周囲から何となく蔑視せられながらも、いつの間にか財産をつくっていく。(中略)おとし宿の話は方々の村で聞いた。いまも村にのこっているものもあるが、たいていは余所へ出ていっている。そしてそれがその伝承を消してゆきつつある。この山中の旧家はたいてい高い場所にある。そして家によっては練塀をめぐらし、練塀に鉄砲穴のあいているものもある。賊を防ぐ用意だときかされたことがある。それほど不安定なものがあったのである。山中の村には半ば盗人を職にしたようなものもないではなかった。

と、さらに詳細に書き記している。ここでは主に伊予での「語り草」として紹介しているが、こうした事柄に関する関心は宮本自身のものであり、宮本はそれを老人の口を借りて語らせたものと思われる。

『土佐乞食のいろざんげ』と周知の『土佐源氏』の本文の比較検証において、主要な相違点についての考察は以上であるが、叙述の文体の同質性を事実として確認できる事柄をもう一つあげておこう。標準語の知識では理解の難しいと思われることばにカッコを付して説明する形をとるというのがそれで、これは『土佐乞食のいろざんげ』の『土佐源氏』にはない部分の本文においても、まったく同様に行われている。少し例をあげれば、「ぺこつく(交接)するちゅうのは」「むさがり（汚ながり）もせず」「つんむりした豆（陰核）が赤うぬれて」などとある。また、用いていることばそのものにも同一性があり、語法など叙述全体にわたってもまったく違和感のないことを重ねて強調しておきたい。

さて、以上述べてきた検証の要点を踏まえて、成立の経緯を再確認すると、次のようになる。

1、昭和三十年頃までに（詳しい年月は確認できない）、『土佐乞食のいろざんげ』を書く。これは『土佐源氏』の原作と認定できるものである。テーマは題名にある通り「いろざんげ」。その存在については自身も折にふれて示唆的発言を繰り返している。成立の事情には性科学者高橋鐵とのかかわり、作家山本周五郎の影響も考えられる。のちに秘密出版物としても流布したが、自身にはそのままの形での公表の意志はなかったものと思われる。

2、昭和三十四年八月、『土佐源氏――年よりたち五――』を『民話』第十一号に発表。原作のうち性愛の描写にかかわる叙述は大幅に削除し、それに見合うよう本文も改変。枚数制限により男の性的成長体験の一部や「庄屋のおかた」の話は割愛する。全体に「性」にかかわる色合いはカットされるが、逆に冒頭部の文章、「盗人宿」などの話は追加、「老乞食」の伝承として「民俗資料」的色彩が強まる。ただし題名が「土佐源氏」とされたように、物語的側面は継承。

3、昭和三十四年十一月、「土佐檮原の乞食」と改題して『日本残酷物語1　貧しき人々のむれ』に収める。宮本は『民話』のものに「少しつぎたしした」というが、そうではなく、原作に立ち返り本文を作成、整備したものである。（『民話』とは相違し、原作と一致する本文あり）。初めて「檮原」という地名を明示し、実録的色合いを強調。また「乞食」を題名に復活させると同時に、「乞食」

の項の一節として、前後に文章を配し「乞食」への関心を強める。発表後「座談会」なども行われ、高い世評を得る。

4、昭和三十五年七月、「土佐源氏」と『民話』の時に用いた題名に戻し、『忘れられた日本人』に収める。『日本残酷物語』の本文と同じと説明しているが、題名から「檮原」の地名をはずしたのに伴い、冒頭の本文中に「ここは土佐の山中、檮原村」と入れ、実録あるいは「民俗資料」としての色合いを継承・強調。そのほか『日本残酷物語』の本文のうち二箇所（原作と一致の部分）はなぜか省略。全体としてこの「土佐源氏」の本文により「宮本の最高傑作の一」「最良の文献民俗資料」との評価を獲得してゆく。

2の『民話』以降が一般に世に知られた「作品」であるが、宮本はこれらに対して、一貫して採集に基づく「民俗学」の著述であるとの態度を取り続けている。宮本の応対は果たして正しかったと言えるのだろうか。

四　原作『土佐源氏』（『土佐乞食のいろざんげ』）の意味

『土佐源氏』が、現在見られる『土佐源氏』として成立した、その経緯が前節までに確認したようなものであったとすると、その真の評価は、原作の表現意図にまで立ち返って考えて見なければならない。なぜなら明らかに『土佐源氏』は表現上の禁制や抑圧により自主的に削除され、学問的な体裁上の理由や宮本に対する社会的な要請（意識・無意識を問わず）からゆがめられて、現在そこに存在しているからである。

性愛表現に込めた真の意図

真の表現意図とは何か。それは人間の「生」における「性」の意味や価値であり、肉体による「性愛」そのものの美しさ、さらには具体的な性交を通じての魂（心とか精神とか）の交流の美しさにあったと私は思う。それは真に心の通い合い、一致した男女の性愛の暖かさ、優しさ、力強さと言い換えてもいい。

『土佐源氏』の中で本来宮本が表現したかったものは、人間の「性」の真実そのものであり、『忘れられた日本人』の「あとがき」の仕舞いのほうで、

> 私が一ばん知りたいことは今日の文化をきずきあげて来た生産者のエネルギーというものが、どういう人間関係や環境の中から生まれ出て来たかということである。

と言っているのも、煎じ詰めればそのことを言おうとして言い当てていないだけではないだろうか。

実に『忘れられた日本人』の全体においても、主要なテーマの一つは人間の「性」にあったものと思う。その例をいささか列挙してみよう。

〈対馬にて〉における、男女がからだを賭けて争う観音堂での歌合戦の話。また〈村の寄りあい〉における、

そうした生活（息苦しい単調な村の共同生活）の救いともなるのが人々の集まりによって人間のエネルギーを爆発させることであり、今一つは私生活の中で何とか自分の願望を果たそうとする世界を見つけることであった。（中略）特に後者の場合は姑と嫁の関係のようなものの外に、物ぬすみとなったり男女関係となってあらわれる。

という指摘。その男女関係のもつれの相談にあずかる「世話焼ばっば」や、五寸クギを打ち込んだ呪いの木の話。

〈名倉談義〉における、「よそのカカをぬす」んだ請負師の話題や、「女房は亭主のそれにひかれ、亭主は女房のそれにひかれるもんであります。たとえ馬鹿でも、女のものがよければ男は女とはなれるものではありません」という発言。かつての「夜ばい」の思い出話とそれにかけた情熱の紹介。

〈女の世間〉における、「観音様」と呼ばれた「男をかもう」おもしろい女の話。田植えの時の女たちの健康な「エロばなし」。宮本はこれについては、

性の話がここまで来るには長い歴史があった。そしてこうした話を通して男への批判力を獲得したのである。エロ話の上手な女の多くが愛夫家であるのもおもしろい。女たちのエロばなしの明るい世界は女たちが幸福である事を意味している。（中略）女たちのはなしをきいていてエロ話がいけないのではなく、エロ話をゆがめている何ものかがいけないのだとしみじみ思うのである。

と感想を述べている。

さらに、〈土佐寺川夜話〉における、ヨバイの朝帰りに古狸が出た話。〈世間師(二)〉における男女の自由な性交の場「太子の一夜ぼぼ」の話。左近熊太翁の旅におけるさまざまな女性体験。「女とねるのは風流の一つであった」という発言など。ここには前代における庶民の「性」の在り方を捉え直そうとする宮本の問題意識がはっきりとうかがえる。

長浜功は『日本民衆の文化と実像―宮本常一の世界』(37)の中で、

民俗学では赤松啓介が性の問題を中心とする風俗を丹念に掘り起こす貴重な仕事をしているが、宮本はほとんどこの面に触れていない。この点では柳田国男と共通している点である。その意味で土佐源氏の語りは宮本としては珍しいものの一つである。

と記し、さらに「ふだんあきれるほど饒舌な宮本が性のことにほとんど触れなかったのは先に述べたようにこの方面に関して関心がなかったからだと思う」と述べているが、上述の引用例からもわかるように、これはまったくの見当違いの発言である。『土佐源氏』も含めて、宮本の「性」にかかわる関心は並々ならぬ深さを持っていたものと認識しなければならない。

宮本の「性」に対する思いは、妻と離れての旅における遍歴など個人的な体験の中から生み出されてきたものでもあった。特に『土佐源氏』執筆当時、彼が真剣に男女関係の問題について悩んでいたことは、すでに佐野眞一が『旅する巨人』(38)の中で指摘している。佐野は妻のアサ子との往復書簡を引用し、具体的にそのことを跡づけているが、その中で特に注目されるのは次のような文章である。

宮本はこの手紙のなかで、妻が自分の包みの中から『チャタレイ夫人の恋人』を抜きとったと書き、こうつづけている。

〈……きっと悪い想像をめぐらしてのことだろう。誰にもあるあの孤独なるもの……それを埋めようとして持って出ようとしたのだが……。それさえもうばわれた。私の性欲のみが異常に見えたり、そういう事ばかりつよいように見えるのだろうけれど、それだって経験をもたないものにはほんとに分ってもらえる筈のものでもない。今の妻にとって私は価値のないむしろ有害な存在でしかない。だが私自身もゆとりをとり戻す日のある事を信ずる。現在がすべてではない〉

「誰にもあるあの孤独なるもの」と宮本は言っているが、ここには妻との葛藤の中で、自身の「性」あるいは「性欲」と向き合い、悶え苦しんでいる宮本の姿が如実にうかがえる。

『チャタレイ夫人の恋人』と『四畳半襖の下張』

ところで、原作『土佐源氏』（『土佐乞食のいろざんげ』）の直接の執筆動機を考えるうえで、私が特に重要と考えているのは、右の『チャタレイ夫人の恋人』をめぐるエピソードである。

『チャタレイ夫人の恋人』（上・下）が伊藤整訳で小山書店から出版されたのは、昭和二十五年四月・五月のこと。前にも宮本・高橋鐵とのかかわりで紹介した『文化人の性科学誌　人間探究』の出版が、ちょうど同じ昭和二十五年五月であったように、時代は思想的にも風俗的にもそうしたものを要請し迎える開放的な風潮・機運を持っていた。

この訳書はたちまちベストセラーとなったが、同年六月、猥褻文書として押収、同七月八日、発禁処分となる。そして同年九月「猥褻文書頒布」で起訴されて以来、昭和三十二年三月、最高裁で「上告棄却」の形で罰金刑が確定するまで、「芸術か猥褻か」「猥褻とは何か」をめぐって世の注目を集めたのである。

以前にも検証したように、宮本が原作を書いたと推定されるのは、ちょうどそのような時期であった。宮本の旅装の包みの中にあったという『チャタレイ夫人の恋人』、それが宮本の精神に深く影響を及ぼしたであろうことは、前掲の手紙の文面からも十分にうかがえる。それがいかにして『土佐源氏』の原作執筆と結びつくか。宮本の内面の動きについてはただ推測するしかない。

しかし、両書の内容を比較して見る時、彼我の文体の懸隔、構成の相違にもかかわらず、それが大きな執筆の契機となったことについて、私は確信にも似た思いを抱く。階級を超えた性の結びつき、社会における女性の地位や性の位置の問題、さらに方言や大衆社会の貧困の問題など、その類同性は極めて細部においても奇妙に一致した事柄を見出すことができる、と私は思う。

恋人との肉体の性愛の悦びにより「女として生まれた」チャタレイ夫人。ここに「庄屋のおかたさま」の叙述を重ね合わせるのは牽強といわれるかもしれないが、肉体における性の真実、本当の優しさ、本当の愛欲など、「性」を見つめるまなざしに私はまったく同一のものを感じる。方言を用いる主人公というのも、あるいは一定の示唆を受けたのかもしれない。『チャタレイ夫人の恋人』を読んだ宮本の脳裏に瞬時に蘇ったのは、昭和十六年、檮原村で聞いた一老人の問わず語りの「いろざんげ」ではなかったか。

ちなみに、新潮文庫版の完訳本(39)のカバーのD・H・ロレンスの紹介文に次のようにある。

小学校の教員などを勤めながら書いた作品が認められて作家に。流浪と遍歴に明け暮れながら執筆を続け、独特の「性の哲学」に基づいた数々の作品を発表。肉体の愛による魂の解放をテーマとした『チャタレイ夫人の恋人』には、自らの体験が色濃く反映されている。

私は、これを宮本とのかかわりで奇妙に符合する一文として読んだ。「解説」で安藤一郎は、ロレンスの性思想について、

彼によれば、「性とは、宇宙における男女の均衡である」べきで、四季の推移、地球との関連における太陽のリズムに従うもので、ここに両性の結婚の厳粛な意義があるとする。それは、接触によって、互いに生命を与え合うからで、そういう合一こそが性行為なので、二元性から一元性へ徐々《しずしず》として進んでいくところに、人間性のあらゆるもの、すなわち、子供とか、美とか、種々の作品とか、人間の真の創造物が発現する。このように、性は、神秘的な生命の行為を含んでおり、男女の生活は生と死の完全なリズムをたどる、永遠の更新であるという。こういうことは、古代から伝わる宗教の行事または儀式と密接な関係を持つのであるが、そのような古代に復帰せよ、と主張するのではなくて、古代の原始的な生命主義を、今日新たにつくり出さなければならないとロレンスは考えている。（中略）彼は、人間の意識は三重のつながりを持っていて、第一は宇宙とのつながり、第二は男対女のつながり、第三は個人間のつながりだ、という。個人ほど隔離した状態にあるものはなく、たえず恐怖と不安に曝《さら》されているので、これは脱却しなければならない。また労働階級が持つ階級意識または階級的憎悪《ぞうお》も、けっきょく孤立者の意識の前兆にすぎず、どこまでいっても平和を得るこ

とができない。しかし、「性」ということが男女の関係に係わるものとして、一見常に個人的な問題にのみ終始すると、人々が思いこんでいるけれども、それは誤りだとする。彼は、個人主義を否定するのだ。つまり、個人間の障壁を除くばかりでなく、自然と宇宙に順応する生命をよみがえらすものとして、「性」を考えていたのである。こういった原始的または神秘的な生命主義をたどって、彼は、最後に永遠回帰の思想に到達したのである。「せめて、性的思考だけでも完全で清潔なものでありたい」というのが、ロレンスの願望だったのである。

と説明している。宮本がどこまでこうしたロレンスの「性の哲学」に学び、共鳴していたかは不明である。しかし、「肉体の愛による魂の解放」というテーマは見事に一致しているのではないだろうか。

また、体験の反映という点についても、私はまったく同様の事情を考えている。「記憶に残る印象深い話」とはいいながら、採集ノートもない十数年後の再現。特に性行為の描写というのは難しく、筆者の性格が最もよく現れるものという。女性に対する限りない優しさと同情に満ちた行動。「女房は大事にせにゃァいけん」「とにかく女だけはいたわってあげなされ」と繰り返すそのことば。フェミニストとも言えるそうした姿勢は、老人の語りに添ったものであるとしても、宮本自身の体験に基づく「性の哲学」を強く反映したものではなかったか。

原作執筆のきっかけとしては、右に述べたように『チャタレイ夫人の恋人』との出会いが最も大きいものと思うが、その背景については室町期の御伽草子の懺悔物語以来の文学伝統も含めてさらに広く見ておく必要があろう。

「いろざんげ」という点では、まず秘密出版として著名な、永井荷風の『四畳半襖の下張』との関係が考えられる。同書が「エロ本」として警視庁に摘発され、荷風自身の事情聴取などマスコミをにぎわせたのは昭和二十三年のこと。発行者は昭和二十五年八月、「猥褻文書販売」で「懲役三箇月、執行猶予二年」という有罪判決を受けている。昭和二十三年五月七日付の朝日新聞には、

エロ本、エロ雑誌は最近ます〱はんらんし、店頭にはもちろん秘密出版密売の類も盛んになっている傾向に、警視庁ではこれが一掃に着手、連日二、三冊の雑誌、単行本を摘発しているが、（中略）『四畳半襖の下張』と題した本をエロ本とみなすべきものとして摘発、（以下略）

との報道があり、当時の時代状況をよく伝えている。「発売禁止」ということばが宮本の口をついて出ているのも、このような時代背景の延長線上のことである。

当の『四畳半襖の下張』は、「おのれ」という一人称をもって述懐する「いろざんげ」の書と見なすことができる。自らの体験から花柳界に材料を求め、偽善のない「性」の真実を描いた荷風に対し、民俗に取材した宮本という構図を私は考えているのであるが、原作（『土佐乞食のいろざんげ』）を構想するにあたって、宮本の念頭には、この大作家に対抗する意識がどこかにあったのではないだろうか。

高橋鐵の「性学」思想

またさらに、性科学者高橋鐵、作家山本周五郎とのつながりについてはすでにふれたが、特に

高橋との関係は、その性学の本質とかかわるものとして認識することができる。来栖幸子は高橋性学の特徴を、マリー・ストープスの「もっと心理的性交《コイタス》を！」という主張との重なりから捉えて、「ストープスからが鐵である」と述べている。[40] 高橋の思想の根幹は次のようなものである。

異性愛に関して、常識的には精神的・肉体的とわけたりするが、本来は精神の接触という意味に解すべきでいかに「精神的」愛情でも、究極的には、肉体を全精神の象徴として接触しようという衝動が発生しがちである。と同時に、「肉体的」な愛情というものに、もしも「精神的」な喜びがこもっていなければ、それはたしかに動物の交尾や排泄とまったく変りない生理作用だといわざるをえない。この意味で、マリー・ストープス女史が「心理的な性交を！」と教えているのは意味深いものがある。つまり、常識的にいえば「精神的な肉体結合」という相矛盾したことばになるが、私たち精神分析学者はそこに性交の意義を認めたいと思う。[41]

原作『土佐源氏』の世界は、まさにこのような性の思想を、かつて存在した民俗の「性」の有り様として、また宮本の求める理想の在り方として、具現化して表現したものと言えるのではないか。肉体の結びつき、性愛の悦びから至る精神の結合と解放、原作のそのようなテーマは、高橋との共鳴の上に用意されたと見ることもできると思う。

以上、執筆の契機と背景については憶測に過ぎるとの謗《そし》りを免れないかもしれないが、あえていくつかの状況証拠的事柄を提出してみた。それにしても、宮本が並々ならぬ意欲をもって、自らの経験と観念とに基づいて「性」をテーマとした「文学作品」を生み出したということは、間違いのない事実として確認できるであろう。

「性」の「文学」と「民俗資料」のあわい

すでに紹介したことであるが、かつて宮本は、その最も初期の宮本らしい大きな仕事と評された『河内国滝畑左近熊太翁旧事談』とかかわって、「左近翁に献本の記」という一文を書いている[42]。その中で今注目されることは、「私のように民俗の採集を学問とするよりも詩とせんものには、……」と述べていることである。これは昭和十三年の時点での文章であるが、ここには宮本の持っている資質の本質とも言うべきものが示されていると思う。宮本が偉大な民俗学者であったことは疑いを容れないが、むしろその本来の素質は、作家的あるいは詩人的とも言えるところにあったのではないか。採集ノートを焼失したという学問としてはマイナスの物理的条件が、宮本においてはこの場合、逆に完璧な詩的文学作品の完成をもたらした。原作の『土佐乞食のいろざんげ』は、書かざるをえない素質を持った人間が、本当に書きたい対象を書きたいように書いた作品であると私は思う。

それでは、『土佐源氏』をもって、「最良の民俗資料」とする従来の評価は、どのように考えておいたらよいであろうか。

実は永井荷風の『四畳半襖の下張』についても、これを「民俗学の資料」とする見方はある。いわゆる「四畳半」裁判における、昭和五十年二月二十一日の第十回公判、東京地裁七〇三号法廷での作家石川淳の証言である[43]。石川は、「性」あるいは「生殖」を古代の神事・儀式にもかかわる男女のならわしと規定し、『四畳半襖の下張』もそうした男女の交わりについての民間の伝承・

ならわしを記録したもの、すなわち「民俗学の資料」「記録」であると発言している。さらに、

民俗学の資料としては役に立つものだと思います。ああいう、つまりいろいろな閨房におけるしきたりですね。まあ、儀式とまでは申しませんが、閨房におけるしきたりを書きとめるということは、そうやはり戯作の形をとらなければ書けませんね、あれ。ああいうものが残っているということは民俗学の資料としてためになるものだと思っています。

とも述べているが、こうした発言の趣旨と同じ意味でならば、『土佐源氏』もまた最上の「民俗学の資料」と言うことができるであろう。

しかし、私はこれまで、あくまでも学問としての資料的価値を厳密に捉え直すという立場から考証を重ねてきた。そうした立場からは、右のようにまったく無限定に「民俗資料」と一括りにしてしまうことはできない。これまで縷々述べてきた成立の経緯からも明らかなように、『土佐源氏』は原作も改作も含めて、何よりもまず宮本自身の肉体と観念を通じて生み出されてきた「文学作品」であることを認識すべきであろう。「民俗資料」としての意味を考えるのは、そのことを確認し十分承知したうえでのことである。

これまで検証してきた宮本の作意と作為の在り方は、『土佐源氏』が、「民俗資料」の意匠を凝らした「文学作品」であることを明らかに指し示している。それでも、『土佐源氏』の根幹は宮本の採集した民俗の「事実」にあり、宮本の捉えた「真実」はやはり「最良の民俗資料」であると言い得るのか。

例えば、以前にも引用・紹介したように、宮本は妻への手紙の中で「性欲」について「あの孤

独なるもの」と書いているが、『土佐源氏』の内実は、近代の孤独な「生（性）」の中で「性」の在り方を模索し苦しんでいた宮本が、民俗の「性」を決して孤独なものではなく人と人をつなぐものとして書き記したものであり、それは宮本の求める理想の在り方でもあったが、また同時に多くの〝土佐源氏〟的生涯を送った老人たちの人生のさまざまな「事実」を踏まえたものでもあり、その在り様は個別の「事実」を超えた「真実」であった、と位置づけることができるのか。

この件に関しては、かつての〝ばくろう文化〟の在り方をはじめとして、学問としてはなお熟慮・究明すべき事柄がいくつか含まれているものと思う。ひとたび虚構を交えてしまった「作品」の学問としての真実を見極める道はさらに険しい。

註（1）山田一郎「忘れられた日本人　宮本常一」（『土佐　うみやまの書』高知新聞社、平成四年十一月刊所収）。平成三年六月に高知新聞の月曜夕刊に二回にわたり連載した記事をまとめたもの。次にその一部を引用紹介する。

（平成三年（一九九一）六月十七日付け）「真説「土佐源氏」」

（前略）私が来意を告げると、

「土佐源氏のことですか。私はあのじいさんの孫ですよ」

と笑いながら答えてくれた。いかにも篤農家らしく、また、山で生きるという感じの質朴なこの人は下元和敏という名だった。

（中略）「私の祖父が『土佐源氏』のモデルということらしいですが、じいさんの家はその竜王橋の左手のたもとにあって、そこで直径四メートルもある大きな水車を回して、精米、製粉をやりよりました。年をとって目は見えんようになりましたが、決して乞食かたけじゃありません。子供も男二人、女三人、かつえさせせんとみな大きゅうに育てました」

「じいさんは面白おかしゅうに昔話やお色気ばなしをする人で、古い厚司《あつし》を着て、縄の帯をしめて水車の隣の間に座って、面白い話をしてみんなを喜ばせておりました。宮本さんは那須政太郎さんに連れられて、山本槌蔵―わたしのじいさんの話を聞きに来たそうです」

〔平成三年(一九九一)六月二十四日付け〕「作られた老乞食」

(前略)槌蔵さんは元治元年(一八六四)、現在の愛媛県東宇和郡野村町の和藤家の次男に生まれ、同じ町の山本文治の長女わささんの婿養子になった。山本家は屋敷の西と東に蔵があるほど、近郷で知られた分限者だったが、槌蔵さんが飲み打つ買うの放蕩をして潰してしまった。わささんはなかなかの器量よしで、槌蔵さんは腕ききの博労《ばくろう》だった。夫婦が梼原村の茶ヤ谷へ移って来たのは中年になってからのことである。わささんの叔母が竜王橋の傍で龍《たつ》の家という旅館を開いていた縁もあった。槌蔵さんは博労もしたり、馬を持って引き子を二、三人雇い、駄賃持ちの仕事をして繁盛した。今の運送業である。葉山、東津野、梼原と伊予との間には楮《こうぞ》、三椏《みつまた》、茶、塩などの流通経済が発達しており、仲買人の往来も盛んであった。

槌蔵さんは本《お》も谷川に架かる竜王橋のたもとの左手に家を建て、水車で精米、製粉業を始めた。一キロほど上流の谷に堰《せき》と水路を設け、その水を山沿いに樋《ひ》で流して来て、本も谷川を渡してこちらの水車に落とすのである。この大仕事を槌蔵さんは一人でしたそうだ。水車は直径四メートルもある大きなもので、石のつき臼は五つか六つあった。水車場の跡の頑丈な石組は今も残っている。(中略)

伊予から韮ケ峠を越え、宮本常一さんが茶ヤ谷の槌蔵さんを訪ねたのは昭和十六年二月のことである。そのころ、すでに槌蔵さんは失明していて、わささんと息子が水車の仕事をしていた。壁を隔てた座敷で槌蔵さんは一日座っていて、訪ねて来るだれかれに面白おかしく、広い世間を渡って来た経験や、色ざんげや昔ばなしをして楽しんでいた。話は無類にうまく、本当の話もあれば作り話もあった。宮本さんはすぐ前の那須旅館に何日か泊まって槌蔵さんから詳しく聞き取りをしたらしい。それが文学的とも、また創作ではないかとも言われた『土佐源氏』になったのである。

だが、この聞き書きは文章化される段階で次のように舞台は橋の下に、主人公は乞食に変形した。

（以下略）

※山本「つちぞう」の名前の文字遣いについては、山田は「槌蔵」を用いているが、檮原町四万川区茶や谷に残る下元家の旧宅の位牌及び墓石の文字は「槌造」であるので、私の本文ではこちらに従う。

（2）杉本仁・永池健二両氏と同行、地元の民俗学者坂本正夫氏の導きにより、〝土佐源氏〟のモデルとされる山本槌造の末娘下元サカエさん（明治四十年生まれ）に会うことができ、またその出身地である愛媛県東宇和郡野村町小屋を訪れることもできた。詳しくは本書所収の資料編2、「下元サカエ嫗 聞書」参照。

（3）『好いおんな』⑥は、奥付によれば、昭和五十七年十月二十七日、図書出版美学館の発行。本書資料編1、所収。

（4）益田勝実「宮本常一論の瀬ぶみ」は『民話の手帖』（日本民話の会、昭和五十六年十月号）所収。

（5）「左近翁に献本の記」は『アチックマンスリー』第三十三号（アチックミューゼアム、昭和十三年三月刊）初出。『宮本常一著作集37 河内国瀧畑左近熊太翁旧事談』（未来社、平成五年七月）の「解説」の中にも全文が収録されている。

（6）岩波文庫版『忘れられた日本人』の第一刷は、昭和五十九年五月の発行。

（7）赤松啓介『非常民の民俗境界』は明石書店、昭和六十三年十月刊。同書一九、二〇頁。
（8）大月の「解説」は平凡社、平成七年四月刊の『日本残酷物語』1所収。
（9）ただし、「残酷」という言葉を階級的な意味あいからのみ捉えていくことは、次のような宮本自身の発言から見るとその意に反することであり、周辺の事情はそれとして、彼の言う「本意」にも一定の配慮が必要と思われる。すなわち、『日本残酷物語』刊行後間もなく行われた「鼎談 残酷ということ」（『民話』第十八号、昭和三十五年三月号）によると、「残酷」について宮本は東北における「残酷でござんした」などの人の死に対する「アイサツ」を紹介し、

ちかごろはやりだしたことばではなくて、（中略）それがどういう意味で使われているかというと、自分の意志ではないのにそうなっていったというような場合に使っているんです。そしてわたしはそのことばには非常に愛着を持っているんです。ぼくなんかが歩いてみていると、みんなこの仕事を持って働いており、それぞれ精いっぱいに生きている——それを見ているとその場ではちっとも残酷ではないです。（中略）ところが、その同じ世界を、経済学者たちが分析しますと、階級闘争とかいろいろな形でとらえて、こういうふうに民衆というのはしいたげられているこういういい方をしているんですね。そのしいたげられている方の生活の中に入ってみると、そういう人たちは自分がしいたげられているとも何とも思っていないで、力いっぱい生きているんです。そしてその生活を軽蔑しているか、というとそうでもない——やっぱりあるほこりを持っている——その関係をもっとはっきり出されてもいいんじゃないかと思っておったんです。

と発言している。
（10）「第十四章　土佐源氏の謎」（佐野眞一『旅する巨人』文藝春秋、平成八年十一月刊）。

(11)『民俗学への道』は岩崎書店、昭和三十年刊。『宮本常一著作集』第一巻（未来社、昭和四十三年八月刊）所収。一七二・一七三頁。
(12)『高知県方言辞典』は土井重俊・浜田数義編、高知市文化振興事業団、昭和六十年十二月刊。
(13)岩波文庫版『忘れられた日本人』所収「土佐源氏」、一三四頁。
(14)『日本方言大辞典』は小学館、平成元年三月刊。
(15)「まつぼり子」の表記は、『民話』及び岩波文庫版『忘れられた日本人』所収の本文だけが「まっぽり子」になっているが、「まつぼり子」が正しく、訂正する必要があろう。
(16)「鼎談 残酷ということ」は『民話』第十八号（民話の会編集、昭和三十五年三月号）所収。出席者は画家の岡本太郎、作家の深沢七郎、それに宮本の三人。
(17)『民俗学の旅』は文藝春秋、昭和五十三年十二月刊。同書、一一五頁。
(18)前註（17)、一三一頁。
(19)註（11)、二四二・二四三頁。
(20)毛利甚八『宮本常一を歩く』下は、小学館、平成十年五月刊。六三〜六六頁。
(21)『忘れられた日本人』は未来社、昭和三十五年七月刊。『宮本常一著作集』第十巻（未来社、昭和四十六年四月刊）所収、岩波文庫『忘れられた日本人』（昭和五十九年五月刊）所収。
(22)『民俗の旅』は文藝春秋、昭和五十三年十二月刊。六七・六八、七三頁。
(23)註（16）に同じ。
(24)『宮本常一——同時代の証言』（日本観光文化研究所、昭和五十六年五月刊）「六『忘れられた日本人』のあとさき」所収。
(25)註（10）二九二頁。

(26)『無限大』No.72「特集『忘れられた日本人』を読む」（日本アイ・ビー・エム、昭和六十一年秋号）。座談会は住谷一彦、坪井洋文、山口昌男、村武精一の四氏の出席。引用文は二九頁。

(27) 本書三一・三二頁、および註（16）掲出資料参照。

(28) 註（3）参照。

(29) 本書二一頁参照。

(30) 鈴木敏文『性の伝道者　高橋鐵』（河出書房新社、平成五年十一月刊）のうち、「性学裁判」「高橋鐵年譜」等参照。

(31) 高橋鐵『近世近代150年性風俗図史』上・下は久保書店刊。上巻は昭和四十三年十月、下巻は四十四年一月の刊行である。

(32) 山本潔「高橋性学裁判とはなんだったか」『新文芸読本　高橋鐵』（河出書房新社、平成五年十二月刊）所収、一一六頁。

(33) 鈴木敏文『性の伝道者　高橋鐵』（註30）のうち「日本生活心理学会」の項参照。

(34)『性感の神秘』は、日本文芸社、昭和四十年三月刊。河出文庫（河出書房新社、平成六年七月刊）所収。

(35) 註（22）参照、一一五頁。

(36) 引用本文は『日本残酷物語』1（平凡社、平成七年四月刊）一〇七・一〇八頁。

(37) 長浜功『日本民衆の文化と実像―宮本常一の世界』は平成七年十二月、明石書店刊。七七〜七九頁。

(38) 佐野眞一『旅する巨人』文藝春秋、平成八年十一月刊。三〇一・三〇二頁。

(39) 新潮文庫『完訳　チャタレイ夫人の恋人』（ロレンス、伊藤整訳、伊藤礼補訳）は、平成八年十一月刊。

(40) 来栖幸子「高橋鐵の出発―「戦後」性の情況から「平成」性の情況へ」『新文芸読本 高橋鐵』(河出書房新社、平成五年十二月刊)。

(41) 高橋鐵『美術版 あるす・あまとりあ』(あまとりあ社、昭和四十二年九月刊)、第一章のうち「1 心理的な性交を(ストープス女史)」の項参照。

(42) 註(5)、および本書一八頁参照。

(43) 高橋俊夫編著『永井荷風「四畳半襖の下張」物ざらえ』(大空社、平成九年九月刊)「三の章、その㈢作家石川淳の証言」による。

第二章　『土佐源氏』の欠落——強盗亀・池田亀五郎の語るもの

はじめに

私は、第一章「『土佐源氏』の成立」において、原作・草稿本『土佐乞食のいろざんげ』の存在を示し、本来の執筆意図が日本人の「生」と「性」の真実（本当の優しさ・本当の愛欲）の追求にあり、それからの改作『土佐源氏』は、「民俗資料」の意匠を凝らした物語「文学作品」であることを明らかにした[1]、と思う。

その際、改作で付け足した民俗の意匠の様相についても、「乞食小屋」「盗人宿」「おとし宿」などについては一定の考察を行ったが、主人公の老人が持ち出したという「ごうどう（強盗）亀」「池田亀五郎」の話題については、資料的限界から十分に触れることができないままでいた。

今回、亀五郎自身が母親に宛てて書き残したという遺書、「自分一生ノ履歴」（『鳥悲録』）をはじめとして数多くの資料と出会い、改作『土佐源氏』の評価についても、もう一度考えてみる必要性を痛感するに至った。果たして『土佐源氏』は日本人の性の深層に本当に到達しているのか、それを表現として成し遂げたのかという疑問である。

以下、「強盗亀」とは何者であったのかを考えることを主な手がかりに、『土佐源氏』の表現の在り方を見つめ直し、あるべき正当な評価の道をもう一度探り直してみたい。

一　山人の血

『山の人生』と雪の檮原村採訪

宮本常一が『土佐源氏』の主人公の老人と出会ったのは、昭和十六年二月、「高知県檮原村」でのことであった。『民俗学の旅』(2) にはその調査旅行の行程について次のように記している。

昭和十六年の一月を迎えると郷里へ帰った。そしてそこで、一月の末まで農具の調査をし、四国へ旅立った。郷里から船で愛媛県三津浜《みつはま》へ上陸すると八幡浜行の汽車に乗ったが、その汽車の中で大洲の奥が大雪に見まわれたという話をきいて、その雪の中を歩いてみようと思い、大洲で汽車をおり、肱川にそうて奥へあるいていった。そして韮ガ峠をこえて高知県檮《ゆす》原《はら》村に入った。そこからまた愛媛県にこえ、高知県にこえ、県境を縫うようにして宇和島へ出た。(中略) 山地の旅は心をしめつけるようなものがある。急傾斜地に畑をひらき家をたてている。それがまた分家を殖やすとなると、さらにその上をひらいてゆく。大ていは焼畑をおこないつつひらいたもので、私のおとずれた頃にはまだ盛んに焼畑がおこなわれていた。そうした山中に泥棒を泊める落し宿のたくさんあることも教えられた。おそらく中世の生活

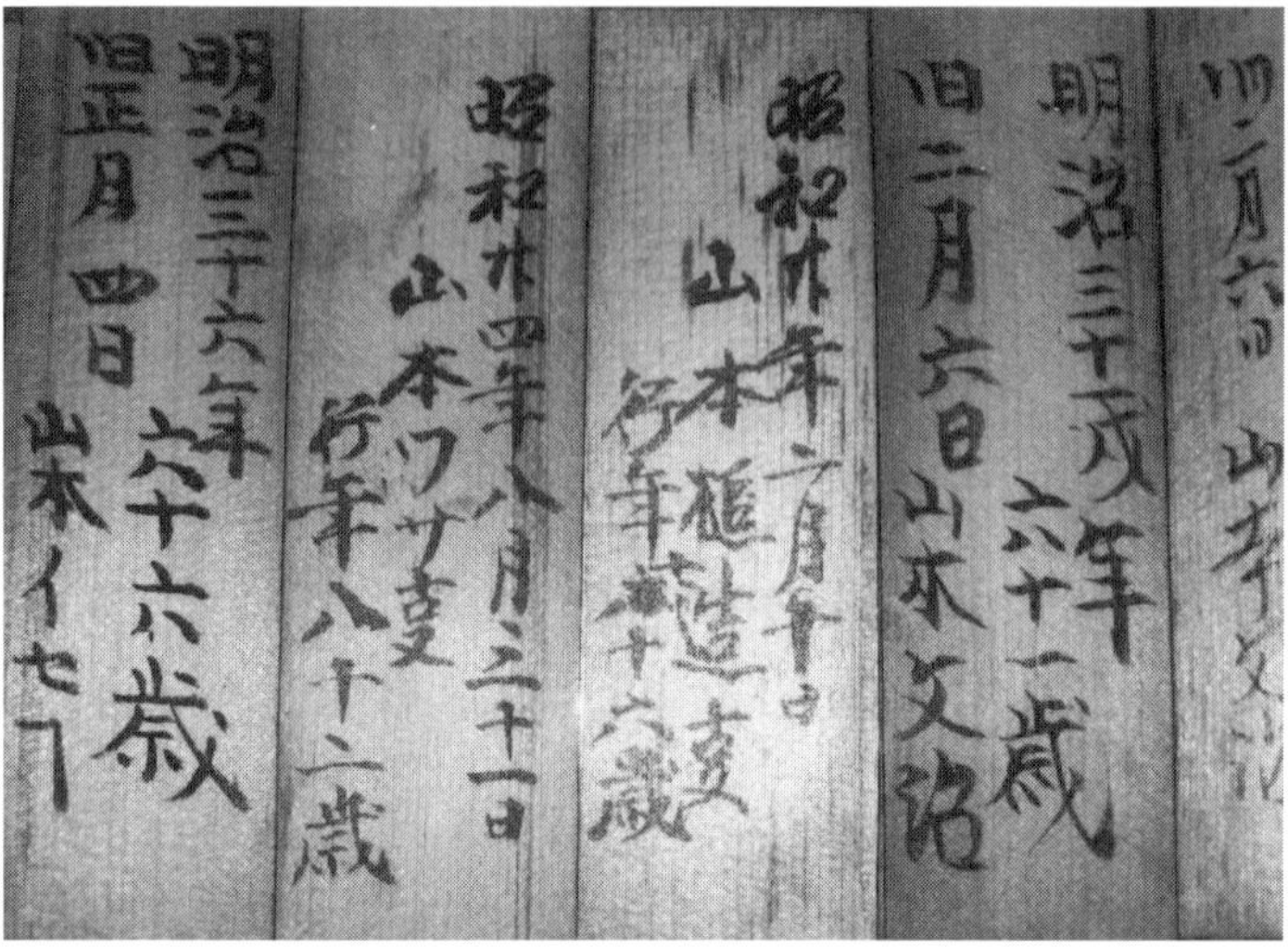

中央が“土佐源氏”のモデル、「山本槌造」の位牌（裏）。右の「文治」は父、左の「ワサ」は妻。

のありかたをそのまま残している
のではないかとさえ思った。

こうして宮本が歩いた中世を彷彿《ほうふつ》とさせる地域は、『土佐源氏』の「ばくろう」の生活の場とも重なり、また「強盗亀」の活動の舞台ともなったところである。ちなみに、池田亀五郎は慶応二年（一八六六）、喜多郡新谷《にいや》村（現愛媛県大洲市）の生れであり、〝土佐源氏〟のモデル山本槌造（愛媛県東宇和郡野村町小屋出身）は、位牌に「昭和廿年二月十日、行年七十六歳」とあるので、明治二年（一八六九）前後の生れと考えられ、二人はほぼ同時期の生れとして、同一地域で同時代の空気を呼吸していたことになる。一方は盗賊（表向きは商人）として、また一方は博打《ばくち》・博労《ばくろう》を業として。

この一ヶ月に及ぶ長い調査の旅から帰った宮本は、東京へ戻る途中の三月二日、大阪において「民俗談話会」の仲間の求めに応じて報告会を開き、その時の記録が「雪の伊豫土佐採訪記（一）（二）（三）[3]」として残されている。中でも興味深いのはその（二）である。「同人の一人が筆記したもの」であり、「宮本氏の校閲を経てゐない」と断ってはいるが、調査ノートを戦災で焼失してしまっている現在、取材直後の宮本の関心の在り処を具体的に窺うことができるものとして貴重である。「二、山人の血」と題した項には次のようにある（少し長くはなるが原文のまま引用する。文中「大津」とあるのは「大洲」の誤り）。

山村には平地とちがふ荒々しい血のあることを、「山の人生」のはじめの記事におもひ至って、一度そんな気持にぶつかりたいと思ってゐた。

伊豫喜多郡の奥、川邊村できいたのに泥棒を泊めるオトシ宿があるといふ、離れた一軒家で暮しはよくなく、泊めるとよい金が貰へる。上浮穴《かみうけな》郡浮穴村にはオトシヤがあり、ごろつきを手先にして、あれはと思ふ人を殺して盗ませる親方がゐて産をなしたといふ家がある。伝説であるかどうか、その地の人は信じてゐる。オトシヤの手先は大てい村内の者で、浮穴村は土佐、松山、大津の三藩と宇和島藩にはさまれた物騒な所で、おかしな者が来て手先になった。私の旅行中世話になった友江といふもとの村長だった人の先祖も、安政三年に殺された。この人はやもめで中風で、隠居をしてゐた剣術の達人で、それが殺され犯人は不明であった。その殺した人の子がそこへ来て、私の家が貧乏になったのはその罰だと告白したことあり、事実衰へてゐる。そこの殺された時、刀剣が盗られ、今土佐の檮原に行ってゐることは確実で、銘でわかってゐる。
更に人を殺すことはよくあり、後へ火をつけて知らぬ顔をしてゐる。それで金持になったといふ。高知高岡郡檮原村の越知面《おちめん》にもオトシヤドがあり、かうした例は他にもなからうか。注意して戴きたいことの一つである。事が事で充分にききにくいが、この邊はもと伊豫の大津に池田亀五郎といふ大盗人がゐて、子供を殺して生肝《いきぎも》をとってゐた。のち死刑になりノゾキにもなった人で、その話から出はじめて、強盗亀の話は檮原でも大抵知ってゐるから、以上のこともそれから聞きえたのであった。

三回にわたる「採訪記」の他の項目は「一、生活組織と民俗」「三、隠居家督と杓子渡し」「四、道切り」「五、共同祈願」「六、虫おくり」「七、御改正廉書指出」というもので、右に掲出した項「二、山人の血」のみが『土佐源氏』の内容とかかわる個所である。以前に引用した『民俗学の旅』の中でも特に「落し宿」のことに言及していたが、「強盗亀」の話題とそれから導きだされてきたという「落し宿」が、当時の宮本にとっていかに深い関心事であったかがわかる。それもその関心の根幹は柳田国男の『山の人生』冒頭の物語（山に埋もれたる人生ある事）から思い至る「山村には平地とちがふ荒々しい血のあること」であり、「一度そんな気持にぶつかりたいと思ってゐた」と言うのである。

「強盗亀」と中世的世界

右の報告記事の内容はほぼそのまま、あるいは多少ずらした形で『土佐源氏』の中に移し替えられている。例えば、人を殺し後へ火をつけ知らぬ顔というのは、主人公の親方が「あるばくろう宿で後家とねているところを殺されて、家へ火をかけられて」「こたつの火の不始末で火事になり、焼け死んだということになった」という話と対応する。この話は『日本残酷物語』1（「山民の盗伐」「盗人の宿」）では、対立する旧家への付火の話とされているが、どちらかといえば、『土佐源氏』のほうが設定を変えた「物語」となっている度合が高いと感じる。また、池田亀五郎が子供を殺して生肝をとっていたという話は、「あれは盗人の中じゃ一番えらかったろう」と紹介したあとで、次のように記す。

しかし、あの男もカッタイ病になって、長崎までなおしにいったが、どうしてもなおらん。子供の生ぎもを食うとなおるときいて、それからこの方へ戻って来てむごいことをした。あれの手にかかった子供が何人もあった。とうとう、どうしてもすてておけんちう事になって、寺へとまっているところをとりおさえたんじゃが、ああいうむごいことをせん間は弱い者をずいぶんたすけたもんじゃ。だからあれを恐れまわる者と、まァ神さまのように思うとる者とがあった。

「採訪記」では「事が事で充分にききにくい」と断りながら、この件については「カッタイ病になって長崎」へと、さらに具体的な内容を語らせている。池田亀五郎の事跡については次の節で詳細に検討することとするが、右のカッタイ病（癩病）と子供の生肝・殺害に関する事実は一切ない

ちなみに、子供の臓器を難病の治療薬として殺害・採取するという話は、中世にまで遡り、例

えば『看聞御記《かんもんぎょき》』永享五年(一四三三)四月四日の条には次のような記事がある。

そもそも聞く。この間、洛中洛外に子を取る者あり。諸方に於いてこれを取る。誰人の所為とも知らず。男・女房・僧・聖等これを取る。或は子を取り返し、或は打ち殺さると云々。悪瘡薬の料に取ると云々。(原漢文)

斉藤研一『子どもの中世史』(4)に拠れば、「人肉がハンセン病の特効薬であるという認識は、鎌倉時代中頃の成立である『高山寺明恵上人行状』にすでにその記述がみえ」、さらに「人体を薬として使用した、日本の近現代における犯罪事件史を紐解くならば、その事例はもはや枚挙に暇がない」という。そして同氏は「このように人体が至上の良薬であり、とりわけ難病に薬効があるとされる」その心性を、

人間の骨・肉・体液・臓器等には、生命力とでも言うべき、ある種の神秘的な霊力が宿っているものと考えられていたことによろう。(中略)そして、臓器に関して言うならば、死体から採取した臓器よりも、生きている人間の「生き肝」の方がより効能がある、つまり、より活力・生命力を内包していると考えるのは、自然な発想であろう。そしてその臓器が、生命力(成長力)に満ち溢れた子どもの臓器であるならば、なおさらである。

と解説している。ハンセン病と子供の生肝の背景には、長く深い日本人の闇の民俗が隠されているということである。

しかしながら、亀五郎と「カッタイ病・生ぎも」とを繋ぐものは一切ない。前にも述べたよう

に、『土佐源氏』の主人公は、池田亀五郎と同年代・同一地域に暮し、その生活形態も「そういう盗人や盗人宿にくらべれば、ばくろうは格式が一つ上じゃった」(『土佐源氏』)とはいうものの、境を接し、相通じる世界に生きた人物である。また亀五郎の逮捕は連日地元の新聞をにぎわせた大事件であった。当然「強盗亀」についても一定の正確な知識があったものと見てよいだろう。とすると、この「カッタイ病・長崎・子供の殺害・生ぎも」という、事実無根にしては具体的に過ぎる話は、一体どのように理解したらよいのだろうか。

亀五郎の刑死の後、次節で述べるように事件をめぐる多くの著述も生まれ、民俗伝承の世界では子供たちの「手まり唄」も生まれた。

芝の和尚さんなぜ死んだ
強盗亀(ゴードカメ)かくしたそのバチで
長浜分署に呼び出され
白状つらさに腹切って死んだ

愛媛県の喜多郡・大洲市を中心に、南予地方では昭和五十年代に入っても歌われていた[5]というが、前述の子供の生肝にかかわる話は、管見の限りでは残された資料からはその片鱗すら窺えない。

「癩病(ハンセン病)人だけの歩く道」(『日本残酷物語』1「山民の盗伐」)や「レプラ患者のみが歩く山道」(『忘れられた日本人』「土佐寺川夜話」)などとともに、十分な聞き取りがかなわぬまま、宮本の心の中で成長していった「物語」のようにも思えるが、確かに池田亀五郎はそうした中世的な伝説の世界をも一身に体現した人物であった。次に、公私さまざまな資料をつきあわせながら、その実像に迫ってみたい。（なお、宮本が池田亀五郎と癩病、子どもの生肝にこだわった明確な理由については、第三章の二でさらに詳しく解明する。）

二　野性と異常

まず最も公的な資料として、『愛媛県警察史』第一巻[6]に拠り、その事跡の概略をまとめて見る。

池田亀五郎の犯罪生活

池田亀五郎は、慶応二年（一八六六）九月一日、喜多郡新谷村大字新谷字棟迫に生まれ、明治四十一年（一九〇八）八月二十四日、広島監獄所で絞首刑を執行されている。四十一歳の生涯であった。

亀五郎は、明治二〇年から二〇年間にわたって県下各地に出没し、警察の必死の捜査をしり目に、巡査殺害事件をはじめとして強窃盗・傷害・強姦等の凶悪な犯行を続けていた。その凶悪かつ大胆不敵な犯行手口、異常とも思われる性的犯行に加えて、一夜に数十キロメートルの山野を駆け巡る活動性のゆえに、県民からは「強盗亀」と呼ばれて恐れられた凶悪犯人であった。

その生涯の犯行は、判明分のみで、窃盗二十三件、強盗（未遂・強盗強姦・強盗傷人を含む）十五件、殺人（未遂を含む）二件、傷害一件、計四十一件とある。また、明治二十年六月（二十一歳）には窃盗罪で重禁固七ヶ月・監視六ヶ月、明治二十四年三月（二十五歳）には強盗罪で有期徒刑十三年の判決を受け服役。恩赦もあり、実質は計十年六ヶ月の獄中生活であったが、全犯行期間は十年に満たない。さらに、明治三十四年十二月、三度目の逮捕となるが、同三十五年三月には山口県で押送中に列車から逃走、同四十年九月の最終逮捕に至る五年余りは、まさに疾風のような犯罪生活であった。

その「犯行の特質」として、『愛媛県警察史』は次の五項目を指摘する。

最も著しい特質は、その手口の凶悪性であろう。かれの強盗の通常の手段は、ピストル・短刀などの凶器を携帯して侵入、有無を言わさず被害者を縛りあげて金品を強取する、いわゆる「持凶器緊縛強盗」であった。（中略）

第二は、亀五郎が異常性欲者であり、典型的な性犯罪者であったことである。少年期から肉欲がきわめて強く、一五才のとき女を知ってからは、色欲のとりことなって犯罪の道に足を踏み入れた。（中略）以後二〇年にわたる犯行の中で転々と住居を変えながらも、人妻・娘の見境なく情事、密通を繰り返し、多くの性犯罪を働いた。後には、情婦三人を連れて逃避行を続ける変質ぶりを示し、まさに「女に始り女に終わる」生涯であった。（中略）犯行のすべてが性的欲求を満足させるために敢行されたとも言える。女のためには手段をえらばず、逮捕の危険性を犯してもそれを求めるところに、かれの異常性をうかがい知ることができよう。

第三には、その超人的な生命力と活動性である。（中略）その犯行地は、県内はいうまでもなく山口・鳥取・岡山・香川・高知の各県下に及び、当時としては驚くべき広範囲にわたっている。逮捕が身辺に及んだことを知ると、山中深くのがれ、その間、いり米・いり豆などの携帯食料で飢えをしのぎ、数十日も潜伏する強靱な生命力を誇った。（中略）

第四には、神経質とまで思われる防衛本能である。（中略）就寝中でもたび・きゃはんを身に着け、部屋の入口には内側から糸を張って外からの侵入に備えた。また、長期間山野に潜伏する場合を予測して、常に油紙・洋がさ・マントの類を携行していた。（中略）

第五には、生来の犯罪性が最後まで変わらなかったことである。「鳥悲録」には、亀五郎のおい立ちから逮捕に至るまでの数々の犯行が、生々しくかつ克明につづられている。（中略）そこには死に直面した者の悔恨、悟りの境地がうかがわれないばかりか、むしろ自己の犯罪を美化し、誇示しようとする心理さえ見られるのはなぜだろうか。死に直面した死刑囚、その澄み切った心境。この手記からこれらの感慨を受けることができないのは、亀五郎が生来の犯罪者であり、死に至るまで犯罪性を失わなかったことを示す何よりの証左であろう。

事実の記述だけでなく、ここには、超人的な「野性」に驚嘆する一方、警察という近代公権力の立場からの解釈、「異常者」とする絶対的な評価が下されている。果たして池田亀五郎は凶悪で異常性欲の生来の犯罪者であったのであろうか。そう決めつけてそれだけで片付いてしまう人物であったのであろうか。まず私の疑問はそこにある。

刑死後、重ねられた論述書

彼の事件については、逮捕当時から世間の耳目を集め、即座に芝居に仕組まれたほか、刑死翌年の明治四十二年十二月二十八日印刷の大井七郎『怪賊　池田亀五郎犯罪誌』（同四十三年一月五日、松翠堂刊）を皮切りに、大正四年十二月十三日・富水道人（西園寺源透）識語、河野靄山『強盗亀』前編・後編と著述が続き、昭和に入っても松本清張「亀五郎犯罪誌」（『別冊文藝春秋』昭和三十二年八月号）、客野澄博『明治警察の秘録』（昭和五十一年十月、愛媛新聞サービスセンター）、南城多磨夫『月夜の浮雲』（昭和五十二年八月、南城出版文化社）、同『獄中手記　鳥悲録』（平成五年八月、南城出版文化社）、朝倉喬司『怪盗疾る　型破り明治侠骨伝』（平成十二年十月、徳間書店）と、近年に至るまで多くの著作が重ねられている。また一部ではあるが、中越穂太郎『津野山どめき』（平成元年四月、高知印刷）の中にも高知県檮原町における伝承が記載されている。

　それらはいずれも、事件における犯罪心理や亀五郎に対する人間的興味に触発された作品であり、公的な資料や聞き取りに忠実であろうとするものから、私的な解釈や想像を盛り込もうとするものまで、その立場はさまざまである。しかしながら、私の一読の限りでは、それらの中に池田亀五郎の真実にまで突き当たっていると認められるものはない。

　大井七郎『怪賊　池田亀五郎犯罪誌』は、「正確ヲ保タンカ為」「亀五郎手記ノ自伝ノ若キハ妄誕幾ト引用スヘキ價ナシ」とし、遺書「自分一生ノ履歴」の価値を認めていないが、私はその中のことばにこそ、亀五郎と時代の真実が隠されていると思う。以下、「自分一生ノ履歴」をもとに、亀五郎が母親を通して伝えたかったことばの意味を考えてみたい。

遺言書「自分一生ノ履歴」と松木信孝

現在見ることができる池田亀五郎自筆「自分一生ノ履歴」は、『鳥悲録』と題され、「明治四十二年八月九日　元大洲警察署長　松木信孝識」とする識語が冒頭に付された形で残されている。(7) それによれば、亀五郎を逮捕した松木信孝が、彼の冥福を祈る思いから「特ニ老母ニ請ヒテ此ノ書ヲ購ヒ蔵シ」たものであり、「鳥悲録」の命名は、『論語』（泰伯第八）の「鳥之将死其鳴也哀。人之将死其言也善」（鳥の将に死なんとするや、其の鳴くや哀し。人の将に死なんとするや、其の言ふや善し）によったものであるという。

熟彼ガ生前ヲ顧ミルニ其ノ罪悪ノ憎ムベキモノアリシト雖一面義俠ノ燃ユルガ如キモノアリテ病貧ニ悩メル者ヲ救ヒシコト亦一再ナラザリシト而シテ今此ノ言ヲ見ル　彼ヤ深ク神仏ニ帰依シテ信仰ノ身トナリ罪垢ヲ洗ヒテ真ニ善ニ帰シタリトヤ謂フベケン　夫レ人ノ性ハ善ナル哉　曾子ノ曰ク「鳥之将死其鳴也哀人之将死其言也善」ト噫洵ニ悲ミテ鳴ク鳥ノ声ヤ哀レニシテ悔イテ遺ス人ノ言ヤ善シ

「罪悪」を憎みながらも、その「義俠」と「信仰」に対する共感・共鳴の思いは深い。「鳥悲録」と名付けて、彼のことばに悲しみの響きを感じ取り、「一掬ノ涙無キ能ハザルナリ」と涙する松木は、亀五郎の真の理解者であったのかもしれない。その風貌についても、次のように好意的に書き留めている。

其ノ風貌卑シカラズ　態度亦温和ニシテ剛胆而モ人ニ接シテ能ク快感ヲ懐カシム　其ノ体軀偉大ナラザリシモ膂力アリキ

こうした理解と、前述の『愛媛県警察史』の「死に至るまで犯罪性を失わなかった」「生来の犯罪者」とする記述（「犯行の特質」第五）との隔たりは大きい。それが何によるのか具体的に考えてみたい。

大井七郎『怪賊　池田亀五郎犯罪誌』は、「自分一生ノ履歴」の成立事情について次のように記す。

明治四十一年二月六日大審院ニ於イテ終審ノ公判開始セラレ同月十日上告棄却ノ判決アリタルヲ以テ死刑ノ裁判ハ爰ニ確定シ同月十七日看守

左は“もう一人の土佐源氏”池田亀五郎。右は亀五郎を逮捕、“共感と同情”を示した松木信孝。（いずれも大井七郎『怪賊　池田亀五郎犯罪誌』より）

部長ヨリ其通達ヲ受ケ恃ミノ綱モ截レ果テ、唯死期ノ至ルヲ待ツノミノ境遇トナリタリ

同年三月一日ヨリ同月七日ノ午後迄彼ハ従来信仰スル所ノ金比羅神及ヒ稲荷神ニ祈願ヲ立テ全ク飲食ヲ断チ居リシカ教誨師ノ説諭ニ依リ同日夕刻ヨリ再ヒ食事ニ就キタリ

爾後彼ハ日々筆ヲ執リテ自己一世ノ伝記ヲ草シ同年六月ニ至リテ完了シ死後広島監獄ヨリ之ヲ母タネニ郵送シタリ

亀五郎は殺人罪についてはその殺意を認めず、「傷害致死」と主張し、控訴・上告審を通じて最後まで争っている。その主張が通らなかった時、かねて信仰する「金比羅神及ヒ稲荷神ニ祈願ヲ立テ」七日間の断食に入ったという。「一生ノ履歴」の執筆は、死を目の前にして故郷の守神・産《うぶ》土《すな》神と向き合い、覚悟の上になされた最後の自己主張、遺言書であったのである。完成後、死刑執行の一ヶ月余り前、明治四十一年七月十八日付けで出された母親宛の手紙が残されている。[8] それには、

履歴書ハ私ニ相談無クバ何人ニモカ志與江被下ヌ様　母上様ノ座元ニ置キテ被下度

と記されており、母に残した「形見」でもあったと考えられる。そこには譲ることのできない彼の思いが籠っていると見るべきであろう。

「神」とともにあった「盗み」仕事

まず私が注目するのは右にも見られる「神」とのかかわりである。彼の犯行は深く神に祈り、ま

た、彼の意識の中では、その神に助けられた犯罪でもあった。彼のことばをいくつか抜き出してみよう。（句点の打ち方は独特であるが、表記のままとする）

〔逮捕の夢見を神の知らせとするもの〕

○日々自分ガ。守神。イナリ様。コンピラ様ヲ。祈リ居シ。為メ。右悪事ヲ。有ノママ。前以テ御知セニ。ナリシヲ。

○自分ハ昼間夢見テ。吉太郎ニ話シ。タル如ク。一分一厘。チガイ無ク全ク。自分ガ守。神様ヨリ知セ。被下シ者ヲ。自分ガ。ウタグリシ。為メ斯ク大害ヲ。受ケタルナリ。実ニ。有ノママ。ノ知セトハ難有事ナリ。

〔神力により助けられたとするもの〕

○思ナヲシ心神ヲ祈リ。其場ヨリ。光ノ見ユル。所迄デ。十丁余リノ道故。自分ハ死ヲ。決シテ自分。着衣ヲ。脱ギテ其ノ着物ヲ。頭ヨリ。カブリ。自分体ヲ。丸クシ。何処トナク。右光ノ見ユル家ヲ。当テニ。コロリコロガリ。落チタリ。然ルニ。神力ナルカ。少シノ。傷モナク。右人家近傍ニ落タリ。

○右岩屋ニテ。探偵ニ。取マカレ。シ時。思ズ。十間余モ。トビシワ。全ク自分ハ。夢ノ様デ。何ト。考エテモ。右岩屋ノ。入口ニ。沢山ノ人有テ。其者等ニ。当ラヌ様。外ニ。トビシワ。如何ニシテモ。自分ノ。力ニ有ズ。神力ナリ。

○自分ガ。神様ヲ祈ル為メカ。神様ニ助ケラレタ事五六回アリ。第一前ニ印タ。喜多郡岩津村事件等。ニ山中デ女ニ切ラレシ時全ク。彼ノ時女ガステツキデ。自分ニ切リ。付ケルヲ。其ステツキヲ自分ニ。ツキ通ス時ハ。如何等。三。自分ガ。熊山ニ。盗ミニ行キシ時ニ。三間余リ。岩間ニ落チタリ。其時自分。右手ニ短刀ヲ抜キ持チ居リタ。其時目カラ。火ガ出タナリ。ケガ無シ。第四宇和島。信川デ。前ニ話シタ。松丸警察巡査ニ出合イ。女ハ。ツカマリ。自分ハ逃ゲシガ。其時ピストル。何十パツ然レ共。ケガナシ。其他フシギナ事沢山有ルガ。恐多キ故略ス。

自身の犯罪行為も神の恩寵の下にある、というのが彼の認識であったと思われる。

こうした考えをどう理解した

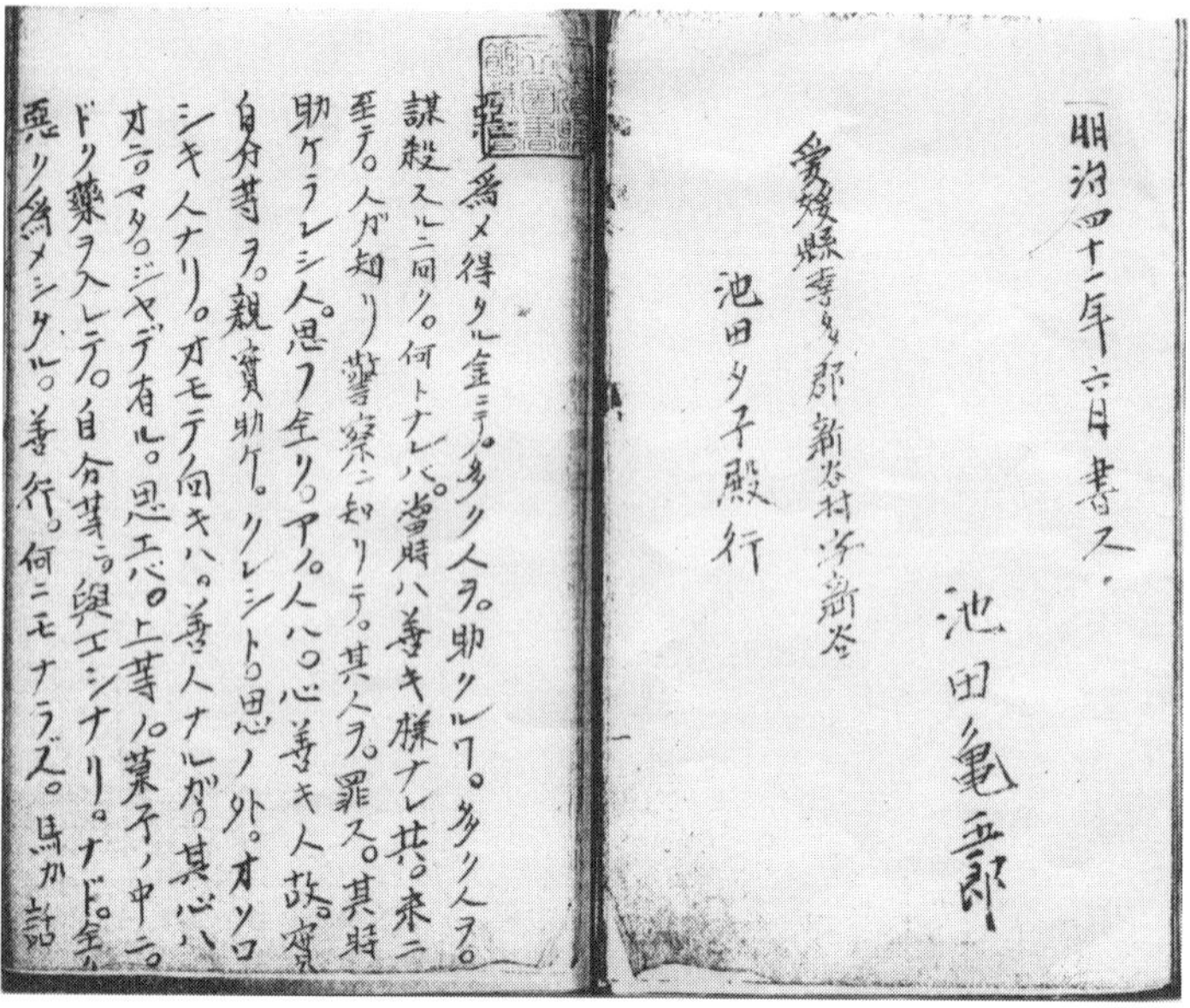

明治四十二年六月書ス。
池田亀五郎
愛媛縣喜多郡新谷村字新谷
池田タ子殿 行

悪ノ為メ得タル金ニテ。多ク人ヲ。助クルワ。多ク人ヲ。謀殺スルニ同ジ。何トナレバ。當時ハ善キ様ナレ共。後来ニ至テ。人ガ知リ。警察ニ知リテ。其人ヲ。罪ス。其時助ケラレシ人。思フ全リ。アノ人ハ。心善キ人故。實自分等ヲ。親實助ケ。クレシト。思ノ外。オソロシキ人ナリ。オモテ向キハ。善人ナルガ。其心ハ才言マタ。ジヤデ有ル。思エバ。上等ノ菓子ノ中ニドク薬ヲ入レテ。自分等ニ與エシナリ。ナド、全ク悪ノ為メシタル。善行。何ニモナラズ。馬カ話

母親（池田タネ）宛に書かれた池田亀五郎自筆「自分一生ノ履歴」冒頭部のコピー（愛媛県立図書館蔵の複製本に拠る）

らよいか。一つの鍵が「トビ」ということばにあるのではないかと思う。彼は「盗み」という行為を「昼トビ」「ヨイトビ」「アサトビ」など、「トビ」ということばで表している。『日本方言大辞典』(小学館)は「とび〔鳶〕」の項で、その意味を「窃盗。また、昼盗人。愛媛県周桑郡」とし、「鳶」の字義の方から説明しているが、私は、「詐欺、詐欺をする人、仲買人」の意も含めて、元々はもう一つの「とび」(「おとび・とんび・とみ・おとみ」など)、すなわち、神とかかわる供え物や贈り物、返礼の「おうつり」などの心意と深く繋がり、それから派生したことばではなかったかと思う。

柳田国男は、この語を「行商と農村」[9]の中で取り上げ、「日向の言葉」という書物から来訪者と主人の会話の中の「トンビ」を示し、「トンビは即ち贈品のことであった」「此トンビは鳶とは関係が無かったやうである」と指摘し、

> 何れも皆「給へ」の昔の口語形のタウベ、即ち今日でいふ「下さい」と、同じ意味を持って居たものと私は信じて居る。(中略)トンビの目的は之を遣ることによって、家主の款待を求めんが為であった。求むるは即ち與ふるなりであった。私は之を以て交易要求の一つの方式と見て居るのである。

と述べている。「トビ」は本来「お与え下さい」の意であったと見てよいであろう。

交易要求の他者として最も重要な相手は、民俗においては、祈願と恵みとの関係で結ばれた神であった。「とび」と「盗み」との繋がりをこうした根源的な心意の重なりで考えた時、「盗み」もまた神の恩寵の下にあり、神に祈って働く盗みという彼の論理も理解できるのではないかと思

う。その際、成功裏に終わった盗みは、神意に叶ったものとする思いも彼の中にはあったのではないか。ちなみに、彼は「盗み」を「ショウバイ（商売）」と呼んでいた。手段を別にしたら物の移動であることに変わりはない。

このように考えると、盗みの対象も金持ちに限り、盗んだ物も決して一人占めせず、貧乏人のために与えたという彼の行動や仲間内の「掟」もよく理解できる。

『鳥悲録』には次のようにある。

○其頃ヨリ自分。云。仕事ヲシテ金百円取レバ。五十円ハ。ビンボウ人ヲ。助クルベシ。併シ取タ金。皆自分ニ。ツカウ者ハ。連レニ成ズ。故ニ仲間連中ニ。対シ。キビシク談判ヲ致置キ。散財ハ一ヶ月三日間。常ニ酒ハ。一回二合ズツ。夜中仕事。則チ盗ミスル時ハ。一合ズツ盗品ハ金。着物ナドハ取ラズ。其内。自分等。仕用品ハ。何品デモ。ヨシ。品物ハ。強チ取ルナ。多クワ其品物ヨリ。道付ビンボウ人ヲ。助ケル事ハ。何時宜シ。右之様仲間連中ニ。話置キ。皆コレヲ。オコナイ居タリ。

○自分ガ。処々ニテ。人ヲ助ケシワ。全ク自分商人風ニテ在方ヲ歩ム時。困ル人ヲ見レバ。早速其人ニ金ヲヤルマタ。コジキ。ヘンロ。ニ合フ時ハ。一人前一銭二銭ズツ。ヤル。其他家ヲ持ツ人ヲ。助ケシ事ハ。多分アレ共其名ハ云ズ。

こうした「施し」の行為には、おそらく神に対する返礼、「おうつり」の気持ちも籠められていたのではなかったか。

また彼は、「失敬乍私共ハ。他々ノ。盗人ニト。チガイマス」とその自負を覗かせているが、自

らは前代の「悪党」にもなぞらえていたのではないかと思われる。三人の妻を伴っての瑞林寺での逃避行においては、

今茲ヨリ逃ゲレバ。安キ事ナルガ。ソレデハ。女共ガ皆茲デツカマル。ソレデハ。悪等ノ道タタズ。死スレバ。一ツ所。生キルナラ一処ト。常ニ云シ。カエガ無イト。

と述べているが、ここに見られる「悪等ノ道」は、松木信孝が見出した「義侠ノ燃ユルガ如キモノ」と重なる。

「兄弟契り」の民俗、落し宿と〝性〟

その義侠心の根本にあったものが民俗の中の兄弟の契りであり、兄弟分・子分の結びつきであったと考えられる。実に「盗人宿」「落し宿」の民俗も兄弟分の心意・約束に支えられたものであった。次に彼の犯行を支えた「宿」についての記述をいくつか抜き出してみよう。

〔愛媛県和気郡相ノ島（現北条市安居《あい》島）〕

ソコデ今止リテ居ル宿屋ノ。主人コイツナカナカ。ノヤツ故。自分等ノ悪事ヲ。スル事ヲ。知リ金ワ無ク共何日デモ。ユクリ休デ。行マタ都合ノ。悪キ時ニハ。何時ナリ。キテ休ミナサレト。云レテ。自分モ万事頼ミマスト。ソレトワ云ネ共。何哉。角哉デ。主人モ。自分ノ心ヲ知リ。自分モ主人ノ心ヲ知リ。ソコデ。マサカナ。時ハ此ノ内ヲ。蔭屋ト定メ。置キ。

〔岡山県児島《こじま》町雨木町（現倉敷市藤戸町天城）〕

当宿ノ主人ニ。委細ヲ話シ。（中略）併シ宿屋ノ主人トハ。兄弟分ノ。酒ヲ呑ミ皆々ノ者盗ミニ行キシ後デ。高松ニ渡リタリ。尤モ岡山県人デ。一寸。ショウバイノ。出キル者ヲ一人連レ渡リ高松デ。元々自分ガ。弟分ノ内ニ行キ。其内ニ。暫ク遊ビ。マタ金モ儲ケ。ソレヨリ。当地デ。他ニモ連レガ。出キ。併シ金モ。ツカイ残リ。四五百円有故。前。世話ニナリタ。岡山ノ宿エ。金二百円送金シテヤリ残金ヲ当宿ノ弟分ニ。少シ。ヤリ。其時弟分ノ。妹デ。おきち十九才右女ニ。自分少シ掛リ在リシ故彼レニ。百円ヲヤリシテ。全ク残金二十円程ヲ持チ当地ヨリ。段々松山方江帰リ。

また、後年彼の逃走を助けた「宿」については、

併世間ノ人々ハ云。亀五良イツモ。山中ニ。住ムナド。大ニ間違イナリ。自分ガ兼テ宿ニセシ。内ハ其。郡村内デ一二。ト云顔役則チ財散家故。警察デモ。人デモ。心付ズ自分ガ。居所知ズ故。右様ノ事云ナリ

と述べ、「山中」ではなく「人中」の、物（金）と心で繋がった「宿」が彼の逃走を助けていたことを強調している。こうした「落し宿」は伊予だけでなく全国各地にあったと見てよいであろう。彼の記述は、そのまま「盗人宿」の貴重な民俗資料となっている。このほか、彼の犯行は常に兄弟分・子分・ツレ（連れ）の手引き、助けがあってのものであり、またその兄弟分を助けるためのものであった。

さらに、兄弟分にかかわる記述は、かつての性の民俗についても貴重な示唆を与えてくれる。

例えば次のような弟分とのやりとり、

其時弟云。兄キ先妻ヲ連レ。出シタカネ。オオ早三月頃連レ出シタ。ソレカラ。前々ノ。くまよト。今デ。一ッ所ニ置テ有ル。弟云兄キ。オレニモ。少シ。カシテ。クレナイカ。頼ワイ馬カ云エ。

弟分が妻女の一人の貸与を願い、彼がそれを断るという会話であるが、これは、『言継卿記《ときつぐきょうき》』永禄九年（一五六六）紙背の小歌、

○我御料と俺は七生の契り、我御料の殿を一夜貸さいなう、なや正体な
○十二の手箱、八面の鏡、それをば貸すとも殿は貸すまい、なや正体な
○柳の葉より狭い事おしゃる、そなたの殿は貸すと借るまい、なや正体な

や、『宗安《そうあん》小歌集』の小歌、

○俺は明年十四になる、死にかせうずらう、味気なや、姉御に申し候、一期の思ひ出に、姉御の殿御が所望なの、ただ
○一夜二夜は易けれど、奈良の釣鐘、よそへの聞えが大事ぢゃの、ただ

など、男女の立場は異なるが中世歌謡の世界とも直結する心意を語るものである。

同様の心意は地方の風流《ふりゅう》踊り歌でも歌われているが、こうした性の民俗の背景にあったものが「兄弟契り」の民俗であった。土佐の民俗歌謡集『巷謡編』（岩波書店『新 日本古典文学大系』62

所収）「高岡郡半山《はやま》郷姫野村三島大明神祭花鳥歌」には次のような歌がある。

○真実におもへ兄弟、種こそ変れ弟兄《おとどい》よ

兄弟分の契りの深さ・大切さを教えた歌であるが、竹田旦『兄弟分の民俗』（人文書院）にも見られるように、日本人のヨコ社会を支えた重要な仲間意識を示すものであった。ちなみに、亀五郎の「義俠心」とも重なるものとして、小田島清朗の教示による岩手県北上市和賀町横川目の明治十二年一月の「契約仲間掟」(10)の一節を次に示しておきたい。

他人モ兄弟ノ分派ナレハ共ニ信義ヲ元トシ　慈心深キ契約ヲ組マサル道理ナシ

前代の性意識と結婚観

さて、『土佐源氏』とも深くかかわる性の問題であるが、若い頃、十九歳頃迄の意識として、

自分。如何ナル者カ。ドレ程スキノ。女デモ。三四ヶ月。ドウキン。スレバスグ。イヤニナリ。又新シキ。女ヲト。外ニ行キ居タリ。然ルニ。又此ノ女ヲト。思付時ハ。其者ノ自分ノ。手ニ入。迄デハ。夜ガネラレズ。バカナ金ヲツカウ事。有タリ。思様ニナレバ。前ノ通リ。早速イヤニナル。

と、極めて女に対して気が多い性格であったことを述べている。こうした傾向は生涯続いたようで、後年の述懐では、それまで三百人余の女を相手にし、そのうち妻とした者九人、勝手には

池田亀五郎の母（中央）とその妻たち（大井七郎『怪賊　池田亀五郎犯罪誌』より）

十三人と記述している。

併シテ自分今日迄デニ。女ヲセシ事。三百人余尤モ。一夜ネテモ。其内ナリ。自分ノ内ニテ親ニ話テ置キシ女。則チ妻トナリタ者。九名ナリ。其外。親知ズシテ。妻トシテ自分。カツテニ連居シ者十三人ナリ。

その間の生活は、常に女と一体のものであり、それがまた犯行にも好都合であったという。

自分ハ何処ニ行テモ。女ヲ連レ居ル故。私ハ人ノ嫁ヲ盗ミシ者人ノ娘ヲ盗ミシ者。自分在所。名ハ都合ニヨリ偽名シ居タリ依テ当分蔭シ。被下様申込ミシ故如何ナル人モ自分ヲ盗人ト思者一人モ無シ。

相手は人妻、娘と「ナジミ女ハ。自分ガ。思ノママ」、それも同時に二人妻、三人妻という状態もあり、「昔シ。大名デモ。コウワ。行マイ」とまで豪語している。中でも最後まで行動を共にした三人の妻とは、前にも見たように「死スレバ。一ツ所。生キルナラ一処ト。常ニ云シ」という格別に深く心を通わせた仲であった。

「人の嫁や娘を盗んで逃げている」という口実がそのまま受け入れられたのは、当時ふつう世間にそうした実態があったということであり、人妻・娘との関係は『土佐源氏』の描く世界とも共通する。『土佐源氏』の主人公も女遍歴に明け暮れ、「それからのわしはこれと思う女をみなかもうた」「とうとう目がつぶれるまで、女をかもうた」と懺悔しているが、女に対する執心は、同様のものと見てよいであろう。犯罪を別にして、違いがあるとすれば、程度の差だけである。

はたして彼は前述の『愛媛県警察史』のいうように「異常性欲者であり、典型的な性犯罪者であった」のであろうか。一つの物差しは当時の性意識や結婚観にある。坂本正夫『土佐の習俗　婚姻と子育て』[11]によれば、明治期の結婚形態として「奉公分の嫁」という婚姻方式がある。「近世から明治・大正・昭和前期、一部では昭和二十年代まで高知県下に広く見られた」というが、

娘が風呂敷に身の回りの物を包んで婿の家に持参し、奉公人として働くのであるが、嫁であるから夫婦関係は持つ。二三ヶ月から一年ぐらい働かせてみて気に入れば正式に妻にするが、気にいらなければ奉公賃を渡して帰していた。

というものであり、「このような婚姻形態は土佐独特のものではなく、県外でもあちこちで見られた習俗であった」としている。亀五郎が親にも話して置いたという妻は、ちょうどこれに相当するものであろう。その実態は聞書き資料の中に窺えるが、『土佐源氏』の舞台、高岡郡檮原町茶や谷でも「大正時代の終わり頃までは奉公分で嫁入りをする者が多かった」とあり、また同郡大野見村でも、明治三十二年生まれの女性が、

その娘をキズモノ扱いすることはなく、すぐに他の家から雇いに来てくれるというような状態であった。二回目、三回目に相性の男と一緒になれておさまる（添いとげる）、というような者がなんぼでも（たくさん）おった。

と話している。坂本も私に対して、統計には表れない実態として「男女とも数人の婚姻関係をへて、子供ができてようやくおさまるというのは、明治の人にとっては当り前のこと」と教えて

くれた。

『土佐源氏』の主人公もまたそのような「私通」の間に生まれた「てなし子」「まつぼり子」であったとされている。坂本は前述の同書で、これら私生子についても「明治から大正時代までは私生子がうまれることは珍しいことではなく数多くの私生子が出生していたのが実態であった」と、『高知県統計書』によって明らかにしている。また、「ウキヨゴ」（浮世子、娘が生んだ子）、「マツボリゴ」（へそくりの子の意）を挙げ、村人にとってはある意味で普通のことであり、その名称から非難めいた冷たさは感じられないとしている。

土佐源氏も亀五郎も、現代の性意識・結婚観からは推し量ることのできない世界を生きていたと見なければならないであろう。

「近代」に排除された〝野性の人〟

なお、亀五郎の生活意識が近世以前の世界と深く繋がっていたことは、山中の生活用具（テント用油紙）や食料（煎豆・煎米・麦粉・玉蜀黍粉《とうもろこし》）などからもうかがえるが、その履物も足半《あしなか》と呼ばれる中世期の武士以来の草履であったことがわかっている。愛媛新聞・昭和五十四年八月二日の「珍品！〝強盗亀〟のゾウリも」という記事に、喜多郡河辺村の廃校が歴史民俗資料館として発足した報道があり[12]、そこには次のように記載されている。

なかでも特に話題になっているのは〝強盗亀〟のワラ草履。明治の終わりごろ、村内を縦走する土佐街道わきの民家が、旅人ふうの男を泊めた。男は夜なべにワラ草履を編み、一夜の宿のお礼に家人へ四足を置いて帰った。この男は明治三十四年ごろから喜多・東宇和・北宇和・上浮穴四郡をまたに荒しまわっていた強窃盗、殺人犯の池田亀五郎（人呼んで〝強盗亀〟）だった。

〝強盗亀〟が河辺で置き土産にした四足のうち二足は長さ二十二センチの標準サイズ。あとの二足は十八センチで一見子供用のようにも見えるが、逃げ足の早さでも知られた神出鬼没の〝強盗亀〟はカカトがはみ出すような小さい草履をはいていたのだという。鼻緒が太くて見るからに丈夫そうな細工である。

足半草履の研究「所謂足半《あしなか》に就いて」(13)は、宮本常一も関係したアチックミューゼアムにおける民具研究の最初の試みとして記念碑的なものであるが、そこには、短時間で製作できること、脱ぎ履きに極めて都合がよいこと、爪先に力が入り、走るによく、坂道の登り降りにも最も適当であることなどが明らかにされている。まさに山中を活動の舞台とした亀五郎の疾風のような逃走劇を支えるにふさわしい履物であった。

以上を通して見ると、池田亀五郎は、前代の日本人の根源的な野性をその一身に体現した人物であり、その野性をもって駆け抜けたがために、結局は近代の公権力に縊り殺されたと見なすことができるのではないか。『鳥悲録』の「悲」とは、近代という時代と遂に折り合うことができなかった野性の悲しみではなかったか。

亀五郎は最後に逮捕される五、六日前、母親に会い、「私ハ此レヨリ。高山ニ。コモリ神ニ。願ヲ掛ケ。業者（行者）トナラン」と話したという。

おわりに

もう一人の「忘れられた日本人」

宮本常一の昭和十六年二月の旅の根底に、柳田国男の『山の人生』への深い共感があったことは、本稿のはじめに紹介した『民俗学の旅』や「雪の伊豫土佐採訪記」の記事から見えてくる。旅の成果としての調査資料の全てを焼失した時、十年余りの時間を経て、その旅の記憶をたよりに、最後の成果として紡ぎ出されたのが『土佐源氏』という物語であったということになろう。

今、これまで見てきた池田亀五郎の人生を知る時、私は、宮本が『山の人生』から触発されて出会いを求めたという「山人の血」「平地とちがふ荒々しい血」は、池田亀五郎の「野性」の中にこそあり、向き合うべきもう一人の「忘れられた日本人」は、池田亀五郎その人であったと思う。そして翻って、改作としての『土佐源氏』を見直す時、その表現は本当に日本人の「生」と「性」の深層に到達しているのか、もう一度問い返す必要性を強く感じている。

すでに前稿（第一章）で述べたように、本来『土佐乞食のいろざんげ』として描かれた「性愛」は、『土佐源氏』とすることによって「恋愛」の物語へと位相を変えてしまっているからでもある。それはちょうど『源氏物語』が性愛ではなく、痛切ではあるが、優美・典雅な恋愛の物語であったことと符合している。

なお私は、前稿で述べた「完璧な詩的文学作品」との評価についても、今回、柳田国男の『山の人生』の冒頭の物語との具体的な関係を見出したことにより、若干のわだかまりを覚えている。

大室幹雄の『ふくろうと蝸牛』[14]によれば、大室は『山の人生』「山に埋もれたる人生ある事」は、「柳田の秋の詩学の成果」であると結論づけ、

「眼がさめてみると、小屋の口いっぱいに夕日がさして居た。秋の末の事であったと謂ふ」の二句が読者のうちに喚起する場景の形象と気分とが、このささやかな物語の息づまる重たい衝迫力の源泉なのだ、

と、季節としての「秋」、刻限としての夕方、「夕日」の絶対的な重さを説いている。『土佐源氏』にも、役人の嫁さんと「つい魔がさして」抜き差しならない関係に立ち至る時、「秋じゃったのう」「夕方じゃった。夕日が小松を通してさしておった」と、よく似た表現が出てくる。秋・夕方・夕日はともに「魔」に誘う重要な設定としてある。この二人の表現の繋がり、重なりをどう理解したらよいのか。意図的ではない、宮本の無意識の共鳴であれば、類稀な二人の「物語作者[15]」の資質の共通性を証明することになるのであるが……。

どうやら私は創作の秘密に深入りし過ぎてしまっているのかもしれない。

註（1）初出は、平成十二年十月刊の柳田国男研究年報3『柳田国男・民俗の記述』（岩田書院）。

なお、『土佐乞食のいろざんげ』が宮本常一の著作であることについては、佐野眞一は私の前稿（第一章所収論文及び資料紹介）を受けて、『週刊新潮』に「幻のポルノ土佐源氏」（平成十五年六月十二日号）を登載し、その中で、長男宮本千晴が聞いた生前の父親の言として「『土佐源氏』にはもっと露骨な性描写があったが、聞いた人に迷惑がかかるので、いまの形にした」との話を紹介している。この発言内容

について、直接ご本人（宮本千晴）に問い合わせたところ、次のようなご記憶であった。『日本残酷物語』第一部（昭和三十四年十一月刊）を出した頃、千晴が「重要な資料だから全部書いておいてくれればいいのに」という気持ちで聞いたところ、「聞いた話は色々あるが、どこの誰の話か特定されるものだから、三代くらいたたないと書いて出すわけにはいかない」と話したという。千晴はそれについて、内容の描写というよりも、人権や社会的な内容にかかわることを気にしていたのではないかと受けとめたという。改変以前の全体の内容がどのようなものであるのか、その受けとめ方は、佐野の記述とは相違している。ただ『土佐乞食のいろざんげ』については、「内容は承知していないが、そうしたものが父親の作品であっても不思議はない。否定はしません」というのが千晴の認識であった。また、「性的な文学に関心を持っていたことは知っていた」とも話されている。

さらに、別の機会に、未来社の『民話』に発表することについては、「文学の立場ではなく、民俗学の立場で、こういうものも民話の中に含めてほしい」という考えで書いたとも話していたという。この発言からは、宮本の「民俗学」、「民話」を意識した明確な意図がうかがえる。

（2）『民俗学の旅』は文藝春秋、昭和五十三年十二月刊。
（3）『大阪民俗談話會々報』（昭和十六年、四・五・六月刊）所収。
（4）同書、五「子取り」（吉川弘文館、平成十五年三月刊）参照。
（5）客野澄博『明治警察の秘録』「あとがき」（愛媛新聞サービスセンター、昭和五十一年十月刊）参照。
（6）愛媛県警察史編さん委員会編集（昭和四十八年三月刊）
（7）「自分一生ノ履歴」（『鳥悲録』）は、現在、愛媛県立図書館に松木寛治蔵自筆本の複製が所蔵されている。このほか、『近代庶民生活誌』第十六巻（三一書房、平成三年六月刊）にも収録されている。以下、引用は同書による。
（8）客野澄博『明治警察の秘録』（註5）にその写真が掲載されている。二三〇頁。
（9）『定本　柳田国男集』第十六巻（筑摩書房、昭和三十七年十月刊）所収。
（10）『横川目・歴史と文化の由来・言い伝え』（北上市和賀町横川目中山間地域整備委員会、平成十二年一月刊）所収。
（11）同書、「第一章　男女交際」、「第二章　婚姻方式」（高知市文化振興事業団、平成十年三月刊）参照。
（12）秋田忠俊「鳥悲録—池田亀五郎履歴—」（松山商業高等学校『研究紀要』第十三集、昭和五十四年度）参照。
（13）『民族学研究』一—四、二—一（昭和十一年）、『日本常民生活資料叢書』第一巻（三一書房、昭和四十七年九月刊）所収。
（14）同書、「序章『山の人生』をめぐって」、「第一章　秋山もの狂い」（筑摩書房、平成十六年十一月刊）参照。
（15）永池健二「物語作者の肖像—柳田国男への一視点」（註1掲出書所収）に、柳田国男を物語作者と規定し、「あくまで人びとの固有の経験に拘わり、そこから統合的な経験知を紡ぎ出そうとする普遍的な物語作者の精神」についての詳細な研究がある。のち『柳田国男　物語作者の肖像』（梟社、平成二十二年七月刊）所収。

第三章　『土佐源氏』の実像——学ぶべきは何か

はじめに

前章までの二論文を執筆してから、十年余りの時が経った。

第一章では、『土佐源氏』の成り立ちの経緯を検証し、地下秘密出版物として扱われたこともある原作、『土佐乞食のいろざんげ』の存在を指摘、その改作である『土佐源氏』も含めて、まず何よりもそれが宮本自身の肉体、経験と観念を通して生み出されてきた「文学作品」であることの論証に努めた。さらに第二章では、その取材（昭和十六年二月）当初の目的が、柳田国男の『山の人生』に触発された山村の「平地とちがふ荒々しい血」と出会うことにあり、それは作中の「強盗亀」池田亀五郎の人生にこそ見出すべきものであったが、結果的に宮本は誤った認識と記述に終始し、『土佐源氏』の表現の評価、即ち、本当に日本人の「生」と「性」の深層に到達した「民俗資料」たり得るかという問題や、その創作性、記録性を巡っても重大な疑義が生じていることを指摘した。

前述の二論はいずれも民俗学を中心とした専門誌に執筆したものであるが、(1)そのためか一般への浸透・認知度は低かったと思われる。試みにインターネットで検索してみると、「これが創作に違いないことは『柳田国男・民俗の記述』に詳しい。」と、執筆誌名をあげて私の考察内容（第一章の結論）を支持してくれている一般読書家のページがある一方、中には「（『土佐源氏』の内容が）でっちあげだという批評家もいたようだ。（中略）宮本常一の地道な仕事にケチをつけるのは見苦しい。」「宮本常一は手抜きをすることがない。私は一人の孤独な老人のすべてが、過不足なくつづられていると思っている。」と、従来通りの評価による感想をそのまま記載しているページも目にする。

こうした中で、前論の発表以後、宮本自身の日記二点（『宮本常一　写真・日記集成』（全三巻、毎日新聞社）、『宮本常一日記　青春篇』（田村善次郎編、毎日新聞社））をはじめとして、『土佐源氏』の成り立ちの事情やその内容・性格を考察するために重要な一次資料となる著作（『宮本常一著作集42　父母の記／自伝抄』など）が相次いで出版された。(2) このほか、前稿作成の時点では割愛した資料や、視野に入っていなかった資料もまだ数多く残されている。さらに、以前の論述ではあえて判断を保留した事項や、内容的に論じ尽くすことができていないと考えるテーマもいくつかある。

その中でも特に、第一章で直接の執筆動機として挙げた『チャタレイ夫人の恋人』（伊藤整訳）の読書体験と並んで、今回、前述の宮本の日記の中に、木村艸太『魔の宴　前五十年文学生活の回想』（朝日新聞社）の読書体験と感想の記述を見出したことは、私にとって大きな衝撃であった。(3) また、その青春・青年期にわたる女性体験の、日記における率直かつ詳細な記事も、『土佐源氏』成立の基層を考える上で外すことのできない貴重な一次資料である。なおまた、原作の執筆当時、直接師事していたと考えられる柳田国男の仕事からのさらなる具体的な影響も、作品としての形態には欠かせないものとして、取り上げる必要性を感じている。
『土佐源氏』とは何か、その感動の〝みなもと〟は何であったのか。『土佐源氏』の本当の姿・実像を求めて、さまざまな資料の中からもう一度探り直し、私自身の研究の締め括りともしたい。さらには、それが私見の一般への浸透を図るきっかけともなればというのが、今回の執筆目標であり願いでもある。

一　再考『土佐源氏』は「文学」であること

『土佐源氏』をどう捉えるか、さらにまたそれをどう評価するかについては、すでに第一章でも主な論者の見解について紹介、検討している。本論でもまず、宮本自らの発言・記述とも重ね合わせながら、直接交流のあった宮本周辺の人びとの論述から入り、ひとわたり、作者宮本常一と『土佐源氏』の位置とを見通すところから論を始めたい。キーワードとなるのは「文学」である。

資料としては最初に、宮本常一追悼文集『宮本常一―同時代の証言』を基点に取り上げる。没後間もなくその百カ日を期して昭和五十六年五月一日、日本観光文化研究所から刊行されたものであるが、ここではその後、没後二十三年目の平成十六年一月三十日、マツノ書店から再刊された同書と、合わせてその続編として同時に刊行された『宮本常一―同時代の証言（続）』の二冊を利用、引用する。続編も、宮本の関係していた諸機関誌の追悼特集の記事や新聞掲載追悼記事などをまとめたものである。

テーマによってはそれ以外の関連書、その後の事柄も合わせて取り上げる。宮本自身の本質とともに、論述の対象である『土佐源氏』が、特に生前から関係のあった人びとの間でどのように受け止められていたかが浮かび上がってくることであろう。その記述は客観的に考察を深める資料として、できるだけ具体的に引用することを心がけたい。

宮本は「詩人」「文学者」

まず『同時代の証言』巻頭の高松圭吉（葬儀委員長）の「定礎」と題する文章から。「昭和五六年一月一四日、府中の病院に見舞った」際、ベッドの脇の机に原稿用紙が積み上げられていたことについて「原稿のことなんか考えないで、ゆっくり養生しなさいよ」と言ったところ、宮本が「ワタシカラ原稿ヲトリアゲルコトハ死ネトイフコトダ、と正岡子規はいったんだぜ」と「ニヤッと笑った。」との生前最後のやりとりを紹介、その上で、

宮本さんはことほど左様に死の床まで歌を詠み続けた子規と（長塚）節にはかなり心酔していたようである。（中略）宮本さんは臨終まで『万葉集』を枕辺に置き続けたというから、どうも自分を子規や節と同格位に考えておったのではないだろうか。実は宮本さんはそれほどの詩人であったと思う。（中略）宮本さんを知ろうとすれば、まず彼が愛読した詩の世界に遊ばねばなるまい。前記二人のほかに宮沢賢治、石川啄木から受けた影響も又強烈であったと私は思う。宮本さんは詩人なるが故に、詩的にまで真実を求め、ほんものを見わける感度が鋭かった。

と記し、「詩的にまで真実を求め」た〝詩人・宮本〟の文学的側面を強調している。いやそれは右の表現からすれば、側面という程度のものではなく、民俗学者宮本の〝本性〟と言ってもいいものかもしれないと私は感じる。こうした本質的志向については、後で自身の日記を資料として取り上げる際にも再度ふれてみたい。なお、『万葉集』や「長塚節」のことについては、自伝『民俗学の旅』[4]（「柳田、渋沢、沢田先生にあう」の項）にも、昭和五年「肺浸潤」で郷里へ帰る際に、「『大近松全集』とほかに『長塚節全集』、『万葉集古義』[5]を買った。」と記した後、

長い病床ではひたすら『万葉集』を読み、また『長塚節全集』を読んだ。『万葉集』は第四巻あたりまでは完全に暗誦できるようになったし、『万葉集』の半分近くの歌はおぼえてしまったのではないかと思う。そしてそれはその後の旅に大変役に立つことになる。ほんとうの旅は万葉人の心を持つことによって得られるものではないかと思うようになった。

と書き留めている。和歌、特に万葉に魅せられて打ち込んだことは、後の自身の学的方法の柱となる「旅」との繋がりにおいても、重要な意味を持ったと捉え返しているのである。それにしてもその記憶力は、『万葉集』二十巻・全歌数約四千五百首から見ても驚くべきものであった、と言うべきであろう。この〝記憶力〟については『同時代の証言』の九のうち、「エピソードの真偽」に、祖父江孝男の注目すべき指摘がある。

なおその頃から私が最も敬服している先生の特技は地名・人名についての恐るべき記憶力であった。一〇年以上も前に訪れた村でも小字の名から案内してくれた人、重要インフォー

マントの名前にいたるまですべて正確に記憶しておられ、その都度、驚嘆してしまった。私などどこかある地方を調査しようという時にはまず先生にお電話して、どこへ行ったらよいかおたずねすることにしているのだが、いつお電話してもまるで地図やメモやらが電話の前にひろげてあるかの如く、どこどこの村に行って、だれそれに会ったらよい等々、ただちに教えて頂けるのでただただ驚くばかりだった。

「その頃」というのは、引用前の文から「昭和三〇年代のはじめ」から「『日本残酷物語』がベストセラーに」なった頃のことを指しているとわかるのであるが、「私が最も敬服している先生の特技」である〝記憶力〟は、「一〇年以上も前」にも正確に及ぶものであったと言うのである。原作及び「土佐檮原の乞食」（『日本残酷物語』1所収）、『土佐源氏』が、戦災による原資料焼失後の記憶による再現であったことを考え合わせると、その「記憶」には特に注意を払っておく必要があろう。問題は「恐るべき」「驚嘆」という言葉が指し示している記憶の内実とその表現形態ということになる。

なお、宮本の「本質は文学者」とする捉え方は、『同時代の証言』の六のうち、「「この間」という時間」の和田正洲の文中にも見られる。

先生の採訪録、ことに『屋久島民俗誌』や『大隅半島民俗採訪録』を読んで感動するのは、その「あとがき」や「旅日記」である。それがあるために採訪録が際立ってくる。（中略）先生の『屋久島民俗誌』でいうならば、「あとがき」によって、屋久島の全体像に血が通ってくる。そこには時間の連続がある。また折口先生のいわれた「直観」がそこにはある。（中略）

私は先生の本質は文学者なのではないかと思う。（中略）先生は抒情を極力抑えたすぐれた文学者であったのであろう。先生には、大変ご迷惑な批評かも知れないが、私にはそう思われてならぬ。

「先生には、大変ご迷惑な批評かも知れないが」という終わりの一句の持つ意味合いに注意する必要があるが、後で掲出する宮本の長男千晴の捉え方なども合わせて考えて見てもらえたらと思う。

『土佐源氏』は「文学」

ここまで、作者宮本常一の人物像の証言から入ったが、肝心の『土佐源氏』を「文学」の観点から捉えた記述も数多く見られる。

まず『同時代の証言』の六のうち、「宮本常一先生をしのぶ」という上江州均の文章から。「国文学が専攻の学生であった」上江州が、「民俗学の道に進むようになった一つの大きな理由」は宮本の著作との出会いであり、その始まりは『土佐源氏』の一篇であった、として次のように述べる。

昭和三三、三四年ごろのことで、その雑誌の中で、宮本先生は「年よりたち」シリーズを執筆しておられた。そのなかに〝土佐源氏〟の一篇があり、とくに惹かれるものを覚えた。それはそのまま文学であり、また民俗学の新しい方向を示唆しているようにも思えた。浪漫主義的な詩歌を詠んでいた私は、そこに一つの魅力ある世界を見出したのである。

上江州は、雑誌（『民話』第十一号、未来社、昭和三十四年八月）所収の「土佐源氏―年よりたち五―」は「そのまま文学」であり、「民俗学の新しい方向を示唆」する「魅力ある世界」と言う。それにしても、一学生の生涯の仕事の方向をも決定づける「文学」としての『土佐源氏』の力は大きいと言うべきであろう。

直接「文学」という言葉を用いてはいないが、同様に宮本の学問、さらには『土佐源氏』の魅力を「そこに生きた人間がいること」と押さえ、それを民俗学の今後の「大きな課題」と受け止めている論者に高谷重夫がいる。『同時代の証言（続）』の五、所収の「宮本常一氏を偲ぶ」（『近畿民俗』第八十八号・昭和五十六年五月）という追悼文である。

宮本さんの書かれたものには土に生きる人々の地の底からの声が感ぜられる。この点が他の民俗学者のものと大きく異なるところである。上からの調査、第三者としての調査報告では、このような文章はとうていのぞむことは難しい。宮本さんの学問の魅力は、そこに生きた人間がいることである。（中略）宮本さんの書かれたものには、民俗をささえて来た人間が生きている。芝居にもなったという土佐の伯労の話や対馬の漁師の話が深い感動を与えるのはこのためであろうと思われる。このことは民俗学に携わる者の今後考えてゆかなければならぬ大きな課題かと思われる。

「芝居にもなったという土佐の伯労の話」というのは『土佐源氏』のことであるが、「地の底からの声」を伝える〝宮本学〟の独自性とともに、その魅力・感動の源を的確に指摘した一文と読める。特に、「生きた人間」という言葉は、宮本自身が「重要な課題」として用いていたものでもあり、後述の竹田旦の引用文とも併せて見てもらいたい。それは人間の感情や情緒に訴える「文学」の根幹に認めることができるものでもある。しかし、高谷が言うように客観的な「第三者」の立場を離れ、対象と一体化する方法は、一方で学問として成立することの困難、危険性とも繋がってくることを考慮すべきであろう。

ところで、『土佐源氏』を「文学」という言葉で規定することは、実は宮本自身の言葉の中に見出すことができる。

まず『同時代の証言』の一四のうち、「たった一度の出会い」という悟道軒圓玉の文中に引用されている、「土佐源氏」を演題とした彼の講談（昭和五十四年、浅草・木馬館）に対する宮本の感想文。「先生の文章をそのまま写しておきます」と注記されている。

○この爺さんはその場面が絵のように美しく心に描かれたようで、私にはそれがそのままりっぱな文学に思えました。

○こういうものを手がけて下さったので、ことばだけで人をひくことは容易でないと思いますが、語っているうちに何かを得られるとすれば、お爺さんも私もありがたいことだと思います。

三項あるうち、関連のある二項を引用したが、ここでは、「爺さん」の存在とその語り（「絵のように美しく心に描かれた」「りっぱな文学」）を、宮本自身が、取材で出会い見聞きしたままの有り様であるとして記述していることが印象的である。

宮本自身が「文学」とする発言は、谷川健一との対談の中にも見られる。『道の手帖　宮本常一』（河出書房新社、平成十七年四月）の中に「単行本・著作集未収録・対談」として収められた「現代民俗学の課題」と題する資料である。(6) 谷川の、採集対象の変化の時期を尋ねる問いに対し、「なんといっても戦後ですね。戦前歩いていた時には、まだ文字をもたない人に逢えた。字を知らないおじいちゃんと字を読めるおじいちゃんの話では、根本的に違っていましたね。」「戦前の記憶のいい人というのは、自分の見聞したものでも、自分自身の語り口をもっていたでしょう。」と答えたあと、

たとえば「土佐源氏」の話を聞いた時には、文学書を読んでいるという感じがしましたね。

と、「土佐源氏」の語りの有り様に対して「文学書」という言葉を当てている。ここでもその叙述である『土佐源氏』が、宮本が聞いたままの事実をそのまま忠実に採録・再現したものとする立場で答えている姿に留意しておきたい。

おそらくはこうした対談の記憶も根底にあってのことと思われるが、谷川健一は、新聞の追悼記事「志をもった民俗学者　宮本常一氏を悼む」（毎日新聞・昭和五十六年二月三日、『同時代の証言（続）』二一二、所収）の中でも、

こうして宮本さんは、その文章の中でも、かず多くのすばらしい庶民像を彫り刻み、定着させた。土佐の山村の乞食や、対馬の漁民の話は、まるで文学作品を思わせるみごとさをもっている。

と、「土佐の山村の乞食」の話（『土佐源氏』）を、「文学作品」という言葉で捉え返している。ただここで注意しておかなければならないことは、谷川の発言は「民俗学がまちがいのない学問であり、生涯自分の身を託しても悔いのない学問であるという確信は、宮本さんから得た。」とする自身の立場の表明の上でなされたものであり、表題にある「志をもった民俗学者」についても、「彼の関心はあくまで常民とか庶民と呼ばれる人びと自体にあって、ひややかな、客観的な研究対象としての文化にはなかった。そこがふつうの民俗学者と宮本さんのちがった点であった。つまり彼は、志をもった民俗学者だった。」と解説、記述している点にある。ここにあるのは、あくまでもその「すばらしい庶民像」を宮本民俗学の学的成果として認めた上でのことであり、文学的創作性という問題については、気を配っている様子は微塵もない。

なお、その谷川健一も、前掲の平成十七年刊の『道の手帖　宮本常一』の中では、佐野眞一との対談「旅する民俗学者」において、私が第一章で原作と論証した『土佐乞食のいろざんげ』について、「あれは荷風作と言われている『四畳半襖の下張』なんかよりはるかにすばらしいですよ。いわば原酒《モルト》で、水で割ってないんです。あれからすれば『日本残酷物語』の「土佐檮原の乞食」は、私は薄いと思います。」「岩波文庫の『忘れられた日本人』に入っているのは『日本残酷物語』よりさらに水割りですからね。」と発言、原作『いろざんげ』を宮本作と認めた上で、その価値を高く評価している。それと比べたら、自身編集の「土佐檮原の乞食」は一段劣り、岩波文庫版の「土佐源氏」はさらにその下と位置付けているのである。谷川はさらに、「あれは、最初高橋鐵の「あるす・あまとりあ」の一連のシリーズに宮本さんが応じたのではないかと思います。」とも述べている。「応じた」の意味が明確ではないが、刺激を受けたという意味においてならあり得ることと思う。ただし、『いろざんげ』の刊行自体が高橋の日本生活心理学会の出版物とは無関係であることは、第一章の三で、関係者に確認し明らかにした通りである。

しかしながら、右の対談でもその創作性については、なぜかまったく議論されていない。

さて、論題の資料をまた『同時代の証言（続）』へもどす。七に所載の雑誌『未来』一七九号（昭和五十六年八月、未来社）の「真実の民衆の記録を」と題する須藤功の追悼文。「宮本先生の『土佐源氏』は本当のことでしょうか」と尋ねられた経験を紹介、「本当」の意味を「盲目の乞食の話は本当なのか」という意と、「宮本先生の文に創作の部分はないのか」という二つの問いと受け止め、宮本の「創作」については「まずないでしょう」と「はっきりと答えることができた」が、乞食の話については自らも疑いを持っていたので返答に困ってしまったというのである。しかし、「先日、坂本長利の一人芝居『土佐源氏』をあらためて見て」「美化された部分や拡張が多少あるものの、「それも誰もが自分の過去を語るときに見せる範囲で、作りごとというところまではいっていないと思った」と記す。以下、そう考えた理由の記述に入るが、要約が難しく、誤った印象を伝えてもいけないので、少し長文になるがそのまま引用する。

そう思った理由を一口でいうと、実際の声で聞く話の真実とでもいったらよいのだろうか。話の真偽というものは、相対して聞いているうちに大抵わかるものである。宮本先生が、乞食の実際の声を真実として聞いたことを思うと、その間に疑いをはさむ余地などまったくなかったはずである。だが、それにもかかわらず私は疑いを持った。その点を反省してみると、語りとして聞くべきものを文字で読んでしまったこと、それに加えて文章がよくできているためだったのでなかったか、と思ったのである。

　文章がよくできているといっても、それは宮本先生が創作したということではない。宮本先生の場合、一人の人の人生を語ったものは、その人の語ってくれた順にノートがとられ、それがそのまま原稿になっているという。それには整然と話を聞き出す宮本先生の技術も然ることながら、自分の人生を整然と話せる人のいたことも確かである。喜びや悲しみや苦しみを淡々と語りながら、それが民衆の歴史の一頁となっているような人である。（中略）目に一丁字ない人の語りもまた素晴らしかったはずである。耳で聞き、頭に納め、必要に応じて記憶を呼び起して生活してきた人の語りは、年老いても確かである。それは盲しい人もまた同じである。


　なおこの後さらに、自身の疑いには、「盲目の乞食が語ったもの、という蔑視の心を持って見ていたこと」も大きく作用していた、とする反省のことばも加えられているが、それにかかわる部分の具体的な引用は省略する。

　これら一連の経緯の記述に見られるのは、（追悼文としては当然のことかもしれないが）まずは師宮本の学問に対する尊敬の思いとともに、取材方法・内容・表現に対する絶対的な信頼である。「創作」については「はっきりと」否定し、聞いたままを採録するという宮本の姿勢については最初から疑いの目など持っていない。ただし、後段に紹介されている採集ノートの存在については、第一章の一で明らかにした通り、戦災で焼失していたというのが事実であり、宮本自身もそのように発言している（『民話』第十八号、「鼎談　残酷ということ」）。ノートは焼いていても「おぼえておったんです。それほど印象深い話だったんです。」とは言うものの、記憶による再現となれば、前述の〝記憶力〟はそれとしても、記述の目的によって、対象との間に宮本のさまざまな「意図」が介在してくることは避けることができない。須藤の言う盲目の乞食の語り・宮本の採録ともに、その全体にわたって「本当のこと」とする客観的な根拠・保証は何処にもないことになる。

宮本民俗学の〝本分〟

次いで、『土佐源氏』に対する直接的な言及ではないものの、長男宮本千晴が理解しまとめた、父宮本常一の学問の在り方について見ておきたい。『同時代の証言（続）』の四、所収の「世間師の学」（『生活学会報』第十八号、昭和五十六年六月、日本生活学会）と題する文章である。その発言は、宮本の全体を見通したものとして、また最も身近にいた観察者の率直な意見として、『土佐源氏』を理解する上でも極めて示唆的である。なかには『土佐源氏』を念頭に置いての発言かと受け取れる箇所もあると思う。

まず、父の学問の〝本分〟を、「文学」と「科学」という二つの立場を挙げた上で、「父の父らしいところは、まさにそのどっちつかずであいまいなやり方にある」と規定する。その上で、学問の軌跡を見渡し、

口承文学からはじまったあとはめちゃくちゃである。すぐに生活誌に関心を拡げ、一方で景観歴史学ないし民俗地理学とでもいうべき分野を考えはじめ、ライフヒストリーに興味を持ち、農業技術から農家経営、農村経済へと踏みこみ、はては林業や漁業の金融論や農政論、

塩業史、漁業技術史、民衆史、産業史、中世史、開拓史、都市の成立、社会構造、食文化、交通史、物質文化論と経めぐり、民俗学から歴史の構築をのぞみ、生態学的な把え方を模索して、民俗学から縄文、弥生の文化を知ろうとし、ついには考古学にまで手を出した。そして最後が、多分に文化の変容や複合と構造性、そして生態的な見方を踏まえた日本の民族と文化の形成史である。

とその全体を押さえ、長期にわたる多様な展開を簡潔に整理し位置づけている。その上で「これを民俗学というなら（民族学であってもかまわないが）、民俗学というのは総合科学の一種になる。」と、〝宮本学〟の特質を説明する。『土佐源氏』は、右の展開のうちでは、生活誌・ライフヒストリーの箇所に当たる。

こうした広範囲にわたる前後一連の実績の中で、はたして千晴は『土佐源氏』をどのように捉え、位置づけ、評価していたのであろうか。前に示した「文学」と「科学」という記述とも関連するが、学問全体を次のような言葉で説明しているのが参考になる。

父ほど勝手に学問を楽しんだ人は少ないのではないかと思う。父のやっていることのどこからどこまでが科学であり、どこまでが文学で、どこまでが論文や報告でどこまでがエッセイなのか、誰でも評価に困るであろう。あるいは全部科学ではないのかもしれない。まさにアマチュアなのである。〇〇学という枠はおろか、学問という方法の輪郭さえ、結局あまり気にはしないで、自分の関心の幅を唯一の枠としてもっぱら自分流に遊んでいたといえなくもない。

身内ならではの直裁な表現も見られるが、そうした点を措いて、私は『土佐源氏』との関係で、符合するところの多い重要な一文として受け止めている。

しかし問題は、こうした捉え方の一方で、右の説明に直接続けて、「しかし、父が、それでよしとしていたとは思わない。」と記していることである。すなわち、

いかにすぐれた着想や理論であり、世評が高かったとしても、その人たちの事実の押さえ方や、データーの解釈のしかたにルーズさや、都合のよいこじつけを見ると、厳しく批判した。そして、きちんとしたデーターの上に築かれた、オリジナルな着想と生産でなければ評価しなかった。だから、若い人たちにものを書かせるときも、いつもそうした点に注意を与え、さらに、調査の状況や、思考の手続きを述べることを求め、事実と推論の区別を明らかにすることを求めた。

と述べ、学問として「事実」を押さえることを重視し、周囲にも厳しく求めていた宮本の姿勢を明らかにしている。この件については、最も古い弟子の一人で、民族文化映像研究所を創った映画監督・姫田忠義の「ぼくが詩的な世界に走るから、宮本常一に『事実を描写せい』とやかましく言われた」とする言葉も参考になる(7)。

千晴は、前述の引用文に続けて「表現は多分に文学的、暗示的であり、構想の完成度はまだまだ初歩的なものであったとしても、志は厳しく科学であろうとしていたのだと思っている。」と、父宮本に対する学問観を統一的にまとめようとしている。

翻って『土佐源氏』の実態を考える時、表現における「文学」性と、「科学」をめざした「志」

と、宮本自身の心の中ではどのように向き合い整合性を保っていたのであろうか。「文学」と「科学」との間に横たわる溝は深い、というのが原作『土佐乞食のいろざんげ』の存在や「乞食」「池田亀五郎」の問題性を検討し、前章まで考察を重ねてきた私の率直な感想である。宮本の志はそれとして、さらに事例を重ね、私なりに「文学」を拠り所に、考証を深めていかなければならないと思う。「事実」との懸隔を測る物差しのさらなる追加が必要となる。（次節での課題とする。）

千晴の考察と並び、学者としての宮本をどう捉えるかについては、『同時代の証言（続）』七、所収の加藤秀俊の見方（「「宮本学」をささえるもの」『未来』一七九号、昭和五十六年八月）や、竹田旦の見解（「宮本民俗学における〝旅〟」同書）も考えるべき要点を提出してくれている。それは多分に『土佐源氏』を理解する手懸りにもなるものと思われるので、合わせて紹介しておきたい。

すなわち加藤は、「先生はけっして「民俗学」の「専門家」ではなかった。」「それでは先生はなんであったのか。要するに「学者」であったのである。なに学者、というふうに特定できる学者ではない。ただ「学者」――それだけなのだ。」と述べた上で、

先生は文字どおり、日本の各地を「あるいて」、もろもろの事実を「みて」、その結果をふまえながら「かんがえる」ことでその生涯を燃焼させつづけたかたなのであった。そして、わたしのみるところでは、そもそも「学者」というものの資格ないし要件は、結局のところ、「みる・きく・かんがえる」ことに尽きるのである。じっさい、もしも宮本先生に「先生は民俗学がご専門ですか？」と問うたとしたら、先生は当惑なさったにちがいない。「民俗学者」というのは、世の中の人たちが先生に勝手に貼りつけたレッテルなのであってそのレッテル

は、かならずしも先生にとってよろこばしい性質のものではなかったようにわたしにはおもわれる。「いやぁ、わたしは、あるいて、みて、かんがえている、それだけの人間じゃあ」たぶん先生はみずからを――もし問われればのはなしだが――そう定義されたにちがいない。

と、その特質をまとめている。

また竹田は、「宮本常一は旅人だった。二〇歳を少し越えて民俗学に目覚めてから、彼は死の床に就くまでおよそ五〇年間、生涯旅に明け暮れた。」と書き出し、方法としての〝旅〟の持つ意味を押さえた上で、「宮本民俗学」について、

彼はついに民俗の特定分野、たとえば社会とか経済・信仰・芸能などのいずれかに特別の関心を抱くということはなかった。彼が求めようとしたのは、民俗の全分野を総合したもの、たがいに結び合っている民俗文化の総体、そしてそれを持っている人々そのものであった。それは宮本がみずから述べているように「旅で学ぶということは、旅先で、そこに生きている人びとの生き方にふれてみることであった」(「旅にまなぶ」(二)『宮本常一著作集』第一八巻所収)とか、「一人一人が何に張り合いを感じ、何に一生懸命になったかをほりおこしていくことが、民俗学の重要な課題の一つではないかと思う。つまり生きた人間の姿をとらえることだと思う」(『宮本常一著作集』第一六巻「あとがき」)といった言に端的に示されている。

と述べる。「彼が求めようとしたのは」「人々そのものであった。」とし、その上で宮本自身の言にも拠り、「宮本民俗学」の重要な目的が、旅をして「生きた人間」と出会い、その生き方にふれ

ることにあったことを明らかにしている。

「歩き・出会い・考える」、そうして「生きた人間の姿をとらえ」「ほりおこしていく」、加藤と竹田の二人の追悼文を総合すると見えてくる宮本の学問の眼目と言ってよいであろう。さらに竹田は「それはまた宮本を民俗学者としてだけ見ることの誤りであることを教えてもくれる。」と続け、「一身にして学際的世界を生きた人」として宮本の学問の全体像・特色を捉え返している。

以上、再び『土佐源氏』を考える入り口として、追悼文集『同時代の証言』(正・続)を基点とし、学者宮本と直接かかわりのあった人々の考察を具体的に列挙し、時に若干の私見も加えて検証してきた。私にはそれらの叙述は、内容において重なる一連の資料であり、間接的な言及も含めて、いずれも『土佐源氏』の本質をその根底において解き明かす象徴的発言と受け取れる。「文学」をキーワードとすると、それらは一方で、『土佐源氏』の「学問」として成立することの困難さに通じ、その全体を「文学」と捉える事情に深く繋がるものと考えている。

網野善彦が見た魅力と評価

最後に本節の締め括りとして、『同時代の証言』の二には、第一章の一で岩波文庫『忘れられた日本人』の「解説」を紹介した網野善彦の追悼文(「下積みの世界に注がれた目」)も登載されているので、ここに追加しておきたい。

『忘れられた日本人』、とくにその中の名品「土佐源氏」を読んだときの強い感銘は、いまも忘れ難い。それ以来、私は氏の著書を漁り読んだ。民俗学の分野に私の目が多少とも開かれたのは、全く氏の魅力にひかれてのことといってよい。超人的とも言うべき精力的な調査、余人の追随を許さぬ鋭い観察力に裏づけられた、流れ出るような氏の文章は、生活する庶民の力強い息吹を私の中に注ぎこんだ。

宮本に対する〝あつい〟思いとともに、その学問の特質、魅力を的確に伝える名文と思うが、網野を導いた『土佐源氏』を起点とした影響力の強さには、改めて注目しておきたい。

さらに、網野は晩年、『『忘れられた日本人』を読む』を出版[8]し、私が第一章で扱った『土佐乞食のいろざんげ』についても、私の著述を紹介、〝源流〟として取り上げている。ここに同書の叙述のいくつかを引用、その後の認識の変化も併せて付け加えておく。

『土佐源氏』の創作性については、

「「土佐源氏」については、宮本さんが多少の創作をされていることは明らかになっています」（第一講・五五頁）、「実は主人公は乞食ではなく山本槌蔵さんという馬喰で（中略）乞食ではなかったことが現在では確認されています。」「宮本さんはなぜ橋の下の乞食の話にされたのか私にもわかりません。」「〝文学作品〟と〝民俗誌〟との関係で、考えるべき重要な問題があります。」（以上第二講・一〇六〜一〇九頁）

等々の発言が、その要点であろう。そしてそのまとめとしては、

これが遍歴民の実態を考える上で、非常によい資料になることは間違いありません。しかし、やはり宮本さんの〝民俗誌〟は十分な資料批判をした上で考える必要があるのではない

かということを、「土佐源氏」をめぐる問題を通じて感じた次第でした。

と述べている。右の引用文の直前の箇所で、間違いなく遍歴民の「よい資料になる」として具体的に挙げているのは、「盗人宿」「おとし宿」「馬喰の取引きの仕方」等々であるが、『土佐源氏』の場合、「資料批判」が必要になるのは、実はまさにこうした点にある。すなわち、これが誰の体験・認識に拠る記述かという問題である。網野はなぜかこの点においては、『土佐源氏』の場合、思考停止していると考えざるを得ない。実は、こうした点については、宮本自身の経験の有り様が深くかかわってくることが当然予想される。それが作品全体の実態、性格の把握に如何なる影響を及ぼしてくるのか。

宮本の体験と『土佐源氏』の内容とのつながりについては、引き続き、次節での検証課題としたい。

二　『土佐源氏』における体験と研究の反映、重なり

『土佐源氏』における虚構性・創作性、さらには文学性を考える上で重要な手懸りとなるのは、老人の語りとして記述されている事柄と、作者宮本との〝距離〟ということになろう。以下、具体的に語りの内容を取り上げ、宮本自身の体験やその研究との重なりの態様を見て行きたい。

「敗残者の群れ」（「父祖三代の歴史」）との重なり

検証のための資料としては、まず「父祖三代の歴史」（『宮本常一著作集42　父母の記／自伝抄』所収）を用いる。[9]その末尾に「以上は曾祖父、祖父、父三代にわたる歴史であるが、名もなき農民たちにとってはまったくあえぎつづけだった明治が、そのあいだに大正にかわったのである。」と記されている資料である。

そのうち「敗残者の群れ」と題された項には、「明治という時代は人々をこれまでの束縛からといて、志ある者をまがりなりにも思うままに行動させた反面、また敗残者をおびただしくつくりだした。」と述べた上で、「泥棒」「池田亀五郎」「盗品を買いとる商人」「乞食」等々の事柄を、祖父市五郎・父善十朗の時代と自身の生まれた周防大島の村とのかかわりで詳しく叙述している。

まず「泥棒」「池田亀五郎」の記述から。

泥棒も大泥棒からコソ泥までいろいろいた。愛媛県大洲奥の池田亀五郎の噂は、島にまで伝わってきていた。亀五郎は癩を病んでおり、子どもの生きぎもをとってたべるとなおるというので、子どもをさらってゆき、人々を恐怖させたが、それが島へもやってくるという噂のあったときは、子を持つ親は維新の戦争のときよりもおそれをなしたのである。

「池田亀五郎」の事件とそれにかかわる基本資料については、すでに第二章において取り上げ詳しく検討したが、右に見る「亀五郎は癩を病んでおり、子どもの生きぎもをとってたべるとなおるというので、子どもをさらってゆき」という「事実」はない。

宮本は『土佐源氏』においても、「ぬすっと（盗人）もえっとおった」とした上で、はァ、あんたは池田亀五郎を知っとんなさるか。あのごうどう（強盗）亀を……。（中略）しかし、あの男もカッタイ病になって、長崎までなおしにいったが、どうしてもなおらん。子どもの生ぎもを食うとなおるときいて、それからこの方へ戻って来てむごいことをした。あれの手にかかった子供が何人もおった。

と、まったく同様に書いている。しかしそれは、島の人々を、特に子を持つ親を「維新の戦争の時よりもおそれ」させたという「島にまで伝わってきていた」噂に拠り、それを老人の語りとしてそのまま用いたことになる。第二章では、なぜ宮本が亀五郎の実人生と相違する記述をしたのか、その明確な理由が不明のまま残されていたのであるが、これでそのわけが判明した。結果は、宮本の思い込みによる創作ということにもなってしまうが、宮本の叙述の源である周防大島の「噂」と、前章（第二章）で確認した池田亀五郎の「実態」と、それほどにその質的懸隔は大きい。

なお、池田亀五郎の一件について、『土佐源氏』の取材先（「高知県檮原村」）では実際どのような事件として記憶されていたかは、中越穂太郎の『津野山どめき』（高知印刷、平成元年四月）が参考となる。その記事は、事実と比較すると若干正確性に問題は残るが、襲来の噂に振り回された村人の騒ぎ（「35　ぬすっと騒動」）と、金持ち宅襲撃事件の顚末（「50　地芝居と盗人」）の二項が具体的に書き留められている（内容の紹介は省略させていただく）。しかし、癩病と「子どもの生ぎも」の話はここにもない。

次いで、「父祖三代の歴史」（「敗残者の群れ」の項）における「盗品を買いとる商人」という記述。

『土佐源氏』の盗品を売買する「盗人宿」「おとし宿」とも重なってくるものと見てよいであろう。

盗品を買いとる商人も村にはいた。もとよりそれは、買いとってもそれとわからぬ米麦のようなものが多く、それをまた買いにゆく貧しい者があった。値は普通よりは安く、またおっぴらに売っているのではなかった。その店ではまた飴《あめ》も売っていた。自製したもので穴あきの一文銭をもっていっても売ってくれた。ある一人身《ひとりみ》の年老いた老婆は、毎日その飴を一文ずつ買いにいった。それがその老婆のたった一つの生きがいであった。そしてその飴を買いにこなくなったとき、三畳一間の小便くさい納屋で死んでいた。

引用の直前の箇所では「食いかねたものがわずかばかりのものをぬすむ風は、当然のことのようにさえなっていた。」と書いているが、島の「貧しい者」の生活と深く結びついていた「盗品を買いとる商人」の存在とその厳しい有り様が記録されている。後半の、店で売っていたという飴と老婆の話は、自身の幼い日の体験にも通じるものであろうか。

自伝『民俗学の旅』（「民俗調査の旅」の項）の記述によれば、四国における「盗人宿」の知見は、確かに昭和十六年二月の『土佐源氏』の老人との出会いと同時期のものではある。「山地の旅は心をしめつけるようなものがある。」とした上で、

そうした山中に泥棒を泊める落し宿のたくさんあることも教えられた。おそらく中世の生活のあり方をそのまま残しているのではないかとさえ思った。

と書き留めている。また、その取材時の報告会の記録である「雪の伊豫土佐採訪録（二）」にも

「オトシ宿」「オトシヤ」「オトシヤド」等の見聞記事があることは、第二章の一で引用した通りである。しかし、「盗人宿」「おとし宿」の記述はこれに限らず、自身の研究書のあちこちに登場する。

まず『風土記日本　第二巻　中国・四国篇』（平凡社、昭和三十二年十一月）の記事。「序」のうち、「海の生活」の項では、「海辺の民の貧しかったことは、海賊の多かったことで推定される。」として、「海賊」の瀬戸内海から四国南岸におよぶ歴史的展開を押さえ、その上でそれらと対比して山中の「盗賊」と「オトシ宿」の事例を示す。

海岸ばかりでなく、山中にもまた貧しさにたえかねて盗賊をはたらくものが多く、そうしたものをとめる宿もあって、賊から盗んだ品を安く買いうけ、それを農民や商人にうりつけてくらしをたてるものもあった。このような宿を高知、愛媛の山中ではオトシ宿といっていた。こうした賊をさけるために、力あるものは山地の台上に家をたて土塀をめぐらし、土塀には矢狭間《やざま》といって矢を射る三角の穴をあけている家をいたるところに見かける。これは瀬戸内海の島々の民が、海賊の難をさけるために海岸からはなれた山腹へ家をたてたのと相通ずるものであろう。

ここでは「オトシ宿」は、山中の生活の貧しさ・厳しさを示す実例としてあり、安く買った盗品を「農民や商人にうりつけてくらしをたてる」とする記述が印象的である。後半は山中と海辺と、賊と対峙する家の造りの景観的特徴を示し、その共通性を分析的に記述している。

さらに、第一章の三でも引用した『日本残酷物語』1（平凡社、昭和三十四年十一月）の「第一章

追いつめられた人々　掠奪に生きる　山民の盗伐」のうち、「盗人の宿」の項では、

貧窮をきわめた山村のならいとして、今は語り草としてのみ伝わっている伊予のおとし宿の話がある。盗人を泊めた宿のことであるが、もとは少なからずそういう家があった。住家が山地に散在しているところでは、隣家の様子などそれほどくわしくわかるものではない。とくに村のはしのほうであるとか、一軒はなれているとかいうような家は秘密も保ちやすかったわけで、盗人はそういう家を宿にして、盗んできたものの処分もたのんだという。そういう家は、周囲から何となく蔑視されながらも、いつの間にか財産をつくっていく。（中略）

おとし宿の話は方々の村できいた。今も村にのこっているものもあるが、たいていは他所へ出ていっている。そしてそれがその伝承を消してゆきつつある。この山中の旧家はたいてい高い場所にある。そして家によっては練塀をめぐらし、練塀に鉄砲穴のあいているものもある。賊を防ぐ用意だときかされたことがある。それほど不安定なものがあったのである。山中の村には半ば盗人を職にしたようなものもないではなかった。

と、「おとし宿」について詳しく叙述している。「おとし宿の話は方々の村できいた。」とも記しているが、これらの記述は、自らの研究的関心、すなわちかつての生活の厳しさに寄せる強い思いによって採集したものを、総合してまとめたものと考えてよいであろう。

『土佐源氏』では、「ばくろう」の老人に、

盗人はごうどう亀ばかりじゃない。ずいぶんえっとおったもんで、またそれの宿があった。

盗人宿ともおとし宿ともいうてな。たいがいは山の腹にポツンと一軒あるような家が多かった。盗人をとめたり、盗人のとったものを売ったりしておった。だからぬすっと宿ちうもんはたいがい、ええ身代をつくっておる。山の中の金持ちにはぬすっと宿じゃったものが多い。ま、そういう盗人や盗人宿にくらべれば、ばくろうは格式が一つ上じゃった。

と語らせているが、その記述内容が前述の諸書と重なってくることは見ての通りである。『土佐源氏』における「盗人宿」「おとし宿」の記述は、自らの学的成果を老人の話として取り込んだものと見なして間違いがないであろう。その関心は「父祖三代の歴史」に書かれた周防大島の村での自身の体験が根底にあり、それ以来、宮本の心中に持ち続けていたものと考えられる。そのことは、これまで検討してきた「池田亀五郎」「盗人宿」「おとし宿」等の一連の記事が、原作である『土佐乞食のいろざんげ』にはなく、『土佐源氏』（その初出は昭和三十四年八月の『民話』第十一号）において、付加・挿入される形で記されていることとも関連してこよう。「民俗資料」を意識した作為と考えられることについては、すでに第一章の三で検討した通りである。

このように見てくると、前節の最後で引用した、網野善彦が「遍歴民の実態を考える上で、非常によい資料になる」とする「盗人宿」「おとし宿」の問題は、『土佐源氏』の老人の言にではなく、宮本の他の著述の文中にこそ、さらに広く探るべき課題ということになる。私が引用・例示した部分が宮本の考察の全てというわけではない。なお網野は、前述の『『忘れられた日本人』を読む』の中で、前掲の『土佐源氏』の記事を引用した上で、「おとす」の中世的原義から「おとし宿」を「無縁の場」と押さえ、「民俗語彙の再発見」の資料とする意義を強調している（第一講・

四〇～四二ページ）。

なお付記するとすれば、『宮本常一　写真・日記集成』「別巻」（毎日新聞社）の昭和二十二年十二月三十一日の後に付されたメモの中にも、「四国の山村」の記事（九項目を挙げる）の中に「オトシヤド」の項目名が記されている。これもまた、自身の研究的関心を示したものと見ることができる。

幼少期からの「乞食」への思い

検討の基本資料を「父祖三代の歴史」（「敗残者の群れ」）へ戻す。最後は「乞食」に関する記事であるが、二段落にわたって次のように詳しく記している。

村人で乞食になったものも少なくなかった。たいていはその家族の者がつぎつぎに死んでゆき、年老いて一人身になった者であった。そういう者がいつのまにか村から姿を消したときには、たいてい遍路として四国へわたっていた。老いさらばえた姿をいつまでも村人の目のまえにさらしていたくなかったのであろう。四国というところは、明治の終わりごろまではそういう遍路や乞食にみちみちたところであった。

いっぽう、村へはよそからの乞食がきた。ぼろをまとってやせこけた年寄りも少なくなかったが、それにもまして多かったのは癩病患者であった。村の氏神の森の南側にあたたかな日だまりがあって、そこにはいつも四、五人のこうした乞食がおり、そこを非人場とよんでいたし、また海岸の洞窟にもそうした乞食が巣くっていて、一人が去ればまた一人がきてつきることがなかった。それらは日ごろは家々の前に立って物を乞うたが、寺の縁日や氏神の祭りのときなどは参道にずらりと土下座して物を乞うのが常であった。しかしそれらのものが、その死体を村人の目につく所にさらすことがほとんどなかったのは、村人もうわさしたように、最後は潮の流れの速い岬のようなところで身投げしたものであろうか。とにかく最後は自分で自分の身の処置をしていったようである。

「村人で乞食になったもの」は「遍路として四国へわた」り、一方、「村へはよそからの乞食が」やってきて、「村の氏神の森の南側にあたたかな日だまり」があり、「非人場」と呼ばれるその場所に「いつも四、五人」がたむろしていたという。さらに、「海岸の洞窟にもそうした乞食が巣くっていて、一人が去ればまた一人がきてつきることがなかった。」という。主に祖父市五郎をはじめとした「明治という時代」のこととして記述されているが、家々の門付や、祭りの参道に「土下座して物を乞う」様子等は、明治四十年生まれの宮本の幼い日の経験にも繫がるものであろう。(乞食には「癩病患者」が多かったということも、どこかで池田亀五郎の島の噂と関係するものかもしれない。)

さらに、「我が半生の記録」(『宮本常一著作集42　父母の記/自伝抄』所収)には、「常一略年譜」のうち「一一歳　大正六年」の項に、

また、毎年旧一月二〇日の弘法市の日にたくさんの乞食がきたが、それらの乞食の、夜、とまるべき宿のないのを真面目に気の毒がって、祖母にとめてやったらどうだろうなどと相談したことがある。

感じやすくて、泣き味噌だっただけに、気の毒なものを見ると人一倍心をうたれた。

とあり、少年の日の乞食に対する思いを振り返り、感じやすく同情心にあふれた自らの性格を書き留めている。「我が半生の記録」は、田村善次郎の「解説」によると、「結婚前、アサ子夫人に宛てて、二八年にわたる人生の軌跡と家関係の概略を記し、自分への理解を深めて欲しいという思いを込めて、渡したもの」という。

『土佐源氏』の主人公を乞食とする設定については、事実と異なるはっきりとした虚構としてすでに第一章の二で取り上げ、その問題性を検証している。その際、乞食に対する宮本の関心を示す資料としては、『民俗学の旅』の中から「郵便局員時代」と「小学校教員時代」の二箇所の記事を引用している。ここに掲出した二つの資料はそれらに追加するものとなるが、乞食への関心は幼少時から生涯にわたるものであり、宮本の人間性に基づく本質的なものであったことを導き出すこととなろう。前節の最後で、網野善彦の『『忘れられた日本人』を読む』を引用し、「宮本さんはなぜ橋の下の乞食の話にされたのか私にもわかりません。」との言を紹介しているが、これで一定の了解ができるところまでは来たのではないだろうか。

ただ、乞食とすることで宮本が何を目指したかは、今一つ判然としないところがある。「郵便局員時代」の記事では「そこにまた一つの世界があり秩序があり、それなりに生きている姿にいろいろのことを考えさせられた」と述べ、また、「土佐源氏」から「土佐檮原の乞食」へと改題した『日本残酷物語』1の導入文では、「その前半生の歴史にこそ、いい知れぬ零落の秘密を嗅ぐことのできる乞食」等の言葉を用いていることは、すでに引用・紹介している。さらに、『民話』第十八号所収の座談会の発言から、人間の外見と中身の落差を強調するための効果的設定とする私見は、第一章で述べた通りである。しかし、あえて「乞食」とした宮本の思いの深層は、彼が生きた時代を考える中で、さらにさまざまに思考を巡らせていく必要があろう。

話者の年齢基準としての「八十歳」

論題を主人公、話者の年齢設定へと移そう。『土佐源氏』では冒頭に、いろりのそばであぐらをかく「八十をかなりこえた小さい老人」とし、『民俗学の旅』（「雑文稼業」の項）においては「私は梼原町四万川の橋の下で八十歳すぎの盲目の老人からそのライフヒストリーをきいたのである。」としているのであるが、問題はこの「八十をかなりこえた」「八十歳すぎの」という設定にある。

この八十歳という年齢は、実は宮本の大切にしていた研究的基準であり、具体的には、明治維新の変革とかかわるか否かという伝承者の知見と、その語りの〝重さ〟の問題であった。順次、宮本の説明を見て行こう。まず、『村里を行く』（昭和十八年十二月刊、『宮本常一著作集25　村里を行く』所収）の「御一新のあとさき　奇兵隊士の話」の冒頭の記述から。

私ができるだけ古老の話をきいて歩こうとした理由のひとつは、明治維新を境にして、村の生活はその前と後でどれほどの差を生じたか。どういうところが昔のままで残り、どんなところが最も改まったか、また、維新以前の人々が国家というものに対してどのように考えていたかを知りたいためであった。このような下心をもって古老の話をきき始めたのは昭和七、八年頃からであったと覚えている。当時は未だ江戸時代の終り頃に生まれた人も多く、そういう人を探すのには大して苦心もしなかった。当時八〇歳ぐらいの人であればたいてい維新の彼方で生まれていたからである。しかるに、一人の力ではどうすることもできず、時ばかりいたずらにすぎて、もうその古老の多くは死んでしまい、あの大きな変革を目のあたり見た人はなにほどもいなくなった。

明治維新を境とした変革、特に生活における差やさまざまな意識・認識の違いを知るためには、八十歳が基準となったというのである。

次いで、『民俗学への道』（昭和三十年九月刊、『宮本常一著作集1　民俗学への道』所収）の「あるいて来た道　伝承者」の項には、「よい話者」について、さらに詳しく次のように記されている。

かつて私が、採集にあたってできるだけ八〇歳以上の老人を対象に選んだのは、明治維新の変革を境にして、その前と後とではどれほどの差があったかが見たいと思い、かつ藩政時代の諸制度が、民間にどのように影響していたかを知りたいためであった。そしてまた、八〇歳以上の老人と、明治時代に生まれた人との間には、民間伝承の保有量においてあきらかに差のあったものである。話す態度の端然としていること、私見を加えないこと、そのうえ持っている知識をほんとうに後世に伝えたいとする情熱など、話を聞いていて胸を打たれることが実に多かった。（中略）

つぎには明治時代における変遷をもっともよく知っているような人がよい話者である。そういう人は若いときは村に住んでいたが、青壮年時代他郷を歩きまわった人、すなわち世間師などといわれる者の中に多い。そこには自ら自他の生活の比較があり、知識も整理せられている。

ここでは「八十才以上の老人」は、「民間伝承の保有量」や「私見を加えないこと」等の点においても、明治生まれの人とは明らかな差があるとし、さらには、「よい話者」として「明治時代における変遷」を知っていることの重要性を強調している。そうした「よい伝承者」の例としては、「河内滝畑の左近翁」をはじめ数名の実名を挙げているが、中でも「日向南郷村で会った大平虎吉翁」にかかわる記事は、その内容において注目される。

こうした老人たちの話を聞いていて、それが本物であるか、また古風なものであるか、ということの見さかいになるものに話者の語り口調がある。まったくの散文になりきっておれば、新しい粉飾も加わっていよう。しかしよい話にはやや抑揚があり、かつそこに話の流れが見られるのである。日向南郷村で会った大平虎吉翁は印象に残るその一人である。数年前に盲いて、つねにいろりのほとりに端然とすわっているとのことだが、座頭琵琶法師のように、いろりのほのほに顔をほてらせつつ語る老人の話は、絵巻物のように美しかった。話もそれにふさわしいこの山中に残る臼太鼓踊りとそれにともなう神事であった。巧みな比喩を加えつつ、ときには手まねも加わって、聞いているほうが、これをそのままレコードにもとっておきたいと思ったことがある。

その話が本物か、古風かの見境は、「話者の語り口調」「抑揚・流れ」にあるとし、「いろりのほとりに端然とすわって」「よい話」を語る、〝盲目〟の老人の様子を印象的に描写している。そのすぐれた風貌の記述は、『土佐源氏』の「やぶれた着物」姿の老人とは対照的なものではある。しかしその観察による認識は根底においては通じているものであり、話の内容は異なるが、『土佐源氏』はそうしたよい話者である老人による話の再現、宮本の言葉で言えば「レコード」化を意識した試みとも捉えることができるのではないか。「絵巻物のように美しかった。」とするその話は、前節で引用した悟道軒圓玉の文中に出て来る宮本の言葉、「絵のように美しく心に描かれた」「その場面」とする表現とも通じているものと考えることができる。

この人物については、「自伝抄―二ノ橋界隈」（『宮本常一著作集42　父母の記／自伝抄』所収）の「命の躍動する古老の話」の項でも、昭和十五年のこととして、「今は西都市の中に入っている南郷村の農家を訪ねていって聞いた大平虎吉翁の臼太鼓の話は私のこれまでにきいた話の中で、もっとも生命の躍動した話であった。」と、さらに具体的にその感動を紹介している。「その体験がいかに感動に満ち、若者の血をかきたたせたことであろう。そしてその感動が固くその身をふる里の地に結びつけたのであろう。」とも記しているが、宮本におけるその印象の強さを見ておくべきであろう。私には、そうした話題に続く「土佐から移住して焼畑をおこない、ミツマタを作るのを主業にしていた」という近辺の協力者「土佐村」の人々の記述も、『土佐源氏』へと繋がる暗示的なものに受け取れてしまう。深読みに過ぎると言われるかもしれないが、『土佐源氏』の主人公には、

わしは紙問屋の手先になって楮《こうぞ》を買うて歩いていた。三年ほどの間じゃったが、わしがまァ、一番人間らしい暮しをした時じゃった。

という時期も設定されており、ミツマタ（三椏）と並ぶ和紙の原料として楮・ガンピ（雁皮）の記述も見出されるからである。「小林区署の役人」の「嫁さん」とは「楮買いのことから」知り合い、深い関係に至ったとされている。

宮本自身の心の中にあった『土佐源氏』のモデルとして、もう一人、右に取り上げた「大平虎吉翁」と、その周辺の生活イメージも、重ねて考えて見る必要性が出てくるのではないか。ここにも、その創作性を考える一要素が立ち現れているものと思う。

なおここで宮本の記述の誤りを指摘しておくと、『土佐源氏』では「楮の中にガンピというのがあって」と書いているが、和紙の原料としては、楮はクワ科、ガンピ（雁皮）はジンチョウゲ科として、その質においても明確に区別すべきものである。雁皮紙（斐紙）の方が楮紙よりは良質で、私の専門とした国文学（文献学）の料紙においては、その活用の歴史も古くから知られている。なおミツマタ（三椏）はジンチョウゲ科で、栽培が困難なガンピ（雁皮）の代りとして主に四国・中国地方の山地で多く栽培されてきた。

論題を元の年齢に戻す。こうした展開に続けて、『民俗学の旅』（昭和五十三年十二月刊、「民俗調査の旅」の項）では、昭和十五年一月末からの旅の出来事として、屋久島の「鎌田仲五郎翁」との出会いについて「翁は八十五歳であったから、明治維新のときは十歳であった。明治以前のことを子供の眼で見ている人の話は貴重であった。その当時の大きな変化をよく知っているからである。」と記した上で、次のように述べている。

私が年寄りたちからいろいろの話を聞くようになったとき、明治維新以前のことを知っている人たちとそうでない人たちの間に話し方や物の見方などに大きな差のあることに気付いた。たとえば維新以前の人たちには申しあわせたように話しことばというよりも語り口調というようなものがあった。ことばに抑揚があり、リズムがあり、表現に一種の叙述があり物語的なものがあった。維新以後の人たちのことばは散文的であり説明的であり、概念的であった。そしてその傾向が時代が下がるにつれて次第に強くなる。知識を文字を通して記憶していくようになると説明的になり散文的になっていくもののようである。こうした旅にもそれをはっきり知ることができた。

ここでも、「八十五歳」の翁を具体例とし、明治維新を境に「話し方や物の見方などに大きな差のあること」を指摘、さらに維新以前の人たちの「語り口調」（ことばの抑揚・リズム）の特徴を示し、「表現に一種の叙述があり物語的なものがあった。」とまとめている。

以上、その記述は長期にわたるが、内容的には、宮本が求める「よい話者」「よい伝承者」の条件を、明治維新の変革の認識とかかわらせて考える一連のものであった。その際、具体的な年齢基準として用いていたのが「八十歳」という目安ということになる。維新を前後して、語りの口調、抑揚・流れ・リズムにまで変化が生じていたと言う。『民俗学の旅』における「物語的なもの」という言い方は、『土佐源氏』と直接かかわってくる言葉のようにも受け取れ、暗示的、示唆的である。なお、これらの件に関しては、前節で示した谷川健一との対談資料「現代民俗学の課題」（「単行本・著作集未収録・対談」『道の手帖　宮本常一』河出書房新社）の宮本の発言も、同一趣旨のものとして見ておく必要がある。そこでは「字を知らないおじいちゃん」の「語り口」の特質を示し、『土佐源氏』を例示した上で、「文学書を読んでいるという感じ」という言葉で捉え返していた。

若干の私考も付加したが、これらの資料を総じて考えれば、『土佐源氏』における「八十をかなりこえた」「八十歳すぎの」という主人公の年齢は、それまでの宮本の研究的基盤を背景に持つ意味あるものであり、意識的設定として捉えていく必要が出てくる。

それでは、宮本の取材時、昭和十六年（一九四一）における肝心の『土佐源氏』の老人、山本槌造の実年齢は何歳となるのか。根拠となる資料としては、第一章で註記に引用している山田一郎の記事（註（1）参照）と、私が取材した娘の下元サカエ媼宅に残る位牌裏側の記事、の二つがある。山田は元治元年（一八六四）生まれとし、また下元家に残された位牌裏（本書七八頁、写真参照）には「昭和廿年二月十日　山本槌造叓　行年七十六歳」とある。山田説をとれば満年齢で取材時には七十七歳となり、位牌の記事から逆算すれば七十二歳ということになる。出身地の愛媛県東宇和郡野村町小屋（現西予市野村町）の戸籍が最も確実な資料であるが、「直系の子孫」でない限り、現在の法律では見ることが許されない。（山田説は戸籍による可能性はあるが）いずれにしても七十代であることは確実と思われ、「八十をかなりこえた」はあり得ない。結論としては、ここにも〝よい民俗資料〟を意識した宮本の「意図」に基づく虚構があったことになる。

「私生児」とする生育環境

主人公の人物設定においては、さらに、「母者が夜這いに来る男の種をみごもってできた」「てて（父）なし子」であり、母も事故で早く死んだため、「爺婆に育てられた」「まつぼり子（私生児）」とされていることについても、宮本の親しかった友人、深いかかわりを持った教え子との関係で問題を含む表現となる（取材対象、モデルとされている人物の実際は私生児ではない）。

まず、前にも引用した「我が半生の記録」（『宮本常一著作集42　父母の記／自伝抄』所収）の、同じ「常一略年譜」「一一歳　大正六年」の項には、

　このころまでの一番仲のよかった友達は二宮政雄であった。（中略）その父は旅の者で、二宮が生まれると間もなくどこかへ行ってしまった。母は早く死んだ。そうして祖父母と姉の手で大きくなった。


とあり、親友二宮政雄のことが記されているが、やはり私生児であり、母の早世などほぼ同一の生育環境と言ってよい。その二宮との交際については、「一三歳　大正八年」の項には、「雑誌をとっているのは二宮だけだった。私もこれを借りてよんだ。それがもとで、豆本をたくさんよみ出した。この年から一四歳にかけて、よんだ講談本は一〇〇冊を下らなかった。」とある。少年の日の盛んな読書体験とも深くかかわる人物であり、その間柄は、幼少期から少年時代にわたり、ごく親しかったものと見てよいであろう。

　主人公の人物像の記述においても、こうした宮本の体験が生かされ、そのまま取り込まれている可能性は十分認められるのではないだろうか。「三―六歳　明治四二―四五年」の項にある「鎮守の森に入ってあそぶのをたのしみにした。」「そのころ女の子ともよくあそんだ。」という記事等も、その反映が考えられると思う。

　さらに、主人公の設定・人物描写、その生活（特に性的側面）との重なりを示す著作として、「和

泉の国の青春」も挙げておきたい。同題の単行書『和泉の国の青春』（八坂書房、平成二十二年五月）を編集した田村善次郎の「解説」によれば、昭和七年、二年におよぶ闘病生活のあと赴任した、泉北郡北池田尋常高等小学校併設の青年訓練所、「そこでの体験を主としたもののようである」という。解説文が断定的でないのは、元の所収誌（『日本残酷物語』現代篇2、平凡社、昭和三十六年一月）の性格とともに、宮本が「ある若い先生」とあるのみで、実名が示されていないこととともかかわるものと思われる。

その叙述は、北田と宮内という「覚悟のうえ」の死をえらんだ二人の生徒の生育環境、すさんだ性的体験と、「若い先生」（宮本）との心の交流が中心主題となっている。

北田の母親というのは結婚したことがなく、「女房にしてやるという男にだまされて生んだのが北田で、男の方はどこかへ消えてしまった」という。私生児である。母親は「男を見つけては寝ることで生きていった」女で、「十歳をすぎたばかりの北田」も田のあぜで寝る「若い者たちの密会をさがして」見物に歩くという生活であった。その後十四歳で遊郭へ行き「女郎買いがたまらなくたのしかった」とするが、「いちばんやりきれなかったのは母親の所行」であり、

　彼が色気づくころまでは、平気で男をいれていっしょに寝ていた。彼は外へ追いだされるよりは、まだ家のなかで寝る方がよかった。ところが彼が色気づくと、母親が男を引きいれているときは、入り口の戸をしめて鍵をして彼をいれなかったのである。

とする。『土佐源氏』を対照すれば、「ばくろう宿」を営む後家の生活とも通い合うものであろう。主人公の老人もその妻である「婆」（「ばくろう宿の娘」）も、そうしたあけすけな男女関係を目

にするところから大人になっていったと語られている。

もう一人の宮内も「この子もまた母一人に育てられた子であった。父は早く死んだ」とされる。

さらに当地の私生児の多い社会状況、男女関係を巡る生活環境については、

　この地方には父親のない子がじつに多かった。父が早く死んだというのもあり、父と母が生き別れになったというのもある。また父のわからぬ子もあった。それらは単に女のふしだらでそうなったとはいえなかった。女は女一人で生きていくすべを知っているものが多く、村の最下層に属する女たちは、男たちにいいよられるとそのまま身をまかせもするが、男に甲斐性がなければさっさと別れもした。

　男たちの中にはいたってぐうたらべえが多かった。仕事ぎらいでばくち好き、それもけちなばくちしか打てないような男であるが、子どものときから女をかまうすべだけはおぼえていて、半ば女に養ってもらいつつ、のらりくらりしているのである。

と説明する。これもまた『土佐源氏』の状況設定、「このあたりは案外後家の多いところじゃ……どうしてか、わしにもようわからんが」とする記述や、主人公の「（わしは）親方のなじみの後家の家を、あっちこっちと渡りあるいて、可愛がってもろうてそれで日がくれた。」「女を喜ばせることを心得ておれば、女ちうもんはついてくるぞね。」等々の言葉と、そのまま重なってくるものと考えることができる。「ばくち」もまた「ばくろう宿」の生活の一部とされている。

　宮内は「若い教師」（宮本）に向かっては、「先生、ウラ知ってんのや、あのな、うちのおかん（お母さん）がよそのおじはんとするんや」と、「他所の男と母親との夜のいとなみの話」を会話に

も出す少年であった。成長して丁稚となり、母親とも同居できるようになるが、その母親の放恣な男女関係は変わらない。「若い教師」は親身になって「思いなやむ」宮内を「なぐさめた」が、それにもかかわらず、「睡眠薬をのんで自殺」する。前述の北田についても、「北田のその後もあわれであった。」「野井戸へおちて死んだ。」「覚悟のうえのことであったようだ。」と記す。宮本のまとめ、締め括りの言葉は次のようなものである。

未熟な者が早く大人の世界の、それも男女の性生活を知るということは、生命の強靱な者ならともかく、前途に何の明るさも持てない若者たちでは、みづからを処するすべを見失うことになって、そのあげく生命を絶つ者がこの野にはきわめて多かった。

『土佐源氏』とも共通する性の世界を扱いながら、その結末の描写、表現の印象は、明暗まったく対照的である。「和泉の国の青春」は、地域と時代は若干異なるが、当時の若者（特に私生児）の現実の生活実態を踏まえ、『土佐源氏』とは合わせて一体の、あるいはそれを補完する、その背後にあった実人生を描いたと見るべきか。しかし、一方に性の混乱から自殺に至った多くの若者の不幸を具体的に示されると、宮本の中では両者の関係をどのように整理し、納得して作品化するに至ったのか、それを明確に推測・理解することは難しい。

二つの作品の表現の重なりと相違と、その有り様はどう考えたらよいか。ひとまずこれ以上の判断は措くとしても、「和泉の国の青春」が、その体験も合わせて、『土佐源氏』の叙述、創作性と繫がる重要な資料の一つとなることは間違いないであろう。

「ばくろう」生活における「牛」と「馬」

論題を転じる。次いで、「牛」を巡る事柄についても注目し、『土佐源氏』の記述と宮本の実際、モデルとなった山本槌造の生活を取り上げ、その有り様を比較・検証しておきたい。

『土佐源氏』の主人公の職業は「ばくろう」とされ、一般には「馬や牛のことに詳しく、またその売買周旋などを業とする者、また、馬や牛の病気をなおす者。」（『日本国語大辞典』小学館）と理解されている。問題はこの馬と牛とのかかわりの態様であるが、どちらかと言えば、山本槌造は馬との関係が深いと考えられるのに対して、『土佐源氏』の記述と宮本の実際は、圧倒的に牛との関係が深いという違いが見えて来る。以下、諸資料によりその相違を見ていく。ここにも宮本による創作性が窺えるのではないかと思う。

まず、取材相手とされる山本槌造であるが、本書巻末に掲載した私どもの調査記録「下元サカエ嫗聞書」が参考となる。末娘であったサカエさんは、父親が馬二匹を連れていたこと、そのための「駄屋」があったことを記憶し、さらに仕事としては、「馬を引いて、大野ケ原から久万というところまで、お茶を出すのに二、三人の人らで馬につけて運んでおった」と話し、生活における馬とのかかわりの深さを証言している。そうした中で、牛が出てくるのは、「牛馬の身体をなおしよりました。牛馬の血合いもようやりよった。」という「血合い」の件だけである。「血合い」については、『高知県方言辞典』（高知市文化振興事業団、昭和六十年十二月）は、

馬焼き。農耕馬の疲労回復、疲労予防のため馬体の各所に焼きごてを当てて焼いたり、また針を刺して血を出す行事。

と説明しており、牛についての記述はない。これに拠れば、「血合い」も主には馬がその対象であったと考えることができる。これらを通して見ると、山本槌造の実際の「ばくろう」生活は、牛よりは馬を中心としたものと理解してよいであろう。なお、前出（第一章、註（1））の山田一郎の記事でも、「槌蔵（造）さんは博労もしたり、馬を持って引き子を二、三人雇い、駄賃持ちの仕事をして繁盛した。今の運送業である。」とし、馬との深いかかわりを明らかにしている。

これに対し、『土佐源氏』の記述を見ると、全体を通して「牛」に特化していく傾向が顕著に見える。主な記述を抜き出してみると、「馬」とあるのは冒頭にある「ばくろうをしておったから牛や馬の事なら知っとる。」とする一箇所のみで、以下、「わしの仕事は親方のいいつけで牛市へ牛を追うていくことと、百姓家へ替える牛を追うてあるくことじゃった。」に始まり、「牛」を中心に置いて、女性とのかかわり合いの物語が展開していく。「しかしわしは女と牛のことよりほかには何にも知らん。」「話しというても、わしは牛の事しかわからんから、人をだまして牛を売買する話しをしてきかせた。」「わしら世間のことはあんまり知らんで、話しといえば牛のことだけでほかに話しの合うこともなかったが、」等々が、牛を中心とした生活とその意識を示す言葉であろう。そして最後は、

わしはなァ、人はずいぶんだましたが、牛はだまさだった。牛ちうもんはよくおぼえているもんで、五年たっても十年たっても、出あうと必ず啼くもんじゃ。なつかしそうにのう。牛にだけはうそがつけだった。女もおなじで、かまいはしたがだましはしなかった。

とまとめている。こうした「牛」を中核とした叙述の態様は、宮本の体験・関心の反映と理解

するのが無理のないところであろう。牛との深いかかわりは、宮本の作品や日記の記述、周辺の人々の思い出の中などに数多く見出すことができる。以下、若干その例を示しておこう。

まず、『忘れられた日本人』における「私の祖父」の項では、火事で家を焼いた市五郎について、「その上牛を焼死させた。」「死んだ牛のために小さい瓦製のほこらをつくった。これを牛荒神としてまつったが、（中略）皮膚病がなおるというので、まいる人が多く」と記している。生活における牛の存在は、宮本の幼年期から欠くことのできないものであったようで、自伝『民俗学の旅』の「はじめに」においては、「民俗学という学問は体験の学問であり、実践の学問である」とした上で、幼少時の自身の仕事として、さまざまな作業と並び、「牛を追い」と挙げている。さらに「私にとってのふるさと」の項では、「子供の頃を思い出してみると、心をはぐくんでくれるいろいろの行事があった。」と述べ、その上で、

六月の末にはサバライがある。その日は牛を飼うている家では牛を海に引き入れて泳がせた。そうすると牛についているダニがおちると信じられていた。その朝私たちはみな浜に出て何十頭という牛が泳いでいるのを見た。元気のよい牛は沖へ沖へと出ていく。その日は牛のおとしたダニをエンコ（河童）が食いに来るというので、子供は泳いではならないといわれた。

と、牛との思い出の一こまを印象的に記している。「ふるさとは生きざまを教えてくれた大事な世界であった。」「ふるさとは私に物の見方、考え方、そして行動の仕方を教えてくれた。」とも記しているが、牛との体験もそうした大切な素材の一つであったと考えてよいであろう。そのこと

は、『同時代の証言』一七の「父」と題する長男千晴の文章からも窺うことができる。千晴はここでは、大学退職後の晩年の出来事として、

弟の光がこの時期父に夢を与えてくれた。百姓をやり、牛を飼うことを夢見て、弟は新妻とともに郷里の家に帰った。父の思想と行動の原点が、また回復継承されたのである。

と記している。宮本にとっての「思想と行動の原点」、ふるさとの「回復継承」にあたり、「牛を飼うこと」を特別に書き添えていることに注目したい。何気ないことのようではあるが、宮本の生活にとって、牛はそれだけの深い意味をもった存在であったことが見えてくるのではないだろうか。なお、宮本は『村里を行く』の「追記」(『宮本常一著作集25　村里を行く』所収)の中で、自らを牛に喩えて「私という人間は牛みたいで、誰かに尻をたたかれぬと仕事をしない。人にそそのかされると、そうかと思って調子にのる。」と述べていることも付け加えておく。

宮本の作品ではこのほか、『民俗学への道』のうち「あるいて来た道」の「農耕技術と民俗」の項で、戦後昭和二十一、二十二年頃の採集の思い出として、牛にかかわる各地の風習、「預け牛・モヤイ牛・カリコ牛・鞍下牛・牛小作・カイワケ」等々のことが数頁にわたり詳しく書き留められている。これに対し、馬については「能登馬・馬小作」の二項目、数行程度の記述にとどまる。また、『風土記日本　第二巻　中国・四国篇』(平凡社、昭和三十二年十一月)所収の「牛と農耕」では、さらに研究的な叙述として、「島の牛・牛の角・昔の乳牛・牛と祭り・隠岐の牧畑・瀬戸内の牧畑・長床犂と田の形・モッタテ犂・鞍下牛」等々のことが詳しくまとめられている。そうした中には馬の文字も散見するが、その記述のほとんどは牛にかかわることと言ってよい。宮本の関

心の在り方を示すものと考えてよいであろう。
宮本の考えの重心が、馬よりは牛にあったということは、『同時代の証言』九の「生きた語部」と題する上田正昭の文章からも窺うことができる。

馬で物を運ぶ前に、牛に物を背負わせて運ぶ時代があったと思うとじゅんじゅんと説かれた鼎談のおりの話も興味深いものであった。馬は夜寝る時は立って寝る、しかし牛は寝る時は横になって寝る。だから馬は野宿がむずかしいけれども、牛は野宿することができる。とくに牛を引いている人たちにとって、牛はたいへんありがたい存在だった。一人でたいてい五頭か七頭つれているから、それらの牛をぐるっと輪にし、その中で火をたいて、話をしながら夜を明かす。語りの場の多様性の一例としての話であった。その語り口がまさに魅力的であり、牛のことを岡船というようになったいわれが生き生きとしていた。

宮本が語る「牛」の話の魅力を伝え、宮本自身が「生きた語部」であったと捉えている。さらに、『同時代の証言』三所収の、竹田旦の「済民の学」という文章も、雑誌『しま』(全国離島振興協議会)における宮本の「農業講座」(昭和二十九年三月から)を取り上げ、「執筆したうちの半分までが「牧畜」と題し、離島における酪農を講じたもの」「牛飼いの歴史から説き越こし、牧草・畜種・飼料などを論じ、(中略)畜産学の教授でもなかなかできぬ名講座との評が高かった。」と、牛に対する関心・学識の深さを書き留めている。
以上、管見により諸事例を挙げたが、いずれも宮本と牛とのかかわりの深さを示すものであり、『土佐源氏』の表現、牛を中心とした物語の展開も、それらが自ずと現れたものと理解してよいであろう。元とすべき取材資料を焼失した上でのことではあるが、『土佐源氏』のモデル、山本槌造の生活の実際との懸隔は、そのまま創作性・虚構性へつながるものとなってしまう。

宮本の恋愛と性体験

これまで、『土佐源氏』の叙述内容との繋がり、その態様を見る上で、宮本の体験・研究にかかわる記述の中から、取り上げるべき主な項目について順次検証を重ねてきた。残る最も大きな課題は、宮本自身の恋愛・性体験との重なり、反映の有り様ということになろう。『土佐源氏』の主要テーマ、〝人間の愛と性〟との関連で考えるべき宮本の実際、その経歴はどのようなものであったであろうか。資料としては、前出の「我が半生の記録」(『宮本常一著作集42 父母の記/自伝抄』所収)とともに、新たに『宮本常一日記 青春篇』(田村善次郎編、毎日新聞社)の記事も併せて用いることとする。戦前期の日記のうち、宮本の満十五歳から二十六歳までの期間のものを中心とした資料である。

「我が半生の記録」は、前述のように「結婚前、アサ子夫人に宛てて、二八年にわたる人生の軌跡と家関係の概略を記し、自分への理解を深めて欲しいという思いを込めて、渡したもの」という(田村善次郎「解説」)。おそらくはそうした渡す相手の意識も根底にあってのことと思われるが、「常一略年譜」の中では、恋愛相手としてはただ一人、「豊」なる女性の名前を挙げている。それも裏切られた「最初の恋愛」の事例として。

記載の順序は逆になるが、「二九歳 昭和一〇年」(年齢は数え年表記、満では二十七―二十八歳)の記述から見ていく。

二七歳父を失ってより、檜垣、重田の二兄、しきりに結婚をすすめるも気すすまず、一つには最初の恋愛に裏切られたるために、甚だ警戒し、恋愛のことにはかたく眼をつぶれるによる。一つには貧しきため。（中略）

重田より結婚の話もちきたる。今日までしばしば裏切ったので今度だけは言うなりにする。しかしすぐ尻ごみの心が出てくる。

四月一九日、大阪に出て重田にあう。柿木氏、女の人［玉田アサ子］に会う。

私もようやく長い精神放浪をすてて、どっしりとおちついてみたくなった。

友人重田からの「玉田アサ子」との結婚話を受け入れる、こうした心境の説明の後には、「妻たる人に」という表題の文章を付し、「いよいよ決心したのであります。」として、島の家人の様子の紹介や、祖先伝来の心持ち等を書き留め贈っている。

裏切られた「最初の恋愛」、結婚を受け入れても「すぐ尻ごみの心が出てくる」とするその心境にも注意を引かれるが、実はここに至るまでの時期、右の文中では「長い精神放浪」という言葉を用いているが、自らの『日記　青春篇』（「昭和八年三月三十一日」付け）には、さらに直截に「二十四から二十七才まで。それは病弱と恋愛放浪の年月だつた。」と記す、「恋愛放浪」の期間に相当する。

そうした日記の記述に入る前に、「我が半生の記録」の「豊」の記事を見ておく。発端は「二三歳　昭和四年」であった。

夏も逝かんとするころ、私は私を慕う女の人のあることを知った。女性は修斎小学校での教え子だった某の姉、豊であった。初めその資格なきことを言い送ったが、ことはいつかすすんで、文通がはじまった。私ははじめて女の情愛を知った。しかし主席中村三郎先生は、女から慕うてくるような愛は夢のようなもので、すぐさめると再三注意してくれた。

長い間、冬枯れのような道ばかり歩いて来た人間にとって、その氷がとけはじめると、グングン若芽がのびるように心は女の方へかたむいていった。私はただ美しい夢を心に描いていた。

「はじめて女の情愛を知った」この恋に、宮本は「グングン若芽がのびるように心は女の方へかたむいていった」のであるが、翌年「二四歳　昭和五年」の項では、女の裏切りによりあっけなく終止符を打ったことを記している。

六月、豊よりのたよりがないので、修斎校につとめている田中にきいてやると、豊は「あの人のことなど思ったこともない、あの人が勝手に言ってきたのだ」と言った由。女の心を本当に知った。

怒る前に自分自身をあわれんだ。こんな病人を本当に同情する人間が何人あろうぞ……。

（中略）

私は考えてみれば一個の道具だったのだ。そうして役にたたなくなった私をまで、ひろって下さるのが親だ。――このみすぼらしい死に瀕した人間をも、親なればこそ大切に見守って下さるのだ。私はしみじみ親の愛を感ずるとともに、去り行く人は追うまいと思った。しらじらしい嘘をついて去って行く女よ。お前は私を慕うたのではない、私の英雄的虚飾を慕うていたのだ。お前の夢想の中にあったある種の男性に、たまたま私が似ていたのだ。病んで、それを失った私に、何らの未練を感じなくなったとしても、それは私の罪ではない。結局、お前の夢の一つを消したに過ぎなかったであろう。

私はこのために再び女性を恋うまじと、ひそかに誓った。この心の苦闘は二九歳の今日まで続いている。

こうした思いのほかの結末により「再び女性を恋うまじ」と決意し、その苦闘が「二九歳の今日まで」続いたとしていることは、前述の引用記事（「二九歳　昭和一〇年」）とも呼応している。しかし、この間の『日記　青春篇』に拠れば、この女性（教え子野口定運の姉、野口豊）との関係については、日付を追って長文の記述が重ねられており、さらに別の女性との問題も生じ、宮本の女性関係は、右の記述に見るような単純な経緯のものではなかった。

前に一部を引用・紹介した自らの『日記　青春篇』の記事に拠り、「恋愛放浪の年月」の態様を見ていこう。まず「昭和八年三月三十一日」付けの記事。そこには「二十七年の生涯を思ふて見る。」とした上で、略称も含めて七人の女性名が、その印象、自らの反省の言とともに記されている。

二十四から二十七まで。それは病弱と恋愛放浪の年月だつた。私のそばを通りかかつた人さへが七人の多数にのぼつて居る。野口のつぶらな瞳。金谷さんは理知の人だつた。いいフレンドだつた。小南――あの負けじ魂な執拗な眼、私も彼の前には一個の道化役者にすぎなかつた。でもその執拗を振りきり得ないまでになつてしまつた。Y・M。人妻になつて子さへ出来て居る。私にとつてはよき弟子であつた。今にして思へば素直なりし弟子であつた。T・T。仄かなものを感じた。そのほのけさは今もある。S・T。純情の人よ、何もしらぬ子羊よ。T・Y。苦労が眉根に集つて…お前の今まではさびしかつたらう。そして私はそれらの感情をいささかでも弄んだ罪に苦しまねばならない。

冒頭に「病弱」とあるのは、昭和五年一月に発病し、昭和七年二月までおよそ二年間、帰郷療養を余儀なくされた胸部疾患（結核）のことであるが、野口豊との恋愛が途切れたことは、一部この病も影響している。前引の「我が半生の記録」（「二四歳　昭和五年」の項）で「このみすぼらしい死に瀕した人間」から「しらじらしい嘘をついて去って行く女よ。」と述べているのは、そのことを指している。

なお、豊との関係は、『日記　青春篇』においては時には愛情を込めて「妹」と呼び、精神的な恋愛の苦しみを記すなど、宮本の内面においては相当に真剣なものであったことが窺える。また当初は「結婚」という言葉も意識して用いる（昭和四年九月九日、同十月十四日）など、思いの深い対象でもあった。恋愛が完全に終息した後の昭和八年二月七日の記事でも「私に恋といふものがあつたとすれば、それは野口豊さんの時だけの様である。あの印象は未だ消えない。」と回想しているが、前掲の記述「野口のつぶらな瞳」にも特別な存在としての想いの強さを見ておくべきであろう。この女性には「あをぞらのもと」という「覚書き」も書き与えており（『日記　青春篇』昭和四年十一月二十六日参照）、『和泉の国の青春』（八坂書房、平成二十二年五月）に未完のまま同題で収録した田村善次郎は、「自分を知って貰いたい、理解して欲しいという想いと同時に、相手がより向上して欲しいという願いを籠めてのものであった。」と解説している。

しかしながら、こうした恋愛経験「恋愛放浪」の中でも、『土佐源氏』の内容・描写との関連で取り上げるべき最大の出来事は、野口豊の記述に一人おいて続く「小南——あの負けじ魂な執拗な眼、私も彼の前には一個の道化役者にすぎなかつた。でもその執拗を振りきり得ないまでになつてしまつた。」とする「小南」とのことではないかと考えられる。この女性とは間に子を生すまでの深い関係であった。その交渉の記事は、『日記　青春篇』においては昭和五年一月の発病に始まり、前掲の記述（昭和八年三月三十一日）に至るまで実におびただしい数にのぼる。そうした経緯を、できるだけ日付を追って、且つ必要の範囲で見ていく。

子を生した看護婦「小南」との交際

「小南」は看護婦であり、その出会いは昭和五年一月十三日であった。「肋膜の症状明白」となった宮本の看護のため、友人重田〔堅一〕が世話した女性である。二カ月ほど経った同年三月九日には、「九日夜、看護婦来る。」「我切に彼女を恋ひ居たるに気付けり。夜半二時近くまで語り合ふ。」、翌三月十日には「看護婦未だ在り。胸甚だ苦し。遂に打あく。」、さらに翌三月十一日には「小南未だ在り。不安大なるも帰へすを得ず。夜更、接吻す。彼女はすべてを観念せしものの如し。」とあり、彼女に対する「恋ひ」の思いは身体の接触にまで進展する。この三日間は同居のまま二人ともに過ごしたようで、翌三月十二日に至り、「早朝、小南かへる。佗し。」と、その心境を記している。十一日の「不安大なるも」という表現は、二人の間に問題の生じる「不安」と読み取っておいたらよいであろうか。この間二月一日には、「看護婦にたのみて、遺言などす。」という記述も見られ、危機的状況、非常事態を共有した上での信頼に基づく結びつきであったと理解しておいてよいであろう。

この後、宮本は三月十八日、専門医の「少くも一ヶ年休養すべし」という診断を受け、「帰郷を決心」、三月二十七日夜、「阪神の地を去る」ことになる。その別れについては、三日前の三月二十四日、「夕方、小南来る。夜、駅に送る。胸苦し。」と記している。この時のことについては、帰郷後の同年四月二十日の記事の中に、「〔三月〕二十四日、彼女を駅〔送〕る田甫〔圃〕道において、彼女は余が病みてかへる事をなげけり。彼女の目的たるや医師なり。余は必ずその目的を達せしめんと心掛けたり。」との記載がある。

なおこの間、前述の野口豊との関係も繋がってはいたわけで、小南との別れの翌日、三月二十五日の項で、

岸和田に途中下車。野口豊待てり。何等の興だに起らず。彼女ともいよいよ之が最後となるべきか。僅かに半年の縁なりし。その間、我は我が情熱をもやせり。されど彼女も今は過去の人か。去る者よ。

と、その別れの心境を記している。一時は「我は我が情熱をもやせり。」とした関係も、帰郷後の六月、豊からの便りもないまま完全に終わったことは、「我が半生の記録」(「二四歳　昭和五年」の項)で前に見た通りである。ここには『日記　青春篇』の記述から、その間の宮本の懊悩を知るものとして、「昭和五年五月二日」付けの記事を掲出しておく。小南とのことに渉ると考えられる記述もある。

野口豊さんには二十五日に発信せるも未だ返なし。或は永遠に来らざるか。我は彼女によりて、始めて異性を愛しぬ。而も今かくの如し。あはきかなしみとはか丶る気持を言ふや。愛する者は決して対者の気持にこだはるべからず。あ丶我は三十才まで異性には目を向けざらむことを誓はな。

日記は徒らに己の醜悪なる姿をのみ記するものなるや。我はあまりにも醜し。何のために生くるぞ。我は我が日記に醜き内生活と、二人の女の名を記するに到りぬ。それ性慾は人生と不離なり。而して、性慾の発動はやがて芸術を構成するものなりと言ひつべし。我は之を否定せず。（中略）

或意味において、人をして偉大ならしむるも堕落せしむるも、性慾と言ふべきなり。我はこの問題こそ、一大重要のものなりと考ふ。而も我今この事に悩む。かくて日記は醜文字を以て掩はれんとす。煩悶の極致とす。されど我は我が身をいつはるを欲せず。笑はゞ笑へ。厳粛なる気持のもとに我は最後まで正しき事をこの紙上に記さむ。而して、之を次第に聖なるものに化さむ。

「二人の女」を念頭に置いた「性慾」に関する考察と煩悶、それに正面から向き合おうとする意思には、後年の『土佐源氏』の内容、その成立とも通う深いものが、すでにこの時点において見られると思う。

周防大島の実家へ帰ってからは、豊とは対照的に、小南との関係はひんぱんな手紙のやり取りとして続くこととなる。「（昭和五年）四月十九日。小南より来信。彼女は遂に忘るを得ざる存在とはなれり。」とした上で、翌二十日には、小南の手紙（「我が手紙の返事」）の内容と、小南の容貌・性格、それに対する自らの心境等について次のように記す。

彼女は我が言ふがまゝになると言ひ来れるなり。彼女たるや、倭〔矮〕軀にして而もアバタなり。醜女の中の醜女なり。而も我、彼女にひかる〻こと甚だ大。彼女や〻軽卒なれど真実なり。真実を求めてやまざるなり。我が言ふすべてをうけ入れんとの事なり。我が最愛の味方なりと言ひつべし。我が死にのぞめる時は、必ずや彼女の手を握りて安らかに眠らむ事を思へり。彼女こそ恐らく余が死に至るまで余に叛かざる一人なるべし。

さらに、翌四月二十一日には「我が第二のｌｉｅｂｅ」とし、次のように記すに至る（liebe はドイツ語で恋人・愛人の意。看護婦であり医師を志す相手を意識してのものであろう）。

さるにても小南の事思はる。彼女には我が一切のことうちあけなむ。彼女こそ真に我を知りて呉れむ。この頃切に彼女の事を考ふ。彼女こそ真に我がものなり。彼女こそ我がためにあらゆるものを許さん。我が第二のｌｉｅｂｅはかくて永遠なるべし。

こうして、小南との手紙のやり取りは、宮本が養生を終え再び「上阪」（昭和七年三月六日）するまで断続的に続くが、来信・発信の記述のみで内容まで明示していないものも多く、また煩雑にも渉るので、以下、具体的引用は割愛し、「昭和七年一月十八日」付けの記述のみ次に掲出する。

今から二年前、このさびしさに堪えかねて、一人の人に心を打あけた事がある。それが二年間、私を苦しめた。その人には気の毒である。そしてその時は実にさうせざるを得なかつた自分である。その日まで堪えて来た私が何故あゝした事をしたのか。一時のはずみにもせよ。それは相手に重荷をおはす事だ。私はそれから又深い心を自分の中にためて行く気になつた。さうした私を真に知つて呉れる人は遂に私一人しかないかも知れない。併し、その一人を静かにまもつて行く事こそ、私に残された一つの道だ。（中略）そして私の心の底の深いうれひは遂に私一人のものたるにすぎない。

ここには相手の名前は明示されていないが、二年前のこととするところから、「小南」との出会いとその間の出来事（昭和五年一月から三月）を指していると見て間違いないであろう。しかし、前掲の昭和五年当時の記述と比べて見ると、「一時のはずみに」とするなど、その情熱・愛情の後退は歴然としている。その背景には、死をも意識した異常な状況での出会いと、それからの回復という状況の変化、さらには前述の野口豊とは対照的な「醜女の中の醜女」とする容貌上の好みや、性格等の問題も基底にはあったものと推測できる。その意識は、前掲の「昭和八年三月三十一日」付けの記事における「野口のつぶらな瞳」「小南――あの負けじ魂な執拗な眼」という表現にも端的に現れていると見ることができるであろう。

宮本における愛情の後退はともかく、二人の間の子供の問題は、このあとの接触により生じることとなる。昭和七年三月十二日に「小南へ書く。」とあるのが、大阪（泉北郡北池田尋常高等小学校）へ再び赴任してからの最初の手紙と思われるが、「五月十八日」の記事には、「同夜、小南が来た。」と再会の記述があり、さらに「六月一日」付けには、「六月一日、小南が来てとまつた。」

と、それ以上の詳しい説明はないものの、同宿の記事が続く。問題はこの「六月一日」に生じたと思われる。
内容を示す関連の記事は、翌年「昭和八年三月二十九日、三十日」へとぶ。前に引用した「昭和八年三月三十一日」付けの記事の前日、前々日の記事に当たる。「死を目前にした父を抱えて」周防大島へ帰郷していた宮本のもとへ小南から意外な手紙が届く。子供が生まれたとの知らせを含むものであった。『日記　青春篇』「三月二十九日」付けの記事から。

今日は又皮肉な事を知つた。どうやら私が人の父である事だ。小南がよこした手紙に、故意か偶然か孝子様宛なる手紙がはい［つ］て居る。それによると、小南はすでに人の母だ。子は生れて四十日になるといふ。二月十日頃に生れたものか。小南と関係したのは六月の一日であつた。二月十日まで二五五日だ。月足らずの子を生んだものか。よもや貰ひ子ではあるまい。あのあつけない交媾が、どうしてかうした結果を生んだか。そこには私より不幸な芽生えがある。身を持するに厳格な、いや憶病な私が、何と言ふ皮肉な目にあふ事ぞ。たつた一度の、それも女に強いられたあの疲れた夜の仕草が、こんな事になるなんて…。いくつもの十字架を背負ふて、私の前途にはけはしい道がつゞく。
（中略）子よ。お前は私よりももつと不幸だらうよ。

思いがけず我が子の存在と向き合うこととなった宮本。「たつた一度の、それも女に強いられたあの疲れた夜の仕草」による「不幸な芽生え」、「子よ。お前は私よりももつと不幸だらうよ。」と、深い嘆きの言葉をもらす。

さらに続けて、翌日「三月三十日」には、次のように恋の悩み「苦悶」を記す。

　小南の事が気になつて終日考へてみれば、私の恋愛放浪も久しい。幾人かの女が傍を通りすぎて行つた。恒代さんも木村家を暇をとつたとか。これから何処かへ奉公に行くといふ。又しても私は若い女の魂を傷付けてしまつた。病んで以来、前途の見通しがつくまでは、決して妻は迎へまいと思つて居たに、何時か子が出来、人の親となり、他方では若い女に失恋の苦杯をなめさせる。私の感傷が女の心にくひ込むのか。私はしみじみとした淋しさに居る。かうして背負うた苦悶は一生のものであらう。一つの過失が遂にぬぐひ難く、いえ難い人生の傷となる。私は未だいい。日蔭の子をかゝへた若い母のくらい運命を思ふ。何時の日にか、何とかしたいものである。私は小南を妻にする意志は毛頭ない。子が出来たから結婚すると言ふ事が、いい方法でない事も知る。結極〔局〕又次の不幸を作つて行くであらう。今にして思ふ。何故私はキッパリ拒絶しなかつたかと…。後悔しても初まらぬ。今は只将来を思ふべし。恒代さんの事もそのうち考へて見ねばならぬ。心に思ひつゝ打ちあけ得ないあの内気な娘。このまゝだまつて行く事はどれだけ大きな痛手と失望をあたへるだらう。悟し得るものなら、十分に言つてあげたい。私はやはり健康に自信のつく日まではめとらぬのがいい。

　ここには、小南との事と合わせて、「私の恋愛放浪も久しい。」として、当時恋愛感情のあったと推測される別の女性（「恒代さん」）との事柄も挙げている。小南については、「日蔭の子をかゝへた若い母のくらい運命を思ふ。何時の日にか、何とかしたいものである。」とは言うものの、「私は小南を妻にする意志は毛頭ない。」とも明言しており、それに続く後悔の言葉からも、当時、宮本が「背負うた苦悶」の大きさが窺われる。

『宮本常一日記　青春篇』の記事自体は「昭和八年十二月三十一日」まであるが、小南との一件に直接かかわる記述は以上で止まる。しかしその後の展開ついては、佐野眞一『旅する巨人』（文藝春秋、平成八年十一月）の中に、この二人の関係に一章を当てた記載があり（「第五章　恋文の束」）、そこに引用された宮本の手紙により、その後の経緯を知ることができる。佐野は妻アサ子から「ラブレター百通以上」を借り受け、中でもこの一件にかかわる宮本の記述に注目し詳しく紹介している。

それによれば宮本は、「今日はあなたの誠意に対し、私の全裸をお見せする決心をしました」という書き出しで、これまで『日記』を資料として見てきた小南とのことについて、「看護婦」との出来事として、ほぼ同様の経緯をアサ子に対し赤裸々に告白している。手紙の末尾には「五月十一日　玉田様」とあるので、昭和十年五月のものと見てよいであろう。それまでの自身の女性関係の説明において、「我が半生の記録」（昭和十年四月執筆）を補う必要性を強く意識してのことと推察されるが、妻とすべき人、玉田アサ子に対する宮本の〝究極の誠意〟を窺い知ることができる。

その中では宮本は、前述の昭和七年六月一日の「一線を越えた」一夜の後、「二年間沈黙」があり、その後、女とは手紙による申し出により再会、

あふて見ておどろいた事は、子供の出来た事や、その子の死んだこと、家は親の所を飛びだしたなどと、二年間の苦労は一通りではなかったのです。

と記している。前述の『日記　青春篇』（「昭和八年三月二十九日」付け）の記事では、女からの手紙による子供誕生の認識、「子は生れて四十日」とするところまでの記述であったが、ここでは、子の誕生と死の知見が、昭和九年と推測される右の再会の機会に、同時にもたらされたとされている。『日記』とは相違してそのように記述した事情は不明であるが、ともかくも子供は昭和八年三月末以降、昭和九年の再会までの間に死去したものと考えられる。満一歳に満たない短い命であった可能性もある。

なおこの女性、「小南」については、（玉田）アサ子との見合い（前述の「常一略年譜」では昭和十年四月十九日）の件も書き送ったとし、人物像については、「而もその顔はみにくく、その心は不具と思はるゝまでに頑なです。且私は母へのこの人の態度に対して、むしろ憎悪をさへ感じてゐます。」と述べるなど、宮本自身の愛情は決定的に離れてしまっていたことを明らかにしている。ただその一方で、「そのひたぶるなものと、その労苦多き生涯に対して、あくまでも味方たり、力たり得る人であらねばならぬと思つてゐます。」「この人を精神的に救ひ得る日は私の魂の更に浄化される日だと思つてゐます。」とも述べ、自らの全人生を懸けて対応する覚悟も合わせて伝えている。その捨て身の「誠意」が（玉田）アサ子の胸を打ったと考えてもよいであろう。そうした中で、注目されるのは宮本の次の一句である。

さうして又私も遂に顔を見ざりし子の親だったのです。

私が『土佐源氏』の記述の中で対照して注目するのは、全文の終り間際、老人の回想の中に挿入的に書き込まれた次の一節である。

それほど極道をしても子が出来なかったかといいなさるか。できたかもわからん、できなかったかも知れん。

この子供の存在にかかわる問いの箇所を省き、前後を続けて読んだとしても特に問題は生じない。しかし宮本の場合、女性関係から生まれる子供の問題には、これまで見てきた自らの実人生の出来事から、〝万感の思い〟を抱いていたと推測することができる。この『土佐源氏』の記述はその現れ、その思いを重ね合わせての表現と見ることができるのではないか。これまで宮本の恋愛と性体験の実態にこだわって検証を重ねてきたのも、こうした言葉に籠められた宮本の思いの深さを推し量るための積み重ねでもあった。『土佐源氏』における女性との恋、性体験の描写には、それまでの宮本の女性への思いの全量が重ねられていると見てよいであろう。

なお、佐野眞一『旅する巨人』は、「第十四章　土佐源氏の謎」において、結婚後の宮本の女性関係（「アシスタントを兼ねた、そうした女性」）の問題を取り上げ、

宮本は〝土佐源氏〟が語る話のなかに、妻を裏切り、別の女性と旅をつづける自分の姿を重ねあわせたはずである。何の束縛もなく放蕩の限りをつくしてきた〝土佐源氏〟は、宮本にとって、自分の絶対に到達することのできない一種の理想的人間だった。

と、指摘している。さらに佐野は「宮本自身が日本全国を放浪するひとりの〝土佐源氏〟だった。」とも述べているが、こうした佐野のまとめの一文は本論文の中心テーマとも重なってくる。しかし佐野の視点は、『土佐源氏』の宮本による創作性は問題とせず、あくまでも取材による語り

の記録とすることを前提としたものである。

三「文学」(『土佐源氏』)へと向かう素地の形成

これまでの検証を通して見てきたように、『土佐源氏』が、それまでの宮本の実人生と研究上の事柄とを重ね合わせた、創作性・虚構性を併せ持つ「文学」であるとすると、次に解明すべき課題は、そこへ向かわせたもの、そうした「文学」へと向かう素地・基盤は宮本の中ではどのように形成されてきたかということにあると思う。基本資料としては、引き続き、前出の「我が半生の記録」(『宮本常一著作集42 父母の記/自伝抄』所収)と『宮本常一日記 青春篇』(田村善次郎編、毎日新聞社)とを対照する形で用いる。自身のまとめによる「我が半生の記録」(「常一略年譜」)を検証進行の柱とし、特に「日記」における生の表現からは、宮本の原質・本質に迫るものを見出すことができればと考えている。『日記 青春篇』に登載されている田村善次郎編「宮本常一年譜稿」も合わせて参考とさせていただく。

田村善次郎は、『宮本常一日記 青春篇』の「まえがき」において、その記述の内容を、

本書に翻刻した宮本先生の日記は、先生が民俗学に出会い、民俗学徒として本格的に歩きはじめる直前までのものである。青雲の志を抱いて大阪に出て逓信講習所にはいり、高麗橋郵便局に勤め、電鍵に苦しみ、脚気に悩み、食をけずっても書を離さず、天王寺師範に入り、

和泉の村に教師となり、さらに専攻科に進んで教壇にかえっても、なお高師を望み、大学に学ぶことを夢みていた。そしてその叶わざるに苦悩し、心ならずも病を得て郷里に療養の日を送る。暗い青春の日々、短歌を詠み、小説の構想に耽っても満たされない鬱積した気持ちが日記の行間に渦巻いている。

とまとめ、「この時代は、自分が一所懸命、生涯をかけて打ちこめる仕事、それを探し求めていた時代であった。」と位置付けている。宮本民俗学の大成を前提とし、そこに重心を置いて考えれば、田村が言うように、その時代は混沌とした、民俗学以前の模索の日々ということになる。また後述の通り、「我が半生の記録」の中には、それと通う宮本自身の言葉も出てくる。しかし、私はその困難な時代を支えたものこそが総じて「文学」と呼ぶべきものであり、成長の過程でやがてそれは宮本の本質・本領の一部ともなり、その後も時には宮本民俗学の根幹をも支えるものになっていったのではないかと推測している。

見通しはともかく、一先ず措き、以下年次を追い、具体的に「我が半生の記録」と『宮本常一日記　青春篇』の記事とを併せて、その間の様相を見ていこう。煩雑にはわたるが、できるだけ宮本自身の言葉により、その思いを引き出すことに心掛けたい。結果的には、これまでに公になっている年譜からは見えない、青春期から「民俗学徒」に至る間の宮本の内面を具体的に知る〝年譜〟（案）とも読めるものになるものと思う。（『日記　青春篇』の記事は大正十二年（満十五歳―十六歳）からであるので、それ以前は「我が半生の記録」の記述に拠る。）

旺盛な読書欲と「和歌」の創作

「文学」へと繋がる最初の記事は、「我が半生の記録」（「常一略年譜」）のうち、前節でも引用した「一二歳　大正八年」（満十一・十二歳）のあたりから始まる。親友二宮政雄との雑誌購読、豆本・講談本等の件はすでに見たが、それに続けて、

　また学校にたくさん世界お伽噺の本があって、これもよくよんだ。『鉄の王子』、『九羽烏』、『木馬物語』などは、今でもかすかにすじを覚えている。

と記している。「我が半生の記録」が昭和十年四月の執筆であることは前にも示したが、大正八年の体験から数えると十六年後の記述となる。その記憶力もさることながら、そうした読書、文学に対する強い嗜好と深い印象とを見ておくべきであろう。それはこれ以降の記述にも共通する志向と見ることができる。

次に「一四歳　大正九年」（満十二・十三歳）の記事。

　四月、白井清次先生を迎えた。師範を出たての人で、文才もあり、また頭のいい先生でもあった。（中略）先生によって大和田建樹、徳富芦花、国木田独歩、高山樗牛、坪内逍遥などの名を知った。先生はよく師範学校の国語教科書を読んで下さった。

　当時、わたしは講談本はよみつくしていたので、隣家の二階をさがしはじめた。隣家は母の里で、母の弟、乙五郎、仁助、吉蔵の三人はいずれも学をこのみ、本をよくよんだ。その

本がたくさんあった。

最初によんだ本が『自然と人生』であった。実に面白かった。ついで中学の国語教科書をよんだ。『時勢と英雄』(久米邦武)、『日本武士』(田中義成)、『英雄風雲録』(笹川臨風)、『源平集』(岡本綺堂)、『金色夜叉』、『四十女の思いきった告白』、『平家物語』などをよんだ。

中でも『平家』を愛読した。

冒頭にある「白井清次先生」については、「一五歳　大正一〇年」の項では「私にとっては実に大切な人で、文学に親しむ途はこの人がひらいて下さったのである。」と書き留めている。著名な国文学者・作家の名前を知り、さらにはその読書欲は学校ばかりではなく、母の実家である隣家にまで及ぶ。その意欲に応える読書環境にはあったと見てよいであろう。大正九年は満年齢では十二—十三歳に当たるが、書名からは全体に通常の年齢を上回る関心が窺える。

次いで「一五歳　大正一〇年」(満十三・十四歳)の記事。

旺盛な読書力がいろいろの本をよましめた。雑誌も『日本少年』、『少年世界』、『少年倶楽部』、『世界少年』、『冒険少年』などを級でとってよみ、仁助叔父が最初に『海国少年』を毎月、のち一、二年の『中学生』を送ってくれたのでむさぼりよんだ。『海国少年』で面白かったのは「十五少年漂流記」であった。「怪洞の奇蹟」、「難船崎の怪」など冒険物がすきになった。その外、『寺内元帥伝』、『乃木大将伝』、『不如帰』、『大正の青年と帝国の前途』(徳富蘇峯)、『青芦集』(芦花)、『肉弾』、『思い出の記』などよんだ。今にして残念なのは周囲にすぐれたる文学書のなかったことである。

これに続けて、「白井先生」の異動と前述の宮本の思いを込めた記事があり、「生徒は皆声をあげてないいた。師を送るにあたって泣けたのはこれがはじめてである。」と記している。「実にいい先生であった。」とも記しているが、文学的影響の深さを見ておいてもよいであろう。しかし「すぐれたる文学書」には未だ恵まれず、昭和十年時点での記述・感想となるが、それを「残念」という言葉で捉えている。後年に続く文学志望の記事から見ても、その意味する所は重いというのが私の受け止めである。そうしたなかで、多くの雑誌を「むさぼりよんだ。」とする当時の宮本の姿勢は、その思いの強さを伝えて印象的である。

「一六歳　大正一一年」（満十四・十五歳）の記事へ移る。（ここまでは「我が半生の記録」の記述のみに拠る。）

「大正一一年三月二〇日、西方小学校を卒え」、家で一年間「百姓」をすることとなるが、「本」に執着する気持ちは旺盛で、

誰か本をもっているときくと、仕事からのかえりだとか夜出かけて行って借りてよんだ。そうして村にある活字にされた目ぼしい本は大抵よんだ。

とまで記す。挙げている書名は、『寄生木』（芦花）、『朝』（田山花袋）、『若き教育者の自覚と告白』（稲毛詛風）、『雲の行方』（勝田香月）、『新橋』（有島武郎）、『泉』（有島武郎）、『坊

ちゃん』、『太陽をいるもの』、『死線を越えて』、『星より星への通路』、『星座』、『だびでと子たち』（弦二郎）、『呪われたる抱擁』（ゾラ）と多数にのぼる。このほか、雑誌と思われるが、『向上』、『文章倶楽部』、『山口青年』等の書名も挙げている。さらに、この頃から創作への意欲も盛んになってきたようで、

『新国民』へしばしば投稿したが、いずれも没書の厄にあい、のせられたものはほんの二、三にすぎなかった。このころから和歌を作った。それも甲の部くらいの所に出るにすぎなかった。

一年下の組が回覧雑誌を作り、それに書けといわれてよく書かされた。

また大島郡教員有志が、『みどり』という雑誌を作っていたが、それにも野口先生にすすめられて時々書いた。いずれも冷汗ものである。

と記している。こうした記事の中でも、「このころから和歌を作った。」とする記述は特に注目される。本稿第一節の冒頭に掲出した『同時代の証言』巻頭の高松圭吉の一文。高松は正岡子規の話を枕に、「実は宮本さんはそれほどの詩人であった」と述べている。そうした記述を通しての私見としては、死の床で語る正岡子規の話題や、長塚節、万葉集等への打ち込みは、生涯にわたる〝本性〟を示すものと推測した。この時点（満十四・十五歳の頃）から始まった「和歌」（短歌）への嗜好・志向は、宮本の生涯を通しての創作、文学への関心という形で大きく展開していったものと考えることができる。宮本の日記にはこれ以降、詩・俳句と並び、多くの短歌が記されていくこととなる。（なお、『日記　青春篇』所載の田村善次郎編「宮本常一年譜稿」は、「大正十年の秋」と

する「初めて作った」短歌の事例を示し、右に挙げた記述を前年の大正十年へ移行して考察している。）

野心はすぐれたる文学者

次に「一七歳　大正一二年」（満十五・十六歳）の記事。

宮本はこの年の四月（十八日）に上阪し、逓信講習所を受験することとなるが、その「上阪を志した」思いについて、次のように述べている。

　私はこの一年間をいかに煩悶したことか。鬱勃たる野心をどうすることもできなかった。私の野心はすぐれたる文学者になることであった。それが許されたのである。

「すぐれたる文学者になること」その「鬱勃たる野心」こそが出郷、上阪の「志」であったとしているのである。自らの心の中に抱いていた本心を示したものと読み取ってよいであろう。この「文学者」という志については、引き続き「常一略年譜」の記述に注目して見ていきたい。

上阪後は、それに続けて図書館へ通ったこと、「柳沢健の詩集、漱石の小説、藤村の詩集などをよんだ」ことなどを記している。さらには、逓信講習所へ入所（五月二十一日）後のこととしては、

　本はできるだけよんだ。『保元物語』、『平治物語』、『弓張月』、『太平記』などの戦記物から、『善の研究』、『人生論』、（トルストイ）などにまで及んだ。（中略）しかし何といっても一番心をうたれたのは、藤村の『春』であった。（中略）『春』によって北村透谷を知り、『透谷選集』をよんだ。

と記している。軍記物語から近代文学まで、その幅広い関心が窺われるが、〝文学者への志〟の表れと見ておいてよいであろう。

この大正十二年からは『日記　青春篇』の記事が重なってくる。満十五―十六歳に当たるが、以下「文学」と関連するものを、まとめて拾い上げてみる。

まず、「我が半生の記録」「一四歳　大正九年」の記事の中に出ていた『金色夜叉』についての感想文が、二月二十八日付けの記事に次のようにある。

紅葉山人の書いた『金色夜叉』の、宮が熱海の浜で貫一に別れてから四年目、田鶴見子爵邸で計らずも会ふ所、宮が荒尾に会ふ所、荒尾が貫一を訪ふ所を抜読みする。貫一と別れて知る二人の愛、宮が荒尾に打ち開けた悔悟、荒尾の心中、荒尾が貫一に対する友情は共に読んで泣かざるを得ぬところだ。

細部に及ぶ思い入れの深さが窺える。感想文はもう一箇所、前述の「一番心をうたれた」とする藤村の『春』について、十月十二日付けの記事に次のようにある。

かへりに古本屋の前に立つて昨日買つた『春』の下を買ふ。そして電車の中で読む。この小説の主人公たる岸本の性格…青木の性格が何となく自分の性格と同じやうな気がする。…都島へかへるまでに三十頁読む。

読書については、二月の末尾の箇所に「一日三十頁の義務読書も破れた日が多い。」と記しているが、こうした一連の記述、「義務読書」という言葉からも、自らの志への強い思いを読み取っておいてよいであろう。煩雑にわたるので割愛するが、読書作品の作者・書名のみを記したものはこのほか多数にのぼる。

創作については、短歌を始めとして俳句、詩作品等、その記載も数多く見られる。（内容についての引用は割愛する。）以下にはそれ以外のもので、目につく記述のみ簡略に掲出することとする。

「『新国民』へ出すべく童謡の原稿を書いた」（一月十一日）、「『高二学級雑誌』を書く。脚本だ。「熊若丸」…。」（一月二十五日）、「『明星』投稿小説の骨子」「ある青年の手記」」（四月一日―三日）、「［創作ノート］病む身・月の夜・ひろがり行く大阪・電車の中・逝く青春」（七月一日―二十八日）、「「ナポレオンの末路」と題して執筆した。一つの思想のまとまつたものをと思つたが。僅か三頁で思ふ様なものができぬ。」（十月十四日）、「小説「流れ行く雲」執筆。…昼までにやつと四枚（下書）書く。」（十月十七日）、「例によつて小説「流れ行く雲」を書く。やめやうと思つてももーこんなになつてはだめだ。」（十月二十三日）、「『明星』のために執筆した小説「学生時代」の構想に耽ける。」（十一月十一日）、「小説『学生時代』執筆」（十一月十九日）、「小説『学生時代』執筆。…暗い家庭に育ち胸の病に苦しむ心弱い多感な海野の死を書いて居ると、自分までが書きながら涙にさそはれる。」（十二月二十五日）。

童謡・脚本・小説等々。これらの中でも、七月一日―二十八日付けの［創作ノート］五題は、最後の「逝く青春」は途中で中断されているが、いずれも長文の着想の記述となっている。「文学」への思いは小説執筆にまで広がっていたことが具体的にわかる。

次いで「我が半生の記録」「一八歳　大正一三年」（満十六・十七歳）の記述。
五月に逓信講習所を卒業し、高麗橋郵便局へ就職する。収入の不足から、時に本を求めるため
には「一日絶食ということもあった。」と述べた上で、

しかし本だけはたえずよんだ。「何とかして立派な人間に」という意欲は常にもえた。一日七時間勉強、五時間睡眠主義を実行した。本は主として中学教科書だったが、矢野のおばあさん（註・間借りした家）の息子が家へ少々本をおいて行っていたので（中略）、それをかりてよんだ。
『谷崎潤一郎傑作集』、『泉鏡花傑作集』、『一葉全集』、『独歩全集』、『東山の麓から』（成瀬無極）、『岡崎夜話』（成瀬無極）などがそれであった。

と、読書への情熱を記している。それにしても、本を購入する、その資金捻出のための絶食とは尋常ではない。
こうした記事に対応する『日記　青春篇』の大正十三年の記述を次に見る。右に示した『谷崎潤一郎傑作集』については、九月九日付けの記事に次のような感想文がある。

午前中は『潤一郎傑作集』を読む。悪魔の大家丈に、文のすべてが怪しく見ゆ。『恋を知る頃』と云ひ『少年』と云ひ、将又『秘密』『恐怖時代』と云ふもある程度まで恋愛より起れる罪悪又性的行為についての?を描けると見るべし。殊に『秘密』の一篇に至りては変態性心理描写の巧みに読者をして、性的本態を知れる者をして耽溺せしむ。併し思ふにこの書や芸

術としての価如何。真を解せずして非を説くは正ならずと云へど、之の書や芸術の上に三文の価値なし。彼を讃ふる者、これに耽溺したるにやあらん。

性的心理についての関心は窺えるものの、この時点における谷崎の作品に対する自身の共感は皆無と見ておいてよいであろう。

小説構想と「孤児」「乞食」への関心

このほかの記事においては、この年は特に創作（「小説」）へと向かう意欲が顕著に見られる。まず一月九日付けの記事には、「文章」への愛着と、思うようにならない悩みを次のように記す。

この頃は何となしに文章に愛着を持ちて、今宵も又短文の筆を染む。工業都市に起れる交々の事件を観察して一幅の画の如く書きて見んものと思ひて筆をとりたれど、描き文にてはいとむづかしく、八枚ばかり書きてうちきりたり。そが題も思ふ様ならず。又してつまらぬ事なり。かくして果なき一日を終はる我が身の心根弱きをなげくにはあらざれど、何やら悲しうなりて床につきても一人泣き居たり。

「一人泣き居たり。」とは思いの深さを表して印象的であるが、そうした試みの実際としては、次のような三件が内容にわたって具体的に書き留められている。二月十九日から二月二十七日付けの欄に「小説構想「苦学生の死」ノ一節」、五月二十一日から六月三十日付けの欄には創作ノート「最後まで戦ふ者」、七月十八日から七月二十一日付けの欄には「長編小説　去来」の「概略」。

いずれも通常の日記の記事に代わる形で記されている。中でも「最後まで戦ふ者」の構想は特に長文のものとなっている。

そうした記述に共通する特徴としては、登場人物の設定があるかと思われる。「親の愛を知らない（中略）淋しい子」（「苦学生の死」）、「彼は父の顔も母の顔も、将又祖父の顔も知らなかつた。」（「最後まで戦ふ者」）、「彼は父も母も知らぬ孤児で」（「長編小説　去来」）といった叙述である。ここに『土佐源氏』と通うものを見出すのは付会に過ぎると言われるかもしれないが、主人公については「私は南国の海岸に生まれた。」（「最後まで戦ふ者」）、「伊田敬二は南国生れの青年である。」（「長編小説　去来」）とする記述もあり、気になるところである。そうした設定を好んで用いた理由まではわからないが、その意識は心底において、はるかに呼応するところがあるのかもしれない。

なおついでに、この年（大正十三年）の日記の中から、「乞食」についての記事も合わせて掲出しておく。一月二十日と四月十五日付けの二箇所に見られる。

神社（天満宮）の裏にて一人の乞食を見る。汚きボロをまとひ、破れたる帽子を頂きみすぼらしき姿なり。くされる目を時々空に放ちぬ。彼が心を思ひやりて、我深き瞑想を与へらる。（一月二十日）

放課後出で、学校前（逓信講習所）にたかれる人々をわけて中をのぞく。若い乞食とその弟とも思はる、不具者、何やら頻りにおどつたり唄つたりしてあり。あー之世の敗残者なるか。（四月十五日）

『土佐源氏』の主人公を乞食とする虚構の設定と、宮本自身の経験との重なりについてはすでに前節でもまとめて検証しているが、これらの記事に見られる関心もその深さを窺わせるものであろう。特に「我深き瞑想を与へらる。」（一月二十日）とする記述は、宮本の思いを伝えて印象的である。

以下には、大正十三年の『日記』から、前に紹介した「小説」の構想以外の、文学的「創作」と考えられる記事について簡略にまとめて掲出しておく。

「詩物語「船津橋の夕ぐれ」を書く」（一月五日）、「（『週刊朝日』に）懸賞募集あるを見る。（中略）投稿して見んものと思ひ、児童劇「平和な入日」として書いて見る。（中略）八枚ほどより書けず。」（一月六日）、「『週刊朝日』募集「我が地方二年間」執筆。題材に乏しく腕も貧弱なれば思ふ様にかけず。出たら目半分に五枚ほど書きてやむ…。」（一月十六日）、「『新国民』に投書すべく短文「夕暮」を書く。」（一月二十三日）、「「嵐の前後」と題し、南国の海、静かに眠る南国に起った階級制度に伴つた海のローマンスを書く。」（三月二十九日）、「我が空想めいたる一文「内海紀行」と題せるを書る［く］。彼の周防灘の入日の涙ぐましきに至りては遂に拙筆を以てうつす能はず。僅々五枚の作にて止む。」（四月五日）、「小説の構想に更け［耽］る。（以下内容の記述、省略）」（五月十一日）、「感あり筆とりて「青年に与ふ」と題し、凡そ十枚余の感想文を作る。」（九月十九日）

対象はさまざまであるが、それに向かう意欲とともに、前引の一月九日付けの記事にも通う創作への「苦しみ」が垣間見える。

このほか、詩作品・短歌の記載も散見するが、この年はどちらかというと詩の方が多くなっている。（ただし、四月三日の記事のうち、後半の部分は、その韻律性を持った形態から、地の文ではなく短歌として表記すべきかと思われる。）なおまた、日記の文章自体も、さまざまな観察を織り交ぜ、創作・詩を意識した〝美文調〟になってきていることも、この年の特徴として指摘できるかと思う。

「一九歳　大正十四年」（満十七・十八歳）については、これに相当する『日記』が欠落し、また「我が半生の記録」（「常一略年譜」）にも、格別取り上げるべき創作・文学関係の事項もないので省略する。ただこの年は宮本にとって失意の年であり、宮本は身体をこわし「夏、脚気を病んで体力はますますおとろえた。」「やむなく一一月帰省した。」と記している。さらに高麗橋郵便局の勤務については、「私はもう到底局員たるの勇気を失ってしまった。そうして一時も早くこの世界を抜け出そうと決心した。私には一個平凡なる局員として生涯を終える気持ちは少しもなかったのである。」とも述べ、その思いは翌年の「二月、決心して天王寺師範二部をうけた。」に続いていく。

恩師金子と「作家志望」の信念

次いで「我が半生の記録」「二〇歳　大正一五年」（満十八・十九歳）の記述から。

宮本は二月受験の結果を受け、四月九日、天王寺師範学校本科第二部へ入学する。この年の最大の出来事としては、「国語の金子先生［金子又兵衛］」との出会いを挙げることができるであろう。「先生にいろいろ作文を指導していただいた。」（五月）と述べた上で、「文才を金子先生に認められ作家を志望するにいたった。」（八月）と記している。「一七歳　大正一二年」の項で「野心はすぐれたる文学者になること」とした記述はすでに見ているが、ここではさらにその意志が「作家」にまで限定し進んでいるのである。

読書、『大杉栄自叙伝』、『近松傑作全集』などよんだ。近松物をこの時よんでおいたのはいろいろの意味で私の役にたった。（中略）

八月、『金塊集』をよんで短歌創作の欲にもえはじめた。そうして「源実朝の歌」と題する研究論文を物した。研究論文の最初のもので五〇余枚を要した。この要約は交友会誌にもかかげた。

とあるのも、合わせて注目すべき記述であろう。

なお、以後の日記の中によく出てくる映画鑑賞の嗜好もこの年に始まるようで、次のように記している。

三月、同宿の渡辺氏に無理にすすめられて活動写真を見に行った。上阪以来ついぞ見たことのない世界をのぞいて、強く心をひかれた。この時以来、何らの選択なしによく見に行った。

文学とも重なるもう一つの興味深い世界をそこに見出したのかもしれない。

『日記』はこの年、大正十五年（十二月二十五日、大正天皇崩御、昭和と改元）についても欠落している。

「我が半生の記録」「二一歳　昭和二年」（満十九・二十歳）へ移る。

まずこの年の一月、東京高等師範学校の受験のため上京していた宮本は、新潮社に大宅壮一を訪ね、「氏の鋭い観察眼に敬服し、私の読書心はそそられた。」と記す。（なお高師受験は「歴史で失敗」）。さらに、

かえると一ヶ月一万頁読書を計画した。まず『川上眉山全集』から手をつけ、自然主義時代の代表作をほとんどあさってよんだ。そうして啄木、藤村などの位置をはっきり知ることができた。卒業までの日に、ざっと二万三〇〇〇頁ほどよんだ。これによって明治文学を大体明らかにするを得、且つ大正文学のアウトラインをつかんだ。

再び独歩をよみ、菊池寛、芥川龍之介、有島武郎などの作品にも接した。そうしていよいよ作家志望を強くした。

と続け、読書による明治・大正文学への理解の深まりとともに、文学への志を一層明確に記している。特に「いよいよ作家志望を強くした。」との言葉は、前年の思いをさらに強調したものとして注目される。「一七歳　大正一二年」（「常一略年譜」）の項に見られた「私の野心はすぐれたる文学者になること」という宮本の思いは、ここにおいて確たる一つの信念にまで至ったものと見てよいであろう。なお読書計画のうち、「卒業までの日」とあるのは天王寺師範学校（三月二十五日、卒業式）を指している。

このほか、四月、第八連隊に入隊し、天王寺師範同窓の有松佐一郎と親しくなり、「この友によ

ってファブルを知り、柳田国男の名を知った。」と記している。また、「泉南郡有真香村修斎小学校」赴任（九月十二日）後のこととして、「このころから盛んに外国文学書をよみ出した。ちょうど『世界文学全集』が出はじめたころであった。」とも記している。なお日本文学については、冒頭の一月のところで、「街は改造社の『日本文学全集』の広告で賑っていた。」と書き留めている。この全集の既刊分（全部）は、翌年昭和三年の夏休みの「猛烈な読書」の対象となる。

『日記　青春篇』の記事はこの年、昭和二年から再び見ることができる。文学とかかわる主なものを抽出してみたい。経歴としては、四月から八月までの入隊（第四師団歩兵第八連隊）が大きな出来事であるので、その前後で分けてまとめて見る。

まず入隊前の三月まで。「我が半生の記録」と重なるものとしては、読書計画の結果の記述がある。それぞれの月の末尾に［題目／著者／所載雑誌（又は発行所）・読書日／読後感］が記され、読書総計頁として、一月は「八八〇〇頁」、二月は「約八五〇〇頁」、三月は「九一七〇」頁とある。「一ヶ月一万頁読書」の計画は懸命に実行されて行ったと見てよいであろう。その実際の目安は、一日平均にして三百頁前後となる。それにしてもこれは相当な量である。

創作にかかわる記事を抜き出して見ると、一月十一日付けの記事に、

夜は創作「闇を行く」を執筆する。十一時まで二十四枚書く。出来る事なら二月の天師受験まで書いて見たい。一寸した仮説も入れて、恋愛もはさまなくてはならない。だが俺では具合悪い。由利［範雄］君へ着色するとしやう。主な眼目は専検と宿がへと由利との別れだ。

（以下略）

と、その構想の記述が見られる。文中に「主な眼目」として示されている「専検」（専門学校入学者資格検定試験）受験以下の事柄は、以前に省略した「一九歳　大正十四年」（満十七・十八歳）の項に相当する出来事である。「註記」には、その結果について遺された「原稿」に拠り、四百字詰原稿用紙に換算して「約一三〇枚」とある。筆力の向上を見ておくべきであろうか。なお、一月以上経った二月十九日付けの記事には、さらに「小説の構想」として次のような記述が見られる。これもその内容と関連したものであろう。

小説の構想が漸く熟してきた。私はやはり自叙伝見た様なものを書いて見やう。大正十四年の九月から以降を書いて見たい。私はあの頃脚気だつた。由利〔範雄〕君は腹まくだと言ふことだつた。釣鐘町の天井裏で二人ともあへぎながら生きていた。それから…二人はあの家を去りたくはなかつたが…二人は去らねばならなくなつた。家の改築は私達に一つの不安をあたへた。が結局それも解決してやつと私達は郊外へ生活することになつた。毎日汽車で通ふやうになつてから二人の病気は益々悪くなつて来た。先づ第一に私がたまらなくなつた。由利君一人をおいて故郷へ去り、ついで又由利君が去ることになつた。更生の第一歩はかうしてこわされて行つた。一人ものゝ生活が幾日か続いた。たつた一人ぼつちで家に居る心持──それはうらかなしいやるせないものであつた。

この友人由利〔範雄〕は、「我が半生の記録」によれば、入隊中の「七月三〇日、雨のしとど降る夜、永眠」し、除隊後、「九月一〇日、上阪、その足で丹波山中の由利君の墓に香花をささげに向った。」とある。宮本の格別な思いが窺える。

春画と性欲、本能の是認

入隊前のこのほかの記事としては、性及び性欲にかかわる記述が散見し注目される。中でも春画にかかわる見聞とそれに触発された考察は、後の『土佐源氏』との繋がりにおいても見ておく必要があると思う。まず昭和二年三月一日付けの記事から。

日曜日に金子［又兵衛］先生を尋ねた時、先生は春画を出して見せた。そんな艶本は二冊あつた。あの肉慾をそゝる様な絵を見た時の感じ⁉「だがね誰にもこの絵を愛する心が一度はあるものだ」と先生が言つた。私が初めてこんな本を見たのは釣鐘町のおばあさんの家に居た時の話だ。おばあさんは「女郎買位知つて居らねば」と言つた。だがあの時は顔を赤くする程うぶだつた。（自慰はして居たが）そしてある交錯した気持になつたものだ。だが、今…見せられた時、そんな気持ちよりも、実行と言ふ様な気が伴つた。桧垣君が「こんな絵を見ていらぬ情慾をもえ立たすより、実行に限る」と言つた。が二人共童貞だ。かうした気持まで私は進んで居たのかと思ふとよほど成長した様な気がした。そしてそんな邪念？　は僕一人かとさへ考えて居たが、それは誰もが持つ春情であつた。松平定信でさへ、春画を書いた。島成園が春画を書いた。島と言へば閨秀画家の雄だ。

金子［又兵衛］については、すでに「二〇歳　大正一五年」の項で、宮本の「文才」を認め、作家志望への示唆を与えた国語の先生として引用している。ここでもその影響力の大きさを見ておくべきか。宮本の考察は翌日の三月二日付けの欄にそのまま続き、次のように記す。

彼女にすらこの心理が働いて居る。抱擁と、接触とを知るものは限ず［必ず］この絵を愛すると言つた。成程、芸術を言々［云々］する画家にも、芸術以外にこの心が働いた事であらう。そこに何等不思議はない。入つて見れば何程でもない問題も遠くから見れば淫猥にも、下卑ても見えるだらう。だが本能は決して醜ではないのだ。たとへそれが獣的であつても、私はそれを是認する。いかなる時？　それは二人の意志がピツタリ合つた時。さうだ我々は一人の妻を守るのを誇りとする様だが、必ずしもそれが誇ではあるまい。何故なら、結局は肉の関係であるが故に。そして、我等に、この絵をかき、この絵を見て喜ぶ心が動く限り私達は之を是認する。

ここに見られる、宮本の性と正面から向き合おうとする姿勢、「本能は決して醜ではない」とする思想は、前節の二で引用した昭和五年五月二日付けの「性慾」の考察を間に、『土佐源氏』に至るまでほとんど変わっていないと言えるのではないか。それに続く記述の言葉「二人の意志がピツタリ合つた時。……」以下も、『土佐源氏』の内容と重なり合ってまさに妙である。

なお、「私のキネマ狂はいよいよはげしくなつて来た。」（三月十日付け）という記述のほか、青春の深い悩みにわたる記事も数多く見られるが割愛する。

昭和二年四月一日から八月三十一日までの五カ月間は、前にも見た通り第四師団歩兵第八連隊へ入隊する。「我が半生の記録」では、「軍隊の五カ月はいろいろのことを教えられた。」とする一行で終わっていた期間であるが、『日記』には創作とかかわる記事も散見するので、それら文学と繋がる記事を簡略に取り出しておく。

「小説の続きを書きました。（中略）十五枚ばかり」（四月十六日）、「書きかけた自叙伝小説の筆を折つてしまつた。」（五月一日）、「岩田君のために書いて居る「海の火の玉」を書く。第四回目である。今まで、原稿紙にして五十枚はあるだらう。」（五月十四日）、「海の民謡。ふなで。」の歌詞四連（八月五日）、「孤児の三吉の詩」にかかわる「空想」の詩四連（八月六日・七日）、「和泉に送る「明神丸の遭難」を書く。二十枚」（八月十五日）

筆を折ったとする「自叙伝小説」（五月一日）とは、前述の二月十九日付けの記事に出ていたものであろう。

これらの記事のほか、「国木田独歩・藤村・源実朝・柿本人麿・石川啄木・有島武郎・露伴・紅葉・桃中軒雲右衛門」等の名前を挙げ、「私淑する人を求めて進まう。」とする記述（五月十七―十八日付け）などが目に付くところである。文学を糧に、生きる道を求めて必死に模索する姿は、この間の日記にも随所に窺える。（なお、『日記』昭和二年五月十七―十八日付けの記事から、島崎藤村に関しての記述は次節、四で扱う）

除隊後、九月十二日には泉南郡有真香村修済尋常小学校に着任する。この年後半の記事で注目されるのは、二つの「小説を構想せり。」という記述である。まず十一月四日付けには次のようにある。

小説を構想せり。一児が泣ける子のために畠なる蜜柑をとりてあたへぬ。又、老いたる乞食にその持てる食いさしの柿をあたへぬ。子供心にも彼等の貧を心よりかなしみしなり。之を序詞として書き出さん。

「乞食」に対する思い入れはここにも窺えるが、これに続き「苦学生の小田」を主人公とした梗概が記される（内容は長くなるので割愛）。こうした宮本の姿勢については、師の金子又兵衛からは十分な理解が得られていなかったようで、十一月八日付けの記事には次のようにある。

金子［又兵衛］師より来信。えらいお叱り。とや斯申すは男らしからず、あつさりやつつけてやらん。くよくよするない。とに角創作の筆はしばらくとらぬがよいらしい。

俺は俺自身でのびて行けばよいのだ。あまりに他に中心をおきすぎると師は言。（中略）俺が創作家として立つて行く気なら、俺は俺自身でその運命を開拓して行かねばならないのだ。何処へ行くか。何処までのびるか。私は私自身の運命を背負ふて居るのではないか。

「創作家」としての自覚・自負は、その途上において常に周囲の批判と向き合い、その中で鍛えられて行ったと見るべきであろう。

もう一つの「小説を構想せり。」とする記述は十一月十五日―十八日の欄にある。

小説を構想せり。貧のどん底は我に金儲なる一事を痛切に教へぬ。或は投稿によりて財を得んとす。財をうるための小説甚だ悲しむべし。されど詮方なし。今材を過去に求めて構想せり。

これに続いて「寺田修策は脚気にて故郷にかへれり。」以下、その梗概（長文により内容は割愛）が記される。主人公の「寺田修策」は宮本の分身と見ておいたらよいであろう。さらに続けて、以上を「村」と題して書かんとするなり。如何なるものになるか。我が最大の力を致して完成せんと欲す。農民小説なり。『改造』に投稿せんと欲す。果して可か。最善を尽くして見ん。

と、その強い意気込みを記す。「貧のどん底」の思いもあってか、その意欲は文字通りこれまでの中でも「最大」のものであったのであろう。以下、完成に至るまでの経緯と思いを日付を追って抜き出しておく。

（十一月三十日付け）小説を書き初めた。「村」と名づけて見た。病める青年を中心に空想して見た。だが体験のない小説は結局無だと言う事を発見した。体験は創造への一歩である。小説は創造である。

（十二月十三日付け）小説「村」について痛切に感じた事は農の体験少きこと、さうだ。背景が農村なるに切実なシーンを書き得なかつた事である。それから恋愛である。恋愛の体験がないためにだめになつた。つくづく恋愛を欲しいと感じた。併し僕の性質では恋愛は出来ない。熱がない。批判のみだ。もう少しすばらしい情熱を望む。

（十二月三十一日付け）12月26日。大畠着——11時家へかへる。直ちに「村」の完成にかかる。／12月27日。「村」を完成せんため努む。／12月28日。午前遂に「村」を完成、１２６枚となれり。

内容については、体験のなさ、特にこの時点では、「農の体験」や「恋愛の体験」の欠如を「小説創造」の原点として痛感していたようである。

なおこの年も、詩・短歌・俳句の書き留めが年間を通して見られる。十一月三日付けの記事には「我より詩をうばひ和歌をとり而して残るものは何ぞ。」と述べ、八月十二日付けの記事においては、俳句三句の記載とともに「などと駄句つて見る。俳句も余技。文学的なあまりに文学的な男だ。」と自嘲気味に記している。

さまざまな創作への模索

「我が半生の記録」「二二歳　昭和三年」（満二十・二十一歳）へ移る。

この年三月、「山手の学校」（有真香小）を辞め、四月（七日）、天王寺師範学校専攻科へ入学する。この間の交友については、「私の長く忘るべからざる叙情詩的時代であった。」と記しているが、直接文学とかかわる記述としては、「七月ごろからさそわれて夜光珠歌会へ出席するようになり、同誌へ歌および研究をのせた。」という記事や、夏休み中「一カ月の間、猛烈な読書をやり、『日本文学全集』の既刊分全部と多くの思想書をあさった。」とする記事等が目に付く程度である。ただし前項でも見た通り、「猛烈な読書」という言葉とその内容には注意を引かれる。

この年、昭和三年に相当する『日記』では、創作として「小説」と「童話」、さらには「伝説」への関心が特に目に付く。

まず小説から。四月三十日、「今年一年の間を小説習作時代として見たい。」として次のように記す。

今年一年だ。やつて見やう。そして前途への目鼻をつけやう。いつまでも先生ではあるまい。今年の一年の間を小説習作時代として見たい。そして自序伝にも手をつけやう。

これに対応するように、この記事の前後には多くの「小説の構想」が書き留められている。その内容は実に多様であるが、日付を追って簡略に抜き出して見る。

二月十日「小説を構想しぬ。病める身あり。郵便局に努めぬ。（以下略）」、二月十六日「小説の構想。内地に望を失へる理想主義者。（ルージンの如き。）Aは、その事業欲にあふられて西比利亜に渡りき。（以下略）」、三月八日「小説の構想などする。「老いたる群れは集らんとしぬ。既に皆五十を越えし、その学友、或者は知事となり、ある者は小学教員となり、百姓となりぬ。」そが今同一の場所に会合せるなり。（以下略）」、三月二十日「小説の構想にふける。「Kはいつも左をえらぶ。何でも左でさへあればよかつた。そして彼は自称社会主義者であつた。（中略）」主として年老いた放浪者を書いてみたい。」、三月二十二日「小説の構想にふける。「作平は小作人であつた。妻が死んで後妻を迎へた。子があつたが後妻にひきずられてかまはなかつた。子はだらくして身を亡した。子を失つて初めて彼は子に対する大きな愛を感じた。（以下略）」」、十一月五日「小説を構想して見る。維新を背景にした大きなものを書いて見たい。『レ・ミゼラブル』と同じ様な筋で…。」

そして、そうした執筆の実際としては、六月十三日—七月五日の欄に、長文の「小説習作」が見られる。「若い男（彼）」を主人公とした、二人の女（年上の美しい娘と醜い同年の女と）を巡る性愛の葛藤の物語である。自身の感想としては、文中に、次のように書き留めている。

右は習作である。久振に書いて見た。何時になく書いたものだけにどうもうまく書けぬ。少し右の材料は殆夢からである。古い自然主義の筆法でやつて見た。貧しい文字の羅列にすぎない。高雅なものが書いて見たい。

自身の評価は低いが、恋愛・性愛にかかわるその内容においては、実際の体験に至る以前の、当時の宮本の観念と描写力を知る上で、注目すべき作品と見ることができる。

小説のもう一作の実際としては、八月三十一日付けに、「今日小説「夏休み」を執筆して四十枚書いた。自叙伝のもので意外に興あり、二百枚にはならう。」とある。これについては、「註記」に「「夏休み」四百字詰原稿用紙五三枚、未完（第一―六章と、第七章へ入ったところで中断）。」とある。

次いで、童話について。八月十八日付けには次のようにある。

童話を書いて見たくなつた。おぢいさんのお話と言つたもので、百五十枚か二百枚位のものにして見たい。そして出来れば島崎先生に見て頂きたい。書いて見た［い］が自信がない。自信のないのが一番私を意気地なくさせる。が書けない事はないと思ふ。

小説の構想にふけて見るがどうもこの頃は思はしくない。やはり、小さい時代のものから書き上げて行くのがいいらしい。小さい時の思ひ出はみんななつかしいものだ。

後段の記述から見ると、「小説の構想」の延長上に童話が浮かび上がってきたようにも窺える。

さらに続けて、九月一日付けには「歌壇への進出」と併せて、童話について次のように述べる。

最近のことを考へて見ると、先づ歌壇への進出に専一なるべきだと思つた。そして童話作家としても相当なものになりたい。期間［機会］あるごとに私は私の仕事を進めて行かなくてはならない。私は今まであまり憶病でありすぎはしなかつたか。私はもつと勇敢であるべきだつたと思ふ。私を生かして行く道、それは最も厳粛なものであらうと考へる。

そして、童話への思いは、十一月五日付けで「童話にも力がいれたい。」と述べたあと、十一月二十二日付けの記事で次のように結ばれる。

いい童話が書いて見たい。伝説がものして見たい。そこへ行く過程として十分に努めよう。…来年は出来るだけ書いて見やう。書く年にしておかう。

ここに童話とともに述べられている伝説については、その思いは五月六日付けの記述まで遡る。日記の中から、右の記事へと至る一連の記述を次に抜き出して見る。

かへりに松屋町筋を歩き、『旅と伝説』なる雑誌を見。卒然として伝説研究に心動く。一生の仕事として最適なり。之より材料を集めん。六時かへる。夜は伝説研究の計画を作る。（五月六日）

研究すべき対象は定めた。伝説…一生の仕事としては十分なものだ。だが伝説研究だけで食つて行けるものでない。（六月二日）

伝説の研究は材料の蒐集よりも、先ず自分の故郷にかへることである。私は今まであまりに全般を見つめすぎて居た。物は、やはり一点から這入て行くべきであらう。(十一月七日)

後の民俗学へと繋がるその最初の芽生えは、昭和三年のこの辺りに見定めておいたらよいであろうか。十月三十日には、「「周防大島」と題して、民謡について書いて見る。案外書けないものである。」という記述もあり、このあたりにも民俗的関心の芽生えが窺える。

このほかの創作にかかわる記事も散見するので、次に簡略に抜き出しておく。

「田中君のために『リヤ王』を書く。『リヤ王』は沙翁の悲劇なり。而も傑。我些我が思想を入れて之をまとむ。」(一月十五日)、「戯曲「暗い海」を書く。我は自然を描かなむ。土に生くる人々の姿を描かなむ。十五枚に限られたれど、限りなき魂を入れなむ。」(一月十八日)、「本日学芸会の下稽古あり。我が「鹿児島言葉」は成功せるもの、如し。」(二月十日)、「昨夜おそくまで戯曲「しづかな日」を書けり。岩の上に釣糸をたるゝ二人の人を題材として書けり。」(二月十一日)、

戯曲・脚本が目に付くが、前に「小説の構想」として挙げた三月八日付けの記事も、その後には「戯曲として五十枚にはなるべし。」とも書かれているので、宮本の意識の中では、戯曲であった可能性もある。なお「鹿児島言葉」については、「註記」に「『宮本常一著作集』別集第一巻「とろし　大阪府泉北郡取石村生活誌」未来社、一九八二年所収。」とある。

日記には、詩・短歌・俳句の記載も相変わらず見られる。詩については、一月二十六日の欄に

「親がない」「こじきの子」を扱った印象的な詩が記載されている。これも宮本の好みを示すものとして受け止めておいたらよいであろう。また、二月九日付けの詩の前書では、「我が唯一のたのしみぞ。詩を誌せん。」と述べている。短歌については、「上欄短歌」として、一月一日から五月十七日まで、頁上「豫記」の欄にほぼ毎日一首の歌稿がある（「註記」によれば、「かならずしも当日に書かれたものではない。」という）。また「我が半生の記録」に見られた「夜光珠歌会」については、七月十六日の記事に、当日の「吟行」の様子と四首の書き留めがある。

なお、『日記　青春篇』後半の「資料編」には、天王寺師範学校専攻科でこの年十月十一日から十三日まで行った熊野旅行の紀行文が、「熊野紀行」として収録されている（大学ノート横書き五七頁）。「歌を詠み、詩を作り、創作を考える文学青年宮本常一の詩情豊かな紀行文。ナンバーをつけた短文のつらなりが独特の情緒を醸しだす。」というのが［解説］の紹介文である。「短文のつらなり」の中には何点か短歌形式と見なすべきものも含まれている。またその中の一文（12）には、和歌（短歌）への思いを述べた次のような記述もある。

私の和哥は決して歌壇でどうしやうと言ふものではない。幼い日からの私の友である私の姿である。私は野心のために書いて居るのではない。そして今同人であることを苦しむ一人なのである。

前述の「歌壇への進出に専一なるべき」（九月一日付け）とする記事とは、一見矛盾するものであるが、その間には、思うようにはならないことに対する心の揺れを窺うことができる。そのいずれにも宮本の本心が託されていると見たらよいのであろう。

翻訳物、外国映画への傾倒

「我が半生の記録」「二三歳　昭和四年」（満二十一・二十二歳）へ移る。冒頭に、友人の事情から前述の短歌の会「夜光珠の仲間と別れた」と記した後、

ゴーリキー、ツルゲーニエフ、ハムスン、トルストイをはじめ、マルクスなどの名を話題へのぼすようになり、読書は翻訳物へ集注されてきた。

と述べる。「二二歳　昭和二年」の項で見た「外国文学書」への関心がさらに深まったものと見てよいであろう。この年三月（二十五日）には、天王寺師範学校専攻科（地理専攻）を修了し、四月（四日）には泉南郡田尻尋常小学校へ赴任する。

続く記載では、「このころ猛烈に外国映画を見はじめた。」とした上で、多くの題名・関係者の名前を挙げる。また、「夏、田尻の家は多くの人々の宿になり、近隣なづけて浪人街といった。」と述べた上で、「来る者いづれも文学、思想、映画、和歌を説き、しからざるものを俗物とした。」と記す。当時の交友の関心と雰囲気とを伝えるものであろう。

なお、前節で扱った宮本の恋愛、野口豊にかかわる記述は、「夏も逝かんとするころ、…」として、この年から始まっている。

対応する『日記』の記述から。天王寺師範学校専攻科の修了については、一月六日付けの欄に「論文は遂に成れり。実に七十枚。姉と浜岡君とに感謝す。」とある。なお「註記」には「天王寺師範学校専攻科修了論文「周防大島郡の移民」。四百字詰原稿用紙七四枚、図版・地図二四枚。（以下略）」とある。

また、外国映画については、一月二十三日―二十八日の欄に長文の〝女優論〟が見られるほか、三月二十二日付けには次のように記す。

夕方まで映画評を書きました。『キネマ旬報』をよみました。（中略）私たちのグループから出す廻覧雑誌に、「しあわせ」を書きました。映画にして見たい私の持つたストーリーです。私の空想はいつもここにあります。その後で欧米映画史の整理をしました。

「欧米映画史」関連の記述としては、三月二十四日に「私の大系はどうやら出来上がりました。もう映画をみても一人前に見られる様な気がします。」とも述べているが、この前後、日本映画も含めて、多くの映画評が書き留められている。

次に目に付くのは「小説の構想」である。長短合わせて数篇の構想・草稿文が見られる。まず四月十二日付けには「不満とも何とも言ひやうのない気持ちで四月がすぎた。かうした事が小説的になるならと思つて書いて見る。」として、五月七日欄に至るまで、長文の［小説草稿］が記される。内容は、前置きに「小説的」とある通り、この間の自身の体験をベースとした感想文的記述である。またもう一編、長文の記述は五月十三日から五月二十五日欄にかけて、田尻小学校の教え子・孫［晋澔］を主人公とした［創作草稿］が記されている。(10)その内容は、「孫は慶尚南道で生まれた。」で始まり、故郷での生活を描いたあと、兄とともに朝鮮から日本へ向かうところで中止している。この孫については宮本は、十二月十一日付けの記事でも、「病気なので見まひに行く。孫はやはり私の一番大切な教へ子だ。あれが来ないと淋しい気持ちである。」と述べ、特別な存在であったことを書き留めている。

このほかの「小説の構想」としては、六月十五日の欄で、

小説の構想にふけて見る。祖父の一生を描いて見たい気がする。一生あきらめた様な弱い性格を持つた祖父であつた。祖父をなつかしむ気持から出発して書いて見たい。

と述べるほか、七月三日―四日の欄では、「泥棒」を主人公とした短い散文を記したあと、「童話を書き出して見たい気がする。小説も書ける様な気がする。だがまだ気迫がない。すばらしい気迫が欲しい。」と述べる。構想はあってもその充実に向けてはあと一歩という状態であったのであろう。さらに、七月十一日―十三日の欄には「小説の空想にふけて見る。それが私の一つの世界である。」と述べたあと、短文の「小説の構想」一篇が書き留められている。

力強い、うみ出すものを書いて行つて見たい。みんな生産だ。力強い生産なのだ。農民の姿を描いて見たい。土と戦つて居る農民の姿を。そこに力強いものがある。

というのが、それぞれの構想の後に付けられた宮本の強い思いである。

また、十月十日の欄には、「思ひ出」「半生の姿」を「書かむと欲す。」として、「紀行」と「印象記」の執筆項目が多数掲出されている。さらに、十月十三日の記事では「自叙伝執筆、50枚なり。」と記し、「自叙伝」に関しては、十二月十八日付けには、

『紘』へ書くために、ペンをとる。やはり私は私の自叙伝を書いて見ることにした。生れてから5才まで位の事を書いて見る。なつかしい気持ちである。名づけて、「道」と言ふ。道…

それは実にいい名だ。大いに書いて見やうよ。

という記事もある。これらの記述からも、自身の体験を基盤として、文学的創作と懸命に取り組む宮本の姿を見出してよいであろう。

なお一方で、民俗学へと通じて行くものとしては、前年の昭和三年十月三十日の記事として紹介した「周防大島」と関連する記述が、この年の十二月十五日にも「「周防大島」を少し書いて見る。」と出てくる。「註記」によれば、「「周防大島」は『旅と伝説』三巻一・二・四・六・七号(一九三〇年一・二・四・六・七月)に五回にわたって掲載される。」とある。この件に関しては、十二月二十四日付けに、

『旅と伝説』の正月号が来る。それには私の貧しいのが出て居る。別にうれしいとも思はない。どうしてかうまで感興がないのだらうか。私は私自身がうたがひたい位である。

と、最初の掲載についての素気ない感想が記されている。しかし、十二月三十日付けの「年末の感」とする記事には、「私の今の目的は文検をとること。そして、伝説の研究。この二つだ。土俗、そこに大きな生命を見出す。」ともあり、民俗学への関心、その道筋がこのあたりからも次第に明確に窺えるようになる——そのように見ておいたらよいであろうか。

短歌、詩作品の記載は変わらずに散見する。数は少ないが俳句も見られる。

『万葉集』と子規、「歌稿」への集中

「我が半生の記録」「二四歳　昭和五年」（満二十二・二十三歳）へ移る。

この年一月に発病し、看護婦であった女性「小南」との交渉が始まったこと、さらに帰郷し二年に及ぶ自宅療養に入ったこと、この間に野口豊との初恋が終わったこと等の経歴はすでに見てきた。以下、「我が半生の記録」の記述からは、文学関連の記事を中心に取り出して見る。

まず、「病中、再び和歌を作りはじめた。そうして気分がよければ毎日一〇〇頁くらい読書した。」と記した後、ファブルの『昆虫記』に対する強い関心を「心すわるるごとくよんだ。（中略）ファブルの熱情に、私のしぼみにしぼんだ熱情が再びもえはじめた。」と述べる。さらに読書については国文学関連の書物を挙げ、次のように記す。

> 書物はまさに私の魂に快い刺激を与えた。『長塚節全集』、『子規全集』、『万葉集』、『古事記』、芭蕉の諸書、それらはいずれも私の心をゆたかにした。
> 古文学も一通りはわたって見た。

このほか、神宮寺の書庫、仏書の整理をしたこと、住職の令嬢に古代文学（『万葉集』）の講義をしたこと等を書き留めている。

これらに対応する『日記』の記述を見る。まず帰郷直前の三月二十五日付けには、大阪に出て書店で本をさがし、「近松全集、長塚節全集、『昆虫記』を求め」たとある。さらに年末の十二月二十三日付けには「かへりに正田へよる。（中略）『日本書紀通釈』『古事記伝』『万葉集略解』『万

葉集新考』二冊が目ぼしい本である。『子規全集』四冊と『国文学史総説』を借りてかへる。」と記し、翌日の十二月二十四日付けには、

　子規の歌論歌話を読む。当時にあつて子規の卓見、感服の外はない。それに氏には信念がある。あの意気を壮とする。いよいよ口語歌を作つて見たいと決心する。

と、正岡子規に対する特別な関心の強さを述べる。さらに十二月二十六日付けには「金子先生から小包とゞく。『万葉集』『仰臥漫録』『杜詩』」とあり、周辺の支援者の協力もあっての文学（特に国文学）への集中と考えることができる。なお『仰臥漫録』は、子規の病床における最晩年の私的日記をその内容とする。天王寺師範学校の恩師、金子又兵衛の心配りを見ておいたらよいであろうか。

　これらは、研究的共感はもちろんであるが、創作とも結びついていたようで、特に『万葉集』については、日付を追って見ると次のようにある。

　「「万葉懐古」を書いて見たい気持ちなり。」（八月六日）、「「万葉懐古」なる感想文を草するの日、何日ぞや。腹案などして見る。」（八月十日）、「「万葉集雑観」を書く。」「「万葉集雑観」を仕あぐ。」（九月二十一、二十二日）、「『万葉集』の索引を作る。」（十一月十一日）、「『万葉集』索引を作る。午后、「万葉集雑観」を書く。」（十一月十二日）、「『万葉集』索引成る。」（十一月十三日）。「万葉集雑感［観］第二稿成る。」（十一月十四日）。

「註記」によれば、このうち「万葉集雑観」については、「『丹壺』三―五に掲載。」とある。こ

の『丹壺』については『日記　青春篇』に、宮本の計画、親友重田堅一の協力によりこの年昭和五年五月に始まる文芸雑誌として、解説・目録、その他の記事にわたる「『丹壺』始末記」がまとめられている。同書所載の作品としては、四月十九日付けに、「創作「村を見る」、和歌十数首（たんつぼ〔『丹壺』〕のために）」という記述も見られる。

また、自身の「歌稿」については、十月十七日付けの記事に「歌稿整理成る。名づけて『自然に対ふ』」とある。「註記」はこの書について、「「重田堅一兄に捧ぐ」として「一九三〇・一〇・一七」の日付の付された前文を含む歌稿。四百字詰原稿用紙八五枚。」と解説し、私家版影印本として「宮本先生を偲ぶ会・田村善次郎」が、「二〇一一年一月三〇日」に刊行したことを付記している。

また、前年十二月十八日付けに出ていた「自叙伝「道」」については、五月に記事がまとまって書かれている。五月三日「朝より自叙「道」を書く。幼児期なり。五才頃までの事を十枚ほど書きぬ。」、五月七日「午后、「道」を書き初む。書くこと二十四枚。小学校に入る頃の事までなり。」、五月八日「「道」を十枚ほど書く。」、五月九日「「道」を少々書きつく。」といった具合で、五月十日の欄にある「五月の創作予定。」には「「道」―二百枚。」とある。

「小説」については、十一月一日の「小説十二枚書く。」に始まり、これも断続的に記述が続く。十一月二日「朝、小説十枚書く。とても駄目ではあるが、『サンデー毎日』へ書いて見たい。郵便局時代の事を。」、十一月八日「小説執筆。」、十一月十五日「朝、小説を少々。」、十一月十九日「小説を書く。」、十一月二十九日「小説を少々書く。」等々といった様子である。

さらに、民俗学ともかかわる記述としては、一昨年、昭和三年十月三十日に書き始め、昨年（十

二月十五日）も書き継いでいた「周防大島」について、

四月十九日「「周防大島」十二枚（『旅と伝説』のために）。」、四月三十日「「周防大島」の中、「にらみ潮」を書く。四枚余。」、五月七日「「周防大島（五）」を書きあぐ。」、五月十日「五月の創作予定。（中略）「周防大島」――十五枚。」

と記している。これにより「周防大島」は、『旅と伝説』の三巻一・二・四・六・七号（一九三〇年一・二・四・六・七月）の五回分の執筆は完了したと思われる。また、十月七日付けの記事には、「「大島郡略誌」執筆。」とする記述も見え、翌年、昭和六年に引き継がれていく。（「註記」によれば、この「郡誌」は「草稿も印刷物も見つかっていない。」という。）

このほか、短歌・俳句・詩の作品は、以前にもまして日記中に散見している。この傾向は療養二年目の翌年にも続く。なお、八月三十日付けには七連の歌詞の記載があり、民謡を意識した創作と考えられる。民謡創作への興味・関心は、昭和二年八月五日付けの「海の民謡。ふなで。」から見られ、前年の昭和四年七月十四日にも三連の歌詞の書き留めが見られた。

柳田国男との交流と文学的評価への失望

「我が半生の記録」「二五歳　昭和六年」（満二十三・二十四歳）へ移る。

この年が文学から民俗学へと舵を切り、その本格的な取り組みを始めるきっかけの年となったと考えることができる。柳田国男及び民俗学との出会いについては次のようにある。

秋、『大島郡史論』がなった。一方、島の昔話を三〇ばかり柳田国男先生へ書き送ったのが因になって、この先生の知己を得、民俗学に興味を抱くようになった。そうして島の民俗記事を『旅と伝説』、『郷土研究』などに投じはじめた。

ただし、『旅と伝説』との具体的な記事の登載関係については、昭和四年、昭和五年とそれぞれの項の終りのところで見た通りで、一連の「周防大島」の記事により前年までにすでに始まっている。（なお、誌名の初見及び感想についても、『日記』昭和三年五月六日の記事として既述の通り。）

またこの年、前述の記事の前には、自身の中心的な仕事とそれに対する思考について、

『大島郡誌』を書くことを計画し、史論篇、地理篇、民俗篇にわかち、史論篇に筆を下した。このために多くの史書をよむを得た。

『日本時代史』、『通俗日本史』、『倒叙日本史』などのぼう大なものから、『防長回天史』などにも及び、大約一三〇冊に目を通し、ここに史眼を養い得た。しかして日本史学の根本的な誤謬を知った。すなわち庶民の歴史の抹殺されていることがこれである。さらに文献のみによることの危険、および文献の確実性などについて多くの疑点を持ち、唯物弁証法的態度の芽生えをそこに見た。

とも述べている。こうした「我が半生の記録」の記述が、昭和十年四月時点の意識によるものであることは前にも示したが、それを差し引いても、前年までの記述の在り方と比べて、宮本の中における関心の重心の移動は明瞭であろう。ここに示されている歴史認識の言葉、文献に対す

る批判的な思いからも、宮本の変化の大きさを窺い知ることができる。なお、引用文に続けては「一方また、多くのプロレタリア作品をよんだ。」とも付け加えている。文学への思いも単純に消えたわけではない。

対応する『日記』の記事について、記述の順序は逆になるが、柳田国男との交流及び民俗学関連の事柄から見ておく。「我が半生の記録」では「秋」とあった交渉の始まりは、具体的なやり取りは年末のこととなる。

「昔話」については、十二月四日、五日に整理を始めたことを記し、十二月六日、七日に「柳田氏の論文」を読んだことを挟み、十二月八日「「昔話」を少し書く。」、九日「「昔話集」をしあぐ。柳田国男氏へ書く。」、十日「柳田氏へ投函のため郵便局へ行く。」と記している。これについての柳田からの返信は十二月十七日にあり、宮本の返信は翌日の十八日になされている。内容についての記述はない。

さらに、十二月二十六日には、「柳田先生より『昔話考』『和泉式部の足袋』『郷土研究』『北安曇郡郷土誌稿』来る。」とあり、「早速『和泉式部の足袋』を読む。」と記している。翌二十七日には「『民間暦小考』『昔話採集者のために』などを読む。」、二十八日には、「『狼と鍛冶屋の姥』を読む。」とあり、柳田へ手紙を書いたことを記している。さらに二十九日には、「『北安曇郡誌稿』を読む。」とある。一連の読書の書名は、「註記」により、いずれも送付されてきた柳田の論考と考えることができる。また、こうした記述と前後して、十一月二十七日には、「民俗学研究参考書目を書く。」と記している。ここに至るまでの諸々の経緯も含めて、民俗学研究への転換の用意は、時間的熟成の中で、十分に高まってきていたと考えておいてよいであろう。

この年の宮本の仕事としても、まず、民俗学へと繋がっていく作品が目に付く。前年十月七日から引き継ぎの「大島郡略誌」については、三月二十四日の「「大島郡略志」に一生懸命である。」に始まり、書名の表記は「大島郡志」「大島郡略史」「大島郡史」「大島郡誌」等々と変わるが、その作業は続き、四月三十日には「「大島郡略誌」百枚に達す。」と記す。さらに五月十日には、「所で「大島郡誌」は最初から書きかへる必要がある。次の如くすべきだ。(見出だけをあげる)」として、「第四編　拾遺　第一章　民俗篇」を含む改訂案を示している。この書についてはさらに書き進み、六月十五日には「「郡史」はどうやら出来あがりさうだ。」と記している。改定案には「第二篇　郡史」とあり、その箇所を指したものであろう。

また、右の著述とも関連するものと考えられるが、六月二十二日に「「郷土史論」の筆をとる。おばあさんに田植うた、臼挽歌をきく。労働歌は素朴で而も哀調をおびていいものだ。」とあり、これについても筆を進め、七月二十三日には「「郷土史論」を仕上ぐ。」とある。また、七月五日付けには「「郷土人物史」と「郷土史年表」を作るために忙しく暮らせり。」「四日。「郷土人物誌」「年表」終る。」と書き留めている。

このほか、「民謡」については、「『丹壺』へ投稿のため「民謡と農民生活」を書く。」(九月十一日)、「「農民生活と民謡」を十五枚書く。『文学』に投ぜんためなり。」(九月二十五日)という記述も目に付く。さらに、十一月には「野浦先生来る。郷土の民謡について話す。」(二十二日)、「民謡の整理を初む。終日。」(二十三日)、「終日民謡の整理をなす。(中略)七十枚也。」(二十四日)、「民謡研究の目安を作る。」(二十五日)ともあり、民謡に対する研究的集中が窺える。

この年、これらと並立する文学の仕事としては、まず小説について、五月二十三日付けに「二十三日、（中略）夜、小説を書いて見る。どうやら書けさうだ。筋は悲惨な農奴生活の一頁。」とある。これについては、翌二十四日「一日中小説を書く。」とした後、二十五日には「小説を書き上ぐ。題「黎明」。」とある。この「黎明」については、七月二十八日に「小説を書き上げんとするも気力なし。よつて旧作「黎明」を短くして、『サンデー毎日』へ投稿して見る事にする。」と述べ、改作したことを記している。

小説についてはもう一作、『サンデー毎日』への投稿が見られる。六月十七日、十九日と「小説を書く。」とあり、六月二十日には「小説を書く。農民小説也。題未だ定らず。」と記す。完成は翌六月二十一日で、「小説を書き上ぐ。四十九枚。題を「眼覚める時」とする。『サンデー毎日』に投稿。没書確実？」と書き留めている。なお、短歌についてもこの雑誌を当てにしていたようで、十月二十九日には、「『サンデー毎日』に投ぜる和歌は落選らしい。落選又落胆。俺の歌はそれほど幼稚なのであろうか。」と、深い失望感を記している。

文学においては、期待した評価には思うようには出会えなかったようである。

なお、自身の短歌については、三月十一日に「歌稿整理終る。」とあり、「註記」はこれについて『第二歌集 我が生くる道』としている。

また、このほかの創作として目に付くものとしては、二月四日に、前年から続くものとして、「「万葉集雑観」十枚を書く。」（『丹壺』三─五掲載）、八月二十四日に、「長塚節の論文を書き終る。十五枚。」、十一月二十一日に「「旅のうた」を書かうと思つたが、思ふ様に書けさうにないので「人麿と芭蕉」を書く。朝から十五枚。」、翌二十二日には「「人麿と芭蕉」をしあげる。十八枚。」等々とある。「人麿と芭蕉」は「註記」によれば、『丹壺』第二号（一九三二年一月）に収録されている。これらもその研究的姿勢に注意を払って見ておいたらよいであろう。

民俗学徒として立つ決心

「我が半生の記録」「二六歳　昭和七年」（満二十四・二十五歳）。この年宮本は故郷での療養生活を終え、三月、再び大阪へ戻り、泉北郡北池田尋常高等小学校へ赴任する。

この年の記述としては、その始めのところに、

作家志望も、高師受験もすっかり捨てて、ひたすらにすみゆく心をまもった。心はまるでかげろうのようにまでなっていった。

と記し、さらにその終りのところでは、

かたわら、柳田先生の諸書をよんだ。そうして民俗学徒として立つ決心がついた。二六年の生涯はここに到ってはじめて方向を定め、長い思想放浪と諸書乱読の整理せらるる日がきた。

と述べている。これまで検討を重ねその様相を見てきた「文学・作家志望」から、民俗学への転換を確認する宮本の言葉としては、これで十分であろう。

なお、これに関連・対応する『日記』の記事を合わせて示せば、昭和七年の『日記』の冒頭（本文の前）には、「昭和六年の追憶」と題した次のような特別な文章を置いている（途中から引用）。

かうした年にあつて、私は私を培ひつゞけて行つた。民間伝承の学に志をおく様になつたのも今年である。春執筆せる「大島郡史」も不完全ながら完成を見た。柳田先生に第一信を送つたのもこの年である。私は何がない前途のひらけて行くのを感ずる。子規を知つたのもこの年である。子規の偉大性。河上肇を知つたのもこの年である。河上氏の透徹せる理論。私の身内には之等によつて色々のものが芽生えて行つた。身は弱くとも行くべき世界の広さを知つた。そして、それから私の足場はひらけて行くであらうと思ふ。

和歌の事にも努めた。和歌は私の友だつた。かうして療病の思ひ出多い第二年を送るのである。私はかうした足場によつて更に次の年にそなへたい。心を起さうとする者は先づ身を起せと藤村は言つた。私にも身を起すべき日がどうやら近付いたらしい。

こうした例年にはない記述の在り方、その内容からも、この年の年頭に抱いた格別な思いの大きさを窺い知ることができる。さらには「昭和七年を迎ふ。」として、次のような文章も付け加えている（これも途中から引用）。

子規に仕えた長塚節の様に、私は柳田先生の教を守りつゝこの新しい世界への鍬を入れて行きたいものである。そして先づ健康を得る事だ。戦はかくして続けられて行く。

前文と合わせて、「身を起すべき日」を迎え、柳田国男に師事し民俗学と本格的に取り組む、その「戦い」への覚悟の程が窺える文章と見るべきであろう。

素地となった「文学時代」

さて、「文学」を念頭に、民俗学以前の宮本の生きる拠り所を探り、確認する、そうした資料検索の旅の一応の休止符はこのあたりで打っておいてよいであろう。「我が半生の記録」の記述と『宮本常一日記　青春篇』の記事とを基本資料に検討するその作業は、時には細部にもわたる煩瑣なものとなった。ただその論述においては、当初にも述べた通り、できる限り具体的な資料、言葉により、そこから宮本の本心に迫ることを心掛けたつもりである。その中では、長文の「小説構想」をはじめとして、時折もらす「文学」に対する〝肉声〟と思わせる発言・記述にも幾度か出会った。また憶測に過ぎるかもしれないが、『土佐源氏』の構成との内容的つながりをも連想させる記事（「孤児」「乞食」等にかかわる記述）や、共通すると言ってよい「性」に対する思想も見出せたと思う。

しかしながら、宮本の言葉の本当に意味する深層にまで届くことは難事である。また膨大な資料にあっては、引用すべき記事の見落としもないとは限らない。しかし、そうした懸念は措くとしても、この間、民俗学以前の時代にあって、その大切な拠り所が「文学」を中心とした読書であり、「文学」と呼ぶべき創作活動であったという大筋だけは、決して動くことはないと思う。「作家」を目指したその思いは、宮本の内部においては、文字通り自らの生をかけた真剣なものであったと受け止めて間違いがないであろう。

しかも、その経験で培ったものは、宮本の「本分」が民俗学へ移行したからといって、簡単に消えてなくなるような性質のものではない。それは宮本の心中に深く浸透し、宮本の原質・本質ともなり、時にはそれ以降の「民俗学時代」にあっても、それを支える重要な原資となっていったものと推測することができる。宮本自身は前述の「我が半生の記録」「二十六歳　昭和七年」の中では、「長い思想放浪と諸書乱読」という言葉でその時代を片付けていたが、宮本の「文学時代」は、決して民俗学へ向けての一通過点ではあり得ない——というのがこの地点に至っての私の考えるところである。

なお宮本は、『日記　青春篇』登載の最終年、昭和八年十二月四日の記事に「小説「トロロ船」を書き初む。」、一日置いた十二月六日に「五日、六日、「トロロ船」を書く。三十二枚也。」と書き留めている。民俗学への覚悟はそれとしても、文学・創作への思いが単純に途切れたわけではないことは、この一事からでも読み取っておく必要があるであろう。『土佐源氏』誕生までにはまだ相当の時間と経緯を要するが、それに向かう素地の確認はできた。こうした文学的基盤の延長上に創作としての実際を想定していきたいと思う。

なお次節では、検討の時代を昭和二十年代へと移すが、この間、宮本の事歴としては、昭和九年（一九三四）十月に柳田国男と、翌十年四月には渋沢敬三と初めて会い、さらに昭和十四年（一九三九）九月には小学校の教員職を辞し十月上京、渋沢のアチック・ミューゼアム入りを果たし、本格的な研究者の道を歩み始めたことを付記しておく。

四　原作『土佐源氏』の執筆――『魔の宴』と『おあん物語』の意味

『土佐源氏』の始発である原作『土佐源氏』、すなわち本書第一章で検討した『土佐乞食のいろざんげ』の成立に向けて、残された究明すべき最大の課題は、執筆の直接契機、動機と、その時期ということになろう。一次資料としての日記（『宮本常一日記　青春篇』）は、前述の通り昭和八年末で途切れるが、第一章の論を執筆後、平成十七年三月に、昭和二十年（満三十七・三十八歳）以降の記録を含む『宮本常一　写真・日記集成』（全三巻、毎日新聞社）が出版された。本章の「はじめに」において書いた通り、その記事の中に、すでに第一章で直接の執筆動機として検証している『チャタレイ夫人の恋人』（伊藤整訳）の読書体験と並んで、木村艸太『魔の宴　前五十年文学生活の回想』（朝日新聞社、昭和二十五年五月三十日）の読書体験と感想とを見出したことは、私にとってまさに大きな衝撃であった。宮本のこの二つの文学書との同時期の出会いこそが『土佐乞食のいろざんげ』（原作『土佐源氏』）成立の契機であり、直接の執筆動機となったとするのが新資料を加えての私の見通しとなる。その出会いの時期は、『日記』の記述に拠れば、おおよそ昭和二十五年六月頃ということになるが、まずはそれらの記事の紹介から始め、資料作品の検討へと進みたい。

告白の自伝書『魔の宴』の持つ意味

二書との出会いの時期について、右に「おおよそ」としたのは、『宮本常一　写真・日記集成』

「別巻」所収の関連記事の記述形態による。『チャタレイ夫人の恋人』については、昭和二十五年六月二十四日の記事に「午后、神田へ出る。『チャタレイ夫人』を買う。」とあり、購入の日付は明確であるが、『魔の宴』については、六月三十日の記事の後に、「この手帳ここで終わり。6月30日までの貼付予定欄のあとに、以下のメモ。」（註記）として、その中に次のように記されているからである。

（前文略）私はあまりにももろすぎる。太宰治、田中英光の作品に心をひかれ、『チャタレイ夫人』を肯定する気持ち。木村艸太の『魔の宴』には最も心をうたれた。自らの中にある弱さに対して尚ひたぶるに夢を追う姿、それはまた私の姿でもあるようだ。併し周囲は必ずしもそうではない。もっと功利的に現実的に生きている。

多くのごまかしの中に自らのみがかれる事なくしてすべてが過去になる。併し私にはその道が歩めない。（以下略）

こうしたメモ書きの態様からは、自らの生き方とかかわる並々ならぬ共感の深さは窺えるが、購読の具体的な日時まではわからない。ただ、『魔の宴』の刊行時（昭和二十五年五月三十日）から見て、出版とはさほどの時間を置かずに購入し、その内容に引き込まれていったものと推測される。前に並ぶ諸書と比べても、「最も心をうたれた。」とする以下の記述は、その感動の大きさを伝えて印象的である。「自らの中にある弱さに対して尚ひたぶるに夢を追う姿、それはまた私の姿でもあるようだ。」とも述べ、木村艸太の夢を追って生きる姿勢に自らを直接重ね合わせてもいる。以下、『魔の宴』の何が宮本をそこまで捉えたか、「夢」の意味する実態は何か、さらに具体的にその作品の内容を見ていきたい。

なお、『魔の宴』にかかわる『日記集成』「別巻」の記事は、前述の引用文の箇所にとどまるが、『チャタレイ夫人の恋人』については、購入の翌月、七月三日の記事にも次のように記しているので、ここに付け加えておく。

　アサ子のために『チャタレイ夫人』をよんでやる。それは私が今も書いて見たいと思って居た世界である。森の家でメラーズと交わる二人の姿は限りなく美しい。

「私が今も書いて見たいと思って居た世界である。」とする宮本自身の言葉は、第一章での私の推論をさらに裏付ける強力な資料ともなる。次に、それに加わる『魔の宴』の持つ意味を明らかにしたい。

まずは著者の人物像から（諸辞・事典も参考とする）。木村艸太は筆名で、本名は木村荘太。明治二十二年（一八八九）二月三日、東京生れで、宮本より十八歳の年長となる。しかし、『魔の宴』刊行直前の昭和二十五年（一九五〇）四月十五日、成田山公園で縊死を遂げる。六十一歳の生涯であった。『魔の宴』の扉裏にも「上梓を前にして、昭和廿五年四月十五日、自ら命を断ちし著者の霊に献ず　朝日新聞社」と記されている。宮本は、作品の内容に対する共感とともに、こうした表現者としての死の在り方にも大きな衝撃を受けた可能性がある。

父親の荘平は、牛肉鍋のチェーン店「いろは」を展開し、火葬場会社「博善社」の社長も兼ねた異色の実業家で、正妻のほか多数の愛人を持ち、異母兄弟姉妹は三十人に及ぶ。その死に関しては、『魔の宴』「一九〇六年」（明治三十九年）の項で、「この死んだとき、三十人目の一つになる子を残して逝った父」と記し、尋常ではなかった性向についても「亂淫とも見えたほどの性的行為」という言葉で捉えている。異母姉に木村曙（作家）、同母弟に木村荘八（画家・随筆家）、異母弟に木村荘十（直木賞作家）、木村荘十二（映画監督）らがいる。このうち、木村曙（長姉榮子）については、「私生児」という言葉も見られ、注意が引かれる。すなわち、「一八八九年より一九〇〇年ごろまで」「明治最初の閨秀作家たりし姉、木村曙」の項には、次のようにある。

　岡本姓を名乗つていたのも、篁村の序文にも「岡村えい子女史」としてあつて、いかに母が妻として入籍していなかつたにしろ、この当時、木村姓を名乗

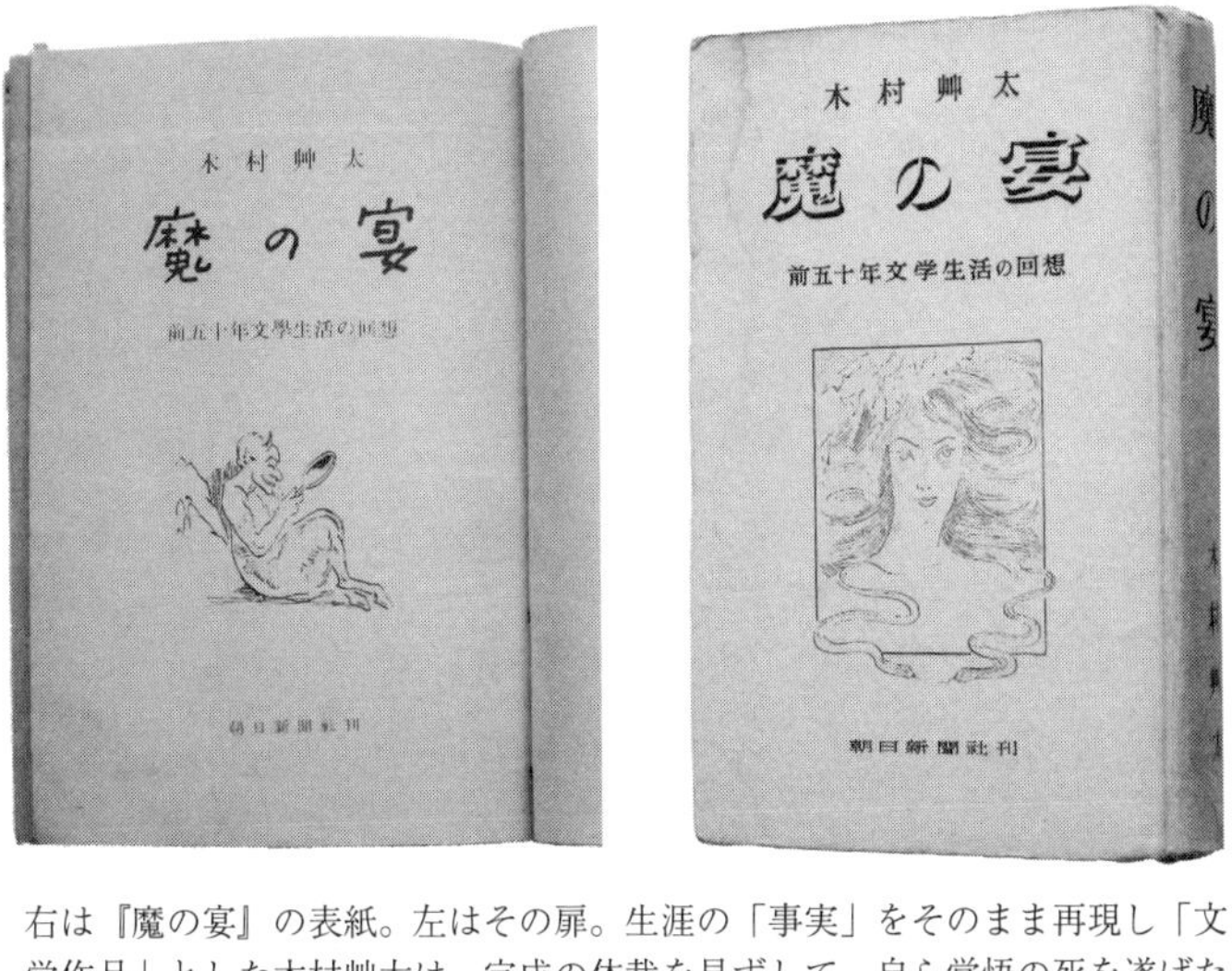

右は『魔の宴』の表紙。左はその扉。生涯の「事実」をそのまま再現し「文学作品」とした木村艸太は、完成の体裁を見ずして、自ら覚悟の死を遂げた。扉絵の裏には、「著者の霊に献ず」とその死を悼む言葉が記されている。

っていなかったというのも——届け出が私生児ででもあったかのようにまで——異常には異常である。

こうした異常な生育・生活環境において、自らについては、作中では「庶出の不名誉」という言葉で捉え返し、「中学を出るころになってから、私が前途に望んだのは、文学の一途しかなかった。」（「一九〇六年」）と書き留めている。

文学を中心としたその生涯の概要については、紅野敏郎による辞典の記事を次に引用しておく。

小説家、随筆家。（中略）谷崎潤一郎らの第二次「新思潮」に関係、転じて武者小路実篤らの「白樺」に共鳴する。伊藤野枝にひかれ、告白小説『牽引』（大二）を発表。ストリンドベルイ『痴人の懺悔』（大四刊）、ロマン・ロラン『争いの上にあれ』（大六刊）を翻訳。「新しき村」に参加し、やがて離脱。千葉県下で田園生活に入り、『農に生きる』（昭八刊）、『晴耕雨読集』（昭九刊）など多くの田園エッセーを書く。遺稿『魔の宴—前五十年文学生活の回想』（昭二五刊）は、浪漫的な動揺と彷徨の生涯の告白の書として興味深い。（『増補改訂　新潮日本文学辞典』昭和六十三年一月）

論題の遺稿『魔の宴』は、その副題に「前五十年文学生活の回想」とある通り、結果的には死を前にして、実際の生きた人間が語った「自伝」であり、宮本の用いた言葉で言えば「ライフヒストリー」にも通じる重い作品となる。生い立ちから中学時代に始まり、前掲の辞典の文中にも見られる文学的事歴を一方の柱に、それと並立する自身のさまざまな女性遍歴を赤裸々にまとめている。自らは作中において「告白の色を帯びる私の回想録」と述べているが、その叙述の重心はむしろ女性問題にあると言えるほど、恋愛関係の事柄は訴える力に満ちたものとなっている。前述の宮本の言葉（「自らの中にある弱さに対して尚ひたぶるに夢を追う姿、それはまた私の姿でもあるようだ。」）が指し示す〝共感〟の実態、それは「文学」とともに、「女性」関係に重点を置いて読み解いていくことが必要となる。

文学的記事に寄せる共感

まずは文学的側面から。表題に続いては「島崎藤村　小山内薫　両氏の霊に献げる」と記されている。本書著述の自らの一番の目標を示したものと読み取ってよいであろう。この二人は文学における師として、先輩として「愛慕、敬重」の対象であり、作中「一九〇七年」（明治四十年）の項には次の様に記されている。

私には、小山内氏は八つ年上、藤村氏は十七の年上だつたから、前のは兄ぐらいに見え、あとのは私になかつたおじぐらいに思われた。で、そのころ私は心を傾けて、それから私が愛顧を受け得た、こういうふたりのひとを愛慕し、敬重した。

特に藤村については時に、「私は藤村氏に愛されていると思つていた。」「親類みたいに、私に関わることを気にしていてくれてもいた。」と述べるなど、私事にもわたる深い親身な付き合いであつた。

宮本の文学的〝共感〟の第一には、作者木村艸太の、師島崎藤村との交流にわたる一連の記述を挙げることができるであろう。

具体的な事柄としては、二つの記事が注目される。一つは、艸太が文学を目指して藤村との直接の出会いに向かう心境の記述で、

その詩集はじめ、その前の「文学界」その他の雑誌に載つたものことごとくから、「破戒」、「春」まですべて私が読んで心を動かされていた藤村氏（以下略）

とする、作品そのものから受けていた感動である。これについては前節で扱った宮本の大正十二年の記事が対応を示している。「我が半生の記録」では、出郷後「文学者」を目指した宮本は、図書館で「藤村の詩集」を読み、さらには逓信講習所へ入所後のこととして「何といっても一番心をうたれたのは、藤村の『春』であつた。」と作品に対する格別に深い感動を記す。また『日記　青春篇』（十月十二日付け）においては、「古本屋の前に立つて昨日買つた『春』の下を買ふ。（中略）この小説の主人公たる岸本の性格…青木の性格が何となく自分の性格と同じやうな気がする。」と述べ、作中人物と自らの性格を重ね合わせての読解、思い入れを記録していた。

さらに、前節では具体的な内容の紹介を保留していた『日記』昭和二年五月十七―十八日付けの記事からも、藤村と関連して、前述の『魔の宴』に対する宮本の〝共感〟の言葉（「自らの中にある弱さに対して」）と通じ合うものを見出すことができ、興味深い。そこでは、「俺はあまりに人間が弱すぎる。而もその弱さに徹底して居ない。」と述べた上で、藤村の文学、人間性に対する共感を次のように記していた。

私は藤村を読んだ。藤村は私に色々の事をおしへてくれた。だが私は何となく慊なさを感ずる。それが何処から来て居るか私には判らない。けれども私は私自身をどうしても藤村氏にぶちこめない。（中略）

桃中軒雲右衛門は、その己を培はんがために、あらゆるものを犠牲にすることをがへんぜなかつた。その妻を鞭ち、友を裏切つた。そして彼の彼たる所以を作つた。之も一つの道であらう。又藤村氏の様にあらゆるものをうけて、苦しみながらも、それ等のすべてを己のものにしてしまつた。即ち彼は弱さに徹した人だつた。手段をえらぶまでもなかつた。が私にはどうしても前者はとれない。やはり後者によるものだ。私はこのまゝゆつくりかうして受難者の道を歩いて行かう。

藤村に対し、前段の叙述では「慊《あきたら》なさ」を感じながらも、後段では「（人間の）弱さに徹した人」として、自らの性格をも重ね合わせ、深い理解と共感を寄せる。私には「慊なさ」もその共感の深さ故のものと理解することができる。こうした藤村の文学に対する宮本の思いも、自らの生き方にもわたる、相当に深いものがあったと認めてよいであろう。それはさらに、『魔の宴』に寄せる思い、文学的〝共感〟とも重なり合っていたものと考えることができる。

藤村とかかわって、『魔の宴』（「一九〇七年」（明治四十年）の項）におけるもう一つの注意を引く記事は、その自宅において手渡されたというクロポトキンの著作を巡る記述である。藤村は「これを読んでいなかつたら、読んで見てご覧なさい。」と言って「薄い一冊の洋書」を取り出す。出された本は、思わないクロポトキンの「農場、工場、仕事場」で、藤村氏からは、その最後の「頭脳労働と手工労働」の章を読むようにといつて勧められた。「これナゾ読むと、広いところへずつと出て行くような気がします。」といい添えられて。

これに続けては、「小山内氏からのものは藝術への知識上のことが主だつたのが、藤村氏からのには人生への実践上のこともいろいろとあつた。」とも記し、人間としての生き方にも繋がる深い交流であったことを書き留めている。

クロポトキンの著作に関しては、対象となる書名も異なり、さらに洋書と翻訳書の違いもあるが、宮本も影響を受けた書として、また人物として、自伝『民俗学の旅』「郵便局員時代」の項において、次のように書き留めている。

郵便局へ勤めて一年ほどたった頃（中略）、その頃私はクロポトキンの『相互扶助論』を古本屋の店頭で見つけてきて読んだことがある。動物たちが集団をなして生きている様に心を強くひかれた。そして大杉栄の訳した『一革命家の思出』にはとくに深い感銘をおぼえた。それはクロポトキンの自叙伝である。

ここに言う「郵便局」とは、逓信講習所を卒業後、初めての勤務先となった高麗橋郵便局のことで、記事としては就職一年後とあるので、大正十四年当時の出来事・記憶を記したものと推測される。『魔の宴』の記事との出会い（昭和二十五年）からすると二十五年ほど前のこととなるが、宮本の身に浸透していたと思われるかつてのこうした読書体験（『民俗学の旅』の執筆・刊行は昭和五十三年十二月）も、作者及び作品『魔の宴』に対する文学的〝共感〟の一端を担った可能性がある。

なお藤村については、宮本は、前節の最後で紹介した『日記　青春篇』昭和七年の冒頭の記事においても、「心を起さうとする者は先づ身を起せと藤村は言つた。」と、その言を引用していた。藤村から受けた印象・影響は、深く身に定着していたものと認めてよいであろう。藤村及びその著書名は、昭和二年二月末、同三月末等、『日記』のところどころに見出すことができる。

『魔の宴』に登場する文学者については、これまでの引用文で見てきた二人（島崎藤村、小山内薫）のほか、目に付く主な人物だけを挙げてみても、永井荷風、正宗白鳥、吉井勇、高村光太郎、谷崎潤一郎、武者小路実篤、志賀直哉、柳宗悦、長与善郎等々、多数にのぼる。それぞれにかかわる「逸話的記述」（「あとがき」にある艸太の用語）が、「文学者」「作家」を目指した経歴を持つ宮本の心を強く捉えたであろうことは想像に難くない。そうした中でも、「一九一〇年」（明治四十三年）の記事から一例を示せば、第二次「新思潮」の活動でかかわりを持つようになった谷崎潤一郎については、「異彩を放つ」「傍若無人な享楽児」として、その人物像を次のように書き留めている。

そのなかでも異色があつたのは谷崎で、まだ書いたものを示さぬうちから、ただものでないような様子を見せていた。国文科生だというのに、英語も達者で、西欧近代の小説戯曲もよく読んでいて、ときに最悪所の消息に通じていることを洩らすかと思えば、最上の趣味も解して、心の贅沢が極まりなかつた。そして自説を押し通すには、我が強く、イプセン嫌いで、イプセンの戯曲で議論した場あいなんか、その思想性、知性へのほとんど憎悪に近い閃きを目にちらつかせて、悪魔が神を憎む場あいには、こんな目つきをするかとも、ふつと私に思わせたほどの激しさで食つてかかられた。この激しさと、自説の上での非妥協性と、傍若無人、それが私には魅力ともなつた。そうして私のうちからも、これに応じて引き出されるような、身を擲つ一種の態度ともいつたようなものが、かれに会つてからの私には形成されかけた。

谷崎の持つ徹底した文学者としての人間的魅力、影響力の強さを伝えて印象的である。私には、こうした記述もまた、宮本の心中にもあった〝文学的衝動〟に訴えかけ、再び「ひたぶるに夢を追う」きっかけともなったのではないかと推測される。この谷崎は、本書の「結尾」(「過ぎた日の映像……一九三六年」)においては、「神戸にて、潤一郎と昔を語る——生家の末路」の記事中に、終日、ともに語り「昔を思いやる」、ある意味で本書全体を締め括る相手役としても登場している。このほか、文中に散見する谷崎関連の記述からも、艸太にとっては生涯を通じてのごく親しい友人の一人であったことが窺える。

なお、『宮本常一　写真・日記集成』「別巻」から、本書購読の時点(昭和二十五年)に至る間の谷崎にかかわる宮本の読書体験を示せば、昭和二十一年七月十一日に「車中、谷崎の『吉野葛』をよむ。いいものだと思ふ。」、同二十三年一月七日に「昨日今日よんだ本。(中略)『谷崎潤一郎論』」、同二十三年九月二十九日に「夜、谷崎の『ささめ雪』をよむ。心にくいまでの大阪の旧家の女の生活を描いて居る。」とある。その高い関心と評価とを見るべきであろう。谷崎についてはすでに、前節の大正十三年の項で、『谷崎潤一郎傑作集』にかかわる読書感想の記事(九月九日付け)を示しているが、その時点(満十七歳)における感想「之の書や芸術の上に三文の価値なし。」

から見ると、宮本の谷崎への共感の深化は歴然としている。

前節で見た「我が半生の記録」（昭和二年の項）の中で、宮本はすでに「明治文学を大体明らかにするを得、且つ大正文学のアウトラインをつかんだ。」と述べている。その上で出会った、『魔の宴』に登場する多くの作家たちの明治大正期を中心とした動向、それを体験的実感をもって伝える生の記述。それらから受けた諸々の印象・刺激は、宮本にとっては想像をはるかに越える大きなものがあったと見ておくべきであろう。

宮本の文学的〝共感〟が窺える記事の具体的な例証については、未だ十分ではないが、このあたりにとどめ、次に女性問題、恋愛的〝共感〟の様相へ移る。

女性遍歴の記述に寄せる共感

前述の通りの異常な家庭環境にあって、『魔の宴』における木村艸太の恋愛関係・女性遍歴は、最終（二度目）の結婚に至るまでの間、およそ五人の女性にかかわる多様な記述を挙げることができる。展開の順に従ってその概略・要点を見ておこう。

まずは、兄の「芝浦の料理旅館」での同居から始まる「嫂《あによめ》の妹」満喜と、異母妹・清子との関係。このうち満喜とは「この童貞の私に、一つ年下のむすめの身が進んで供えられたという事実」と記されているように、艸太にとっては偶然が重なって生じた初めての女性体験であった。そのきっかけとなったのは、兄夫婦の箪笥の中にあった和本、「かずかずの姿態におけるおとことおんなの戯れのさまが、さながらに写し出されている本」で、その存在を知る互いの秘密の「諒解」であったと記されている。（「ライフヒストリー」としては、宮本の『日記』等における「春画」の記事を連想させる。）しかしその体験、結果についての艸太の感想は、次のような苦しいものであった。

　こうして私についに来たもの――このいくとせかの堪えがたかつた私の若さの悩みに解決を与えるかと見えたもの――は、しかしこのようにして来たそのすぐあとでは私の誇りを傷け、私を恥じさせるものだつた。私を喜ばせるものではなかつた。このはじめて感覚に与えられたものも予期したようなものでなかつたし、酔つていたような性的興奮、刺戟から覚めて見れば、容姿にも興が醒めたし、私には選ぶべきものを選んだという気が、これではしなかつた。

　こうした自身の精神的には満たされない思いに対し、満喜の状況についても「満喜からは、身を許した前後にも私へのその純情な情熱の焔らしいものは感じられず」と記している。「不幸な戀―というよりも愛欲」というのが、当時（「一九〇六年」）の、艸太自身の認識のまとめに相当する言葉となる。

　こうした互いに心の通わない、「その身体だけは求めていて止まない」仲にもかかわらず、二人の関係は周囲の事情、意向に添ったまま進行し、翌年「一九〇七年」には結婚。さらに五年後の「一九一二年」には、夫婦としての実質的な体を成さないまま、互いの「不行跡」（満喜は艸太の兄と通じ、自身は吉原の遊里の女との関係を重ねる等）の結果として、軋轢の末、艸太自身の「家出」から「破婚」に至る。

　続く異母妹・清子とのかかわりは、満喜との接触と同時期に始まる。そしてその終末は「一九一三年」の「異母妹と同棲―破局―その死」へと至る、恋愛感情・遍歴の期間としては最も長期にわたるものであった。しかし、その関係は結果的には、「接吻」以上の交渉には進まず、終始、近親結婚の悩み、葛藤に満ちた苦しい記述が重ねられている。

その当初の思い・心境については、「一九〇六年」「異母妹との恋情」の項に、「私が一ばん好きになりかけていた清子」として、次の様に書き留めている。

妹にして、妹にあらざるむすめ。これを妹だとして見ろ、といわれても、私には妹としてだけでは見られない、愛せない。そんなら自然に起る私の心のままにしたがつて、女として、若い女として、むすめとして見、愛そうとすれば、このことは世の掟が禁じる。だから、この社会が見て罪とするものに墜りかねない可能性の芽が、こうして芽ぐみかけた場あいにあたつて、私の心にはまずおののきと、しり込みの感じが湧いて来て持たれずにいなかつた。そのおののきに、なにか知れず甘美な情感の誘われる思いのしないこともないのが、これこそ罪のゆえなのだ、とまた思い当らせられもしないことがないだけ、一そう気味悪いような気持もされて来る。

一方で「甘美な情感」も意識する「妹の清子への戀ごころ」は、これ以後、「近親相姦」の罪に対する心の揺れ、「おののき」とともに、断続的に書き連ねられていくこととなる。

艸太の長い手紙により悩みを打ち明けられた小山内は、葉書で「古事記、木梨之軽王と軽大郎女との事蹟を見給へ。」とだけ書いて知らせて来る。「木梨之軽王」は允恭天皇の皇子で、記紀に(内容に若干の相違はあるが)歌謡物語としての伝承がある。『古事記』下巻では、皇位継承を前にして「伊呂妹」、すなわち同母妹である軽大郎女と通じ、人心離反の末に伊予の湯へ流され、また軽大郎女も軽皇子を追ってともに死んだとされている、悲劇の人物である。「感深くその事蹟を読んだ」艸太は、小山内の葉書を「大きな慰め」と受け止め、小山内から艸太の手紙を見せられて読んだ藤村も「ある感動を示した。」と記されている。こうした経緯の深層には、現実の人生における恋の煩悶とともに、その中に、互いに「文学」を深く意識したものがあったことが認められる。

満喜との結婚式において、強い反発の行動を示した清子とは、結婚を契機にいったん疎遠になる。しかし、「一九一二年」「異母妹家出、最初のカフエ、京橋日吉町「カフエ・プランタン」のウエイトレスとなる」の項において、再会し、二人の関係が復活したことを記す。家出し「自活の道を立てはじめた」清子に対し、「私ははじめてそれを知つたときは、一時、頭がぼうっとしたほどの衝撃を与えられた。」と述べ、さらに、「私にはこうなればまだ捨てきれない、惜しい見果てぬ夢の思いの籠るような女でもあつた。」と、執心とも言えるその強い思いを書き留めている。

続く「一九一三年」「異母妹、女優となり舞台を踏む」の項では、「カフエ」を止め「新時代劇協会」の女優となった清子から「後ろ見をしてくれないか」との申し出を受け、同居に至る。その喜び、感動を次のような印象的な言葉で書き記す。

> 私は宿望が成つたお伽噺の主人公のように、心が明るく、三国一の花嫁を迎える聟にも劣らず、心が躍つて、かの女を迎えた。

そうした「宿望」の生活の中で、強く意識した「最後の一線のこと」については、前述の「軽のみこの歌」の歌詞や、「フォードの戯曲のひと場」の男女のやり取り等を引用し、近親結婚への願望とともに、深い悩みを重ねて綴っている。

しかし、ある一夜の、二人の「潜在意識」にもわたる深刻な描写を最後に、結局清子は、時を置かずして艸太のもとを去り、「身を若い情人に投げ与えて、病んで、倒れて」死に至る。「魔の宴」という、本書の題名にも相当する言葉は、ここに至る自らと清子にかかわる一連の経緯、この死の「惨状」に際して用いられている。艸太自身はその死にも立ち会えず、次のような痛切な思いを最後に書き留めている。

とにかく、これで私のほうでは、人の死によらなければ解決のつかぬ悲劇というものが、実際私の身の上に起つていたのが、ここに終つたのだ、と切に痛感、実感された。私の心の苦しみは、この最後の悲しみで、やつと終りが告げられた。もうかの女を恋おうにも恋えなくなつて。

また、思つた。自分でそれぞれ「サカエ」と呼び、「キヨシ」と呼んでいた、父のふたりのむすめたちは、藝術の壇の上に献げられた生け贄だつたと。

右に述べる「サカエ」は、異母姉の榮子（木村曙）を指し「文学」を、「キヨシ」は異母妹の清子を指し「文学」「女優」を、そのうちに含んだ表現となっている。それぞれの生き方に強く「藝術」を意識しての〝追悼の言葉〟と受け取ることができる。

三人目として挙げることのできる女性関係は、「一九一〇年」の「高村光太郎の詩集「道程」のなかの「失はれたるモナ・リザ」のヘロインと知り、恋す」に始まり、「一九一二年」の「中京の女」、さらに同年の「地上のモナ・リザ」の記述あたりまで続く——以前にも記した満喜との結婚生活の「疎隔」の中で生じた——吉原の遊里の女との関係である。年は「私より三つ上の二十五だつた。」とある。

高村光太郎は「河内樓のモナ・リザ」という詩を書き、それに感心した艸太は「戀敵き」として意図的に女に近づき、通い、「戀の戦いの勝利」を獲得する。「私のうちのドン・ファンの喜びは十全だつた。」というのが、その際の艸太の感想であるが、「失はれたるモナ・リザ」という光太郎の詩に接しては、「でも、そのとき私は果して勝つたのか、負けたのか解らなかつた。」「こんな美しい詩の表現を投げつけられては。」と記し、これらの行為の根幹には、強い〝文学的感興〟があったことを書き記している。

なおこの女性とは、吉原を引いてからも、その帰省地にちなみ「名古屋の女」「中京の女」と呼び、その関係を、東京において、さらには艸太の家出先の京都において、二三度継続している。しかし、その関係は女からの申し出による出会いであり、前述の「ドン・ファンの喜び」、〝文学的感興〟の範囲を出るものではなかったことを窺わせる。

四人目の女性には「一九一二年」、その家出先の京都、祇園において接した「藝子」花との経験が当たるものと思われる。それに対する思いは、身体の関係がないままの、次のような精神的なものとして記されている。


あの歌い女とは思われぬほどおつとりした、美しい花と、私がうつとりして、祇園の晩夏の夜を、あたりが寝静まるなかただふたりして語り明かした一夜は、このときの私へのなにか、天啓の閃めきのようなものだつた。私はそのとき思わず知らず、身を浄められかけていたのだつた。そしてそのときまた、私は思つた。もし花があの晩、私の目にもつと安つぽい、精妙でないものに映つて、たやすく私の肉感を誘う対手で、その身体を私が得ていたのだつたら、かの女はこうも私の心にいま残つていなかろう。（中略）こんな甘美な胸の仄めきは、こんな綺麗な戀ごころは、このごろ私がどこかにおき忘れていたようなものだつた。

そうしてその関係は、艸太が再び京都へは戻ることがないまま「ひとつの摂理」としての認識のもとに終了する。艸太のそれに対する感慨は次のような繊細なものであった。

私は、女を美しく心に思う気持というものを、この境涯によつて新たに知り味わい直させられたのだといえよう。花のおもかげは、その後私の心から消えないで、そのときどきの私の心の調子につれて浮かび上るいろいろのおもかげになつて、ときに、思つて、なつかしい姿にもなれば、ときに、心が痛む姿にもなり、しかもその終始して、美しい映像のもとに現われ浮ばぬことのない、いつ思つても快い思いでとなつた。（中略）そして女性を思う念慮には、この思いでに似るものでなければ、なんだかとるに足らない、消え行く、かりそめの姿、中味しか含まれていない。と感じられるようにも、これでまたなつて行つていた。

艸太の「女性を思う念慮」に対する観察、さらには「恋愛観」への深まりを窺うことができると思う。

伊藤野枝、大杉栄の悲痛な顚末

こうした恋愛遍歴（再婚以前）の最後の相手に相当するのが伊藤野枝（一八九五―一九二三）であ

る。「一九一三年」「伊藤野枝との恋」の項に始まり、一連の展開が詳細に記録されている。それは大正二年（一九一三）六月の一月にも満たない短期間の出来事でありながら、「野枝への手紙」「野枝よりの手紙」「破綻—辻潤」「野枝の「動揺」—武者小路実篤の批評」と項を重ね、六十二頁にも及ぶ、本書恋愛記事の中でも最長の記述となっている。その中心は互いの手紙のやりとり、そのままの引用記事である。

出会いの切っかけは雑誌における読書体験であり、初発の魅力、艸太の心の動揺については、「顫動《せんどう》」という言葉を用い、次のように書き留めている。

この新らしい婦人の解放を求めて、雑誌の「青鞜」に集まつた若い女性たちのなかに、際立つて若若しく、水水しく、卒直な文章を書き、かたわら翻訳——しかも、エレン・ケイのものなど——をもして、雑誌に載せている一女性があつた。（中略）それを読むうち、私の注意は興味に変り、興味はそれに引きつけられて行く気持に変つた。そして私が、ここに新たな戀愛観、結婚観についたとすれば、この光りのもとに、おなじ光りを見る道連れと手を携えて立ち直れたら、というような夢想もいだかれて、心ではこのひとにあてる気持で心が顫動して書いた稿を、そのまま「顫動」という題にして、雑誌「ヒューザン」に出した。

これを契機に、二人の直接の出会いを挟んで、艸太は主要なものとしては都合八通の手紙を書き、伊藤野枝もそれに応える形で四通の手紙を書く。その当初から、艸太は「ラヴ」という言葉を用い、その意味合いについては自身で「手紙に多く「ラヴ」と書いていたのも「愛」とも、「恋」ともしきれずにいたふたつの意味を盛る言葉として使つていた」と説明している。

しかしこの「ラヴ」は、野枝の同棲相手、辻潤の存在から、互いに相手の心の深層までは届くことができないまま、行き違いの結果として結局は破局に至り、二人は「どつちも死にもの狂いで」その一部始終を書き合い、作品として発表する。

伊藤野枝のは「青鞜」、私のは「生活」に、その翌る翌る八月、同文の相互の手紙を全文一字も省かずに載せ合つて出た。かの女のは「動揺」、私のは「索引」という題で。だが、雑誌「生活」のほうは世間的には知られていず、「青鞜」のほうがずつと世間に知られて、読まれていたから、当時の世人は多くそのほうでばかり読んでいたろう。それで、伊藤野枝の名が一躍して、世に現われた。秘密のヴェイルに蔽われていた辻潤の存在も、これで正体を示した。

さらに、その世間での受け止めとしては、新聞記事、「小論説」にもなり、「ある寄席の新講談」にもなったとある。

こうした経緯についての友人武者小路実篤の批評としては、「しまいには同情が欠けていると思う。あすこまで行つたのなら、双方に愛はつづいて残ると思うべきである。」との葉書が来たと記されている。これに対しては、「私はガンと、これで参つた。おそらく武者君が想像する以上、誰れが想像するよりも以上に参つた。私のほうには愛が残つていたからである。」と書き留めている。

なお伊藤野枝については、その後の経緯についても、「一九一六年前後」「野枝、大杉栄に走る」の項では、「辻と別れて大杉に近づき」「大杉と結合した」ことを記し、さらに「一九二三年」「野枝、大杉とともに憲兵の手に殺さる」の項では、いわゆる甘粕事件（大正十二年九月）によるその死についても書き留めている。「私は一時やっぱり頭がガーンとなつた。」「愛情でも、追悼でも、悲傷でも、そんな生やさしいものではない。ただ、心がやたらに打たれたのだ。掻き揺すぶられたのだ。」とするのが艸太の悲痛な感想の一部である。

こうした一連の記述に対しての宮本の関心が、相当なものであったであろうことは、前述の晩年の自伝『民俗学の旅』「郵便局員時代」の項に見る「大杉栄」にかかわる記事からも、その一端を推測することができる。クロポトキンの著書の翻訳者としての記述であったが、それに続けては省略した箇所に、「おなじころ大杉の訳したファーブルの『昆虫記』第一巻は…」として、自らが愛読したファーブル『昆虫記』の翻訳者としても、重ねてその名前を書き留めている。さらにこれ以前、「我が半生の記録」「二〇歳　大正一五年」の項に「読書、『大杉栄自叙伝』」とあることについては、すでに前節で示している。こうした記事に窺える大杉に寄せる深い関心の在り方からも、特に伊藤野枝にかかわる事柄については、格別の思いをもって読んだことが推測される。(11)

「事実の再現」による「文学作品」

さて以上、宮本の〝共感〟(「自らの中にある弱さに対して尚ひたぶるに夢を追う姿、それはまた私の姿でもあるようだ。」)の概要を探る上で、「文学」と「女性遍歴」と、二つの観点から木村艸太『魔の宴』の内容の概略を取り出して見てきた。そこで確認することができた事柄のそれぞれ、生きて苦闘する木村艸太の姿こそが、宮本の共感(「それはまた私の姿でもあるようだ。」)と、読み解くことができるであろう。文学・創作へと立ち向かう〝文学的衝動〟、そうした刺激としての意味についてはすでに触れているが、もう一つの内容としての「告白の色を帯びる」「女性遍歴」も、宮本自らが自身の経歴を省みて、事実を基とした作品執筆へと向かう、大きな刺激・契機となったことが考えられる。

ちなみに、木村艸太は、その「あとがき」においては、「文学者としての立場に立つてのひとつの回想記」とその内容をまとめ、

> だから、想像はなくつて、したがつて創造もなく、ここにあるのは事実ばかりだ。そしてこの事実の再現のしかたが成功しているか、成功していないかで、小説ではなくとも、文学作品としてのこの稿の死活が決るのだと思われる。その判定を読者にお願いする。

と、自らの「文学作品」における「事実」の重みを強調している。宮本の〝共感〟の根幹もこうした点、「事実の再現」による「文学作品」にあったのではないか、というのが私の推測するところである。

こうした読書体験より数カ月前、『宮本常一　写真・日記集成』「別巻」の昭和二十四年十月一日付けの記事によれば、宮本は、かつての高知、「土佐の山間」での調査について、「印象の深いこと」として次のように述べている。

> 今日は高知、別府《べふ》の整理をする。よく覚えているようでもこまかなことは忘れている。整理は早いほどいい。私ののこすべきものは私のした事だけである。土佐の山間をあるいたということは私にとって印象の深いことであった。『村里を行く』のつづきはやはり書いておかねばならない。

『村里を行く』は昭和十八年十二月の初版刊行であるが、ここでの「私ののこすべきもの」「書いておかねばならない」とする対象は、そこでは書き残した、『土佐源氏』の元ともなる昭和十六年二月の取材内容とかかわるものがあった可能性が高い。こうした「整理」作業の後に出会ったのが、これまで見てきた読書体験ということになる。しかし、原作『土佐源氏』(『土佐乞食のいろざんげ』)の執筆・作成へと向かう宮本の心の動き、その実際については、『日記集成』「別巻」にもこれ以上の確実な資料はなく、ここから先はただ推測するよりほかない。

文学関連記事の重要性

そうした中で、あえて状況証拠的記事を掲出・付記するとすれば、本節の冒頭に「太宰治、田中英光の作品に心をひかれ」と引用した通り、ここに至る当時(昭和二十年代前半)の『日記』中にも、仕事に渉る記事の一方で、かつての読書態様と変わらず多くの文学書名が記載され、並々ならぬ関心の深さが窺える。またその中には恋愛・性愛的関心を窺わせる記述も数多く見られる。実はそうした中の最たるものが、これまで見てきた『チャタレイ夫人の恋人』であり『魔の宴』であったということになるわけであるが、周辺の関連書の事柄も含めて、執筆に向け刺激を受けたと推測される記事のいくつかを併せて次に例示しておこう(文学を中心とした読書記事にかかわる一部である)。

「『グレートラブ』をよみ終る。コロンタイの小説。いい小説だと思ふ。性問題を取扱つてゐるけれど、その考へ方の変遷して行く所に考へさせられる問題がある。性を単なる慾情としてのみ考へるやうになつて行くこと。それが正しいとは考へられない。けれどもまた否定出来ないものがある。」（昭和二十年一月十一日）

「菊池寛の『恋愛と結婚の書』をよむ。常識的な書物だがおもしろい。」（昭和二十年二月二十五日）

「『女一匹』をよむ。愛欲におぼれゆく者の心情が分る。」（昭和二十一年一月二十一日）

「丹羽文雄の『藍そめて』を少しよむ。よんで行つてその文章に今更おどろく」（昭和二十一年三月二十八日）、「丹羽の『芽』をよむ。この人の文章には教へられる。」（同年七月二十三日）

「新生社へ行つて『腕くらべ』の注文をする。」（昭和二十一年五月十日）、「『腕くらべ』などよんで見る。」（同年九月二十四日）

「それより県庁まえへ出て本を買う。『日本民俗学のために』及『恐《（怖）》るべき女』等々。織田作之助という作家は死んでからその人を知ったと言っていいのだが、実によい作家であったと思う。その作品をあつめて見たい。」（昭和二十二年四月十日）〈以下、日を追って『妖婦』『夫婦善哉』など、織田の作品七本の購読記述有り。〉

「駅まえの本屋でヴァン・デ・ヴェルデの『完全なる結婚』を買う。原本を正しく訳したものであろうか。少し粗雑のように思うが、とにかく性愛の技巧をくわしく書いたもの。（中略）よい本だと思う。このような書物こそ夫婦にとって一番大切なものの一つかと思う。」（昭和二十二年五月二十九日）、「池袋まで『完全なる結婚』を買いに行く。このような事についての正しい知識がくらい隠靡〔微〕な気持からのがれさせるばかりでなく、そういう事が人間の生活にとって食事と共に重要な事柄であることに気付く。」（同年五月三十日）、「柏原駅にてヴアン・デ・ヴェルデの『完全なる結婚』の抄訳されたものが美しい本になって出ているのを見る。之なら若い娘たちにもいいおくりものになろう。」(同年七月十五日)

「『日本小説代表作全集』をよみ終る。しっとりと心にしむ作品の多いのはうれしい。『お園抄』『永夜』など特に心にのこる。」(昭和二十二年十二月二十二日)

「フランスの戯曲集をよんで見る。『たわむれに恋はすまじ』、ポルト・リッシュの『恋の女』『過去』『昔の男』は大変胸をうたれるものがあった。」(昭和二十四年九月一日)

「『愛と憎しみの傷に』をよむ。アサ子の事を思い出す。多くの苦労をかけてすまなく思う。」(昭和二十四年十月十三日)、「新聞の一隅に田中英光が太宰治の墓前で自殺したとある。『愛と憎しみの傷に』をよんだのにすぎないが、全く捨て身でものを書いて居た。そこへ行かざるを得ない人だったのだけれど、またこれほど正直に人生をあるいた人もなかったであろう。」(同年十一月五日)

「『道標』をよむ。280頁ほど。真摯な小説だ。併しどこか肩をいからしたような所がないでもない。『伸子』から言へばずいぶんのびて居る。社会人としての目ざめがある。もっとも真剱にあるいている一人であろう。同様に田中英光が思い出される。社会の中におかれた自分の位置のどうにもならない事のために死んで行った人。私には田中により多くの共感を持ちつつ『道標』の世界を希求する。」(昭和二十四年十一月九日)、「朝『道標』第2部をよみ終る。考えさせられるものが多い。そこに批判すべき問題は多い。併し一心に物を見つめようとする態度はいい。機会が人の運命を支配する。宮本百合子がソ連へゆかないでフランスへ行って居たらどうなって居るだろうと思う。運命は不思議なものである。この人はロシヤを見た

事によってもっとも適した世界を見つけたといえる。」（同年十一月十四日）

「スタンダールの『赤と黒』をよみ終る。レナールという一人の女性、それはまた私のあこがれて居る女性の姿でもある。身も心もさゝげつくすという事がどのようにむづかしく又美しいものであるかを思う。」（昭和二十五年十一月十二日）

「コロンタイの『赤い恋』をよみ終る。恋愛については多くの事を考えさせられる。」（昭和二十五年十二月十七日）

引用文中の『腕くらべ』（昭和二十一年）は、永井荷風による新橋藝者の風俗の表裏を描いた花柳小説である。宮本が注文した新生社発行『腕くらべ』（昭和二十一年六月十五日刊）は、一連の補訂版の中の一書であり、宮本は、昭和二十一年五月八日所載の記事（〔以下4月21日のあとの豫備欄〕とある）においても「『腕くらべ』の限定版も買ひたいと思つたが断念する。」と述べ、それに対する思いの深さを窺わせる。さらに荷風については、昭和二十二年六月十日の記事においては、「私には多くの市井民的な動物的なものがある。併しその中にも意味のあること、肯定することから出発したい。荷風の小説はそういふ点で教えられる。小市民社会に一つの方向をあたえて行き、みにくさの中にもそれが生きて存在するということにおいて、みにくくない―肯定さるべきもののあることを考えてみたい。」と記している。人間の「情事」（『腕くらべ』の中にある荷風の言葉）の本質にも通じる事柄を学んでいたとも受け取ることができる。

さらに、引用文中の丹羽文雄・織田作之助・宮本百合子・田中英光等にかかわる記述からは、この頃の宮本の「文学」に対する関心の深さ・広さ、思いの切実さなどを具体的に実感することができるであろう。また、性の自由を説き、自由恋愛を強く主張したコロンタイ（ロシアの女性革命家でフェミニスト）の著書等、外国文学の影響も見逃せないところである。

太宰治については、昭和二十四年十一月二十四日の記事で、「戦前の作品」について、作品名二十点を挙げた上で詳細な感想を述べ、「太宰は私より二つ若く、そして23年に死んだ。私は太宰ほど純情ではない。表裏がありすぎる。ふみきりがつかない。併し林芙美子と共に、一番心をひかれる作家である。」とまとめている。「ふみきりがつかない。」という言葉の意味するものが何であるかは、周辺の『日記』の記述の中において気になるところではあるが、その意味を示す具体的な言葉は見当らない。しかし五日前の十一月十九日の記事では、太宰の『虚構の彷徨』に対する読後感を記したあと、「生活が夢をしばりつける。仕事が自分をしばりつける。夢をもっとゆたかに持ちたい。」と記している。その「夢」の中に「文学」への強い思いがあったことだけは、間違いのないこととして推測してよいのではないか。

なお小説執筆の実際については、昭和二十三年十二月五日の周防大島の自宅における記事に、「日曜日だというので行くのをのばす。そして小説『帰農』を書きあげる。『農業技術誌』に投じて見たいと思う。」と記していることに注意を払っておきたい。遺存する『日記』の中の記述としては、前節の末尾に挙げた昭和八年十二月四日、六日付けの記事に継ぐ小説執筆の書き留めとなる。「小説」への意思は、この間も一筋の底流としてずっと持続していたものと見てよいであろう。

「おあん物語」とのかかわり

ところで、その叙述の形態、即ち、自らの体験的蓄積の中にある事柄をどのような器に盛るかについては、これも推測のこととはなるが、関連すると考えられる一つの状況を提示しておきたい。柳田国男が見出し、高校国語教科書教材とした「おあん物語」（『柳田国男編　国語　高等学校三年下』東京書籍、所収）との繋がりの可能性である。その内容は、土佐に伝承した一老女の口語による昔語り（自伝）という点に特色がある。「子ども集まりて、「おあんさま、昔物語なさりませ。」と言えば、「おれが親父は山田去暦というて……」」と始まり、前半では関ヶ原の戦いに際して大垣籠城中の生首のお歯黒化粧の体験を、後半では朝夕二食の雑炊で昼飯はなく、手作りの麻のかたびら一枚で過ごした少女時代の衣食の慣習を、それぞれ当時の口語で語る。その強い印象を与える内容もさることながら、ここで注目されるのは、『土佐源氏』の特徴的とも言える老人の口語表現との形態の一致、重なりである。

柳田は昭和二十二年から、東京書籍の小学中学国語検定教科書の企画に「監修」として参画し、さらに昭和二十五年からも引き続き同じ資格で、高校の国語教科書編集に積極的に取り組む。『近代教科書の変遷　東京書籍七十年史』（昭和五十五年九月）は、その様子を次のように書き留めている。

昭和二十五年、中学校用「新しい国語」（昭和二十七、八年度本）の編集を終了し検定出願を済ませたのち、小・中・高一貫した教科書の完成をめざして、高等学校国語教科書の編集に着手した。監修は小・中学校と同じく柳田国男、中学校の編集委員が同じメンバーで編集を担当した。当時すでに学習指導要領（昭和二十二年版）は出ていたが、小・中学校が主で高等学校として拠るべき内容はなかったので、柳田を中心に討議を重ねた。この会議には、東京成城の民俗学研究所が多く使用された。柳田は高校教科書の編集に異常な情熱をもち、教科書の基本方針を述べるにとどまらず、教材についても具体的に指示し、自らも素材を積極的に委員会に提出した。

「おあん物語」は、その柳田が重視した「民衆の生活」「口語資料」にかかわる「清新な教材」の一つであり、自身が直接、編集委員会に提出したことが確認できる作品である。宮本の『土佐源氏』における老人の口語りによる表現の採用は、この「おあん物語」による影響が最も大きかったのではないかとするのが、現時点における私の考えである。なお、柳田とかかわる「おあん物語」の展開自体については、すでに小論「「おあん物語」の可能性」(『柳田国男の学問は変革の思想たりうるか』梟社、平成二十六年三月)で扱っているので、本項では、宮本との接点、そのかかわりの推測のみに止め、作品の意義についての詳細は小論の参照を願うこととする。

ただし、宮本との接点については、提示できる具体的な記事が特にあるわけではない。これまでも見てきた『宮本常一　写真・日記集成』「別巻」の中には、昭和二十年から二十七年の間に、東京成城の柳田邸の訪問、密接な交流を窺わせる記事はいくつかあるが、残念ながら「おあん物語」とのかかわりを示す記事は見当たらない。しかし、両者の当時の仕事の状況、交流の態様から見て、その明示がないからといって、その関連が否定されるものではないと考えている。(12)

例えば、高校教科書自体の完成、検定合格は昭和二十九年までずれ込むが、その中には渋沢敬三の教材「本邦における賃仕事」(『柳田国男編　国語　高等学校一年上』)なども取り込まれ、さらに状況証拠的な事柄とはなるが、柳田の社会科教育との関係においては、具体的な宮本の著作も見られるからである。すなわち杉本仁『柳田国男と学校教育』（梟社、平成二十三年一月）によれば、宮本の著作としては、『村の社会科』（昭和二十三年十二月・昭和書院、昭和二十八年三月『日本の村』と改題・筑摩書房）と、『ふるさとの生活』（昭和二十五年四月、朝日新聞社）の二冊が、「柳田の期待に宮本が応えたもの」「社会科教育の参考資料」として示されている（第四章「宮本常一の批判」の項）。そうした中でも特に、『ふるさとの生活』には次のような柳田の序文「旅と文章と人生」も添えられており、当時の深い関係が窺われる。

（前文略）この本を書いた宮本先生という人は、今まで永いあいだ、最も広く日本の隅々の、誰も行かないような土地ばかりを、あるきまわっていた旅人であった。どういう話を私たちが聴きたがり、聴けば面白がり又いつまでもおぼえているかということを、この人ほど注意深く考えていた人も少ない。次の時代をになう日本国民として、これだけはぜひとも知っていてほしいという事がらを、見わけえり分けるのは六つかしいことだが、それも宮本さんはよく本を読む人だから、少しも誤ったり迷ったりはしていない。たゞ或は熱心のあまりに、すこし早口に、話の数を並べすぎたかもしれぬが、それとても走り読みの癖をもたぬ人たちは、考えることが多くて却って楽しみであろう。

宮本の特徴をよく捉えた一文と読み取ることができるが、これに続けては、自らも紙をはさんで読み返したこと、地図を脇に置いて見くらべたことを記し、「そうするだけのねうちがあると思った。」と高い評価で結んでいる。

以上見てきたような柳田との深い関係、交流状況を勘案すると、土佐にかかわる、老人による口語・口承の物語として、柳田の提示した「おあん物語」の刺激は、何らかの形で宮本の上にも及んだものと推測することは、かなりの蓋然性をもって認めることが許されるのではないか。なお付記するとすれば、私見では、「おあん物語」とかかわる柳田の経歴・関心は、教科書編集に限らず、それ以前にわたる相当に長く深いものが認められる。また「おあん物語」に対する高い評価は柳田に限らず、明治期以降、寺石正路（土佐の郷土史家、柳田と交流）、谷崎潤一郎、岡本かの子、菊池寛、田中英光（高知県土佐山村出身）と続き、一部の識者の間では注目の書であったことも注意を払って見ておく必要があると思う。中には宮本が特に関心を寄せた作家の名も見られるが、このうち、菊池寛は、「おあん物語」を「戦国時代に於けるたつた一つの自伝小説と云つてもよいもの」（「わが愛読文章」「ある戦国女性の生活」『文藝春秋』昭和十七年九月）と、注目すべき言葉で位置付けている。そうした事項についてもその詳細は、前述の小論を参照されたい。『土佐源氏』の特徴的な口語表現に関連しては、すでに本章の二、「話者の年齢基準としての「八十歳」」の項においても、明治維新以前の人々の「語り口調」の特質について、宮本が特に意を用いていたことを検証している。自身の取材体験で得ていたそうした感覚の上に、さらに具体的な文献の実例として加わることとなる「おあん物語」の自伝としての特質、その口語りの形態的特徴の影響は、相当に大きなものがあったと推測しておきたい。あくまでも当時の状況を総合しての推測にとどまることではあるが。

こうした考察の結果、結局、最後まで残る問題は原作『土佐源氏』（『土佐乞食のいろざんげ』）の執筆時期、さらには成立時期の確定ということになろう。しかしこれについては、本節で取り上げた諸資料を集約しても、その大きなきっかけが昭和二十五年六月頃に始まり、七月以降の執筆にわたることは確かと思われるが、それ以上の推測に至る拠り所は見出し難い。「原作」の持つ自由な内容表現、それに伴う検閲・摘発・発禁等に対する宮本の懸念が影響してのことであろうか。第一章でも見たように、時代は出版物においては、そうした厳しい環境の時代であった。しかしながら昭和二十五年、特にその後半からさほど時を経ない時期にその実際を想定して見るというのは、一つの方向ではないかと考えている。

昭和二十五年という年は、すでに第一章の考察において、高橋鐵（性科学者）とのかかわりを推測させる年としても示していたものであった。本章の一において引用した、谷川健一が関連を推測する資料『あるす・あまとりあ―性交態位六十二型の分析』（高橋の代表作）も、前年の昭和二十四年十一月に出版され、この時期、ロングセラーとなり、その諸版が展開している。原作『土佐源氏』（『土佐乞食のいろざんげ』）が人目に触れた最も早い時期は、青木信光の証言に拠れば、その高橋の所持本（「ガリ版刷り、紐綴じ」）として「昭和三十年頃」のこととなる。しかし、残念ながらこれ以上その間（昭和二十五年後半―三十年頃）を縮める資料は、『宮本常一　写真・日記集成』（「別巻」「上巻」）等の記事の中にも見出すことはできない。

「原作」以降の展開と「原作」の持つ価値

原作（『土佐乞食のいろざんげ』）成立以降の展開としては、「土佐源氏―年よりたち五―」（『民話』第十一号、未来社、昭和三十四年八月）、「土佐檮原の乞食」（『日本残酷物語』1、平凡社、昭和三十四年十一月）、「土佐源氏」（『忘れられた日本人』未来社、昭和三十五年七月）と、公刊の形でその跡を辿ることができることは、既述の通りである（なお『忘れられた日本人』は宮本の死の三年後の昭和五十九年五月、岩波文庫に収録され、さらに広く一般の読書家を獲得していく）。

このうち、『民話』（「土佐源氏―年よりたち五―」）の執筆については、『日記』（「上巻」）昭和三十四年六月四日の記事に「「年寄たち」５をかく。」とあり、「原作」から内容を改訂し公刊を図る最初の時期が明確となる。しかしここには「原作」にふれる記述はなく、それ以上の説明もない。『民話』の「土佐源氏」以降は、性的表現を大幅に削減する一方で、意識的に若干の民俗的事項（強盗亀・盗人宿・おとし宿等）を付加した改訂・改作版が、民俗学の成果として広く認められていくこととなる。一連の展開は、宮本を巡る当時の研究と仕事の環境、それに伴う社会的要請にそのまま従ったものであり、表現内容の変更は、対外的意向に合わせた自主規制と見てよいであろう。この間の事情については、『忘れられた日本人』の「あとがき」に、「このはなしはもうすこし長いのだが、それは男女のいとなみのはなしになるので省略した。この老人には昼の話も夜の話も区別がなかった。」と、「省略」以前の原作（『土佐乞食のいろざんげ』）の存在を示唆する説明文がある。しかし、このような局面における宮本の「原作」に対する〝本意〟が如何なるものであったかについては、ここにもこれ以上の表明はなく、それを推測することも難しい。

こうした「土佐源氏」を含む『民話』から、『日本残酷物語』『忘れられた日本人』へと至る展開については、杉本仁の論考「寄合民主主義に疑義あり」（『柳田国男・民俗の記述』岩田書院、平成十二年十月）があり、宮本による「時代への工作」とする見解が示されている。すなわち、「六〇年安保闘争を前にした「政治の季節」」という時代状況の中でもたらされた宮本の「政治的側面」に拠る「物語」という理解であり、宮本の「伝統を記述することで、時代へ抵抗する意識」を読み取ろうとしている。特にここでは思想家「「工作者たる」谷川雁」の影響を指摘している。さらに杉本は、「作意された民俗」（『柳田国男・主題としての「日本」』梟社、平成二十一年十月）という論考においては、拙稿（第一章所収）も引用、「民俗学」と「文学」の狭間、その境界で煩悶する宮本という理解を示し、「それはたんに「土佐源氏」のみではなく、『忘れられた日本人』の論考の幾つか（「対馬にて」や「名倉談義」）にもいえることで、この裂け目に入り込み、あがいていた宮本の煩悶や葛藤を知ることができる作品でもある。」と位置付けている。

このような、その後の展開に対する「理解」とその「評価」にはさまざまな立場があろう。しかし私は「宮本の煩悶や葛藤」（管見の範囲の資料では、私にはそれを認めることは難しいが）はそれとしても、『土佐源氏』においては、「文学」としての出発（作品としては原作『土佐乞食のいろざんげ』）がそれ以降の展開をも決定付けたものであり、基本的には『土佐源氏』は「文学」という枠を越えるものでは在り得なかったと受け止めている。

「原作」の扱いを巡って、宮本が抱いていた意図については、自身の表明を欠き、摑みかねる側面は残るが、「原作」を以て、「書かざるをえない素質を持った人間が、本当に書きたい対象を書きたいように書いた作品」と捉えるのは、すでに第一章でも述べた私の認識、評価でもある。宮本が本当に表現したかったもの、それは「原作」の中に在り、「原作」（『土佐乞食のいろざんげ』）を以てその思いは尽くしていると見てよいと思う。「原作」の根底にあってその成り立ちを支えたもの、それこそがこれまで縷々見てきた宮本の「文学」と向き合う長く深い経歴・体験であったと考えている。なお『土佐乞食のいろざんげ』に対する高い評価は、本章の一で引用した谷川健一も、佐野眞一との対談（「旅する民俗学者」）の中で表明していたものでもある。

そうした「文学」としての評価は、逆に「民俗誌」「生活誌」の「資料」としての『土佐源氏』の展開においては、大きな問題の認識に通じる。付け加えた民俗的事象やそのほかの叙述内容は、これまでの検証（本章の二ほか）の通り、宮本自身の体験や研究の直接的反映として、学的資料という点では取材対象の実態とは離れ、また中には正確性を欠くもの（「池田亀五郎」に対する認識と記述など）もあり、全体に客観的に見ることのできる十分な民俗学的達成とはなり得ていないからでもある。『土佐源氏』における一連の叙述に対して、その取材先で会った老人「山本槌造」の実態と、宮本の実際との関連を見れば、その記述の内容は、宮本自身との〝距離〟が圧倒的に近いことはすでに見てきた通りである。取材資料が失われた中で、厳密に言えば、『土佐源氏』に描かれた老人、宮本に自らの人生の思い出を語ったという〝乞食老人〟は、宮本の心の中で創り出された人物像という側面が大きくなる。「文学」と見る所以である。

「原作」以来の虚構、「乞食」とする設定については、妻アサ子の「看病日記」（『宮本常一――同時代の証言』所収）には「ユスハラノ乞食」とする発言の書き留めがあり、宮本自身の中では「事実」として定着し、それを死の床まで持ち続けていたことが窺える。

文化トイウモノハ後へ残サネバナラヌ。大学ノ講義ハ知識ヲ形成スルダケ、背後ガ大事、物ノ見方、考エ方ハソノ人ノ行動ノ中ニハイリコム、河内ノ山中デ左近熊太翁に逢ッテ体験。ユスハラノ乞食デモ同ジ、社会的ニハ零デモ田中角栄ヨリハルカニ乞食ノ方ガ立派。真価ハ肩書デハナイ、日本ガココ迄コラレタノハ最末端ノ人マデ力一パイ生キテイルコト。（「二、看病日誌（二）」昭和五十六年一月一〇日）

「ユスハラノ乞食」（檮原の乞食）は「高知県檮原村」の「土佐源氏」であり、亡くなる二十日前の言とするると、宮本の中における存在感の重さを窺わせる。「乞食」への関心が幼少時から生涯にわたるものであり、宮本の人間性に基づく本質的なものであったことについては、すでに考察したところである（本章の二、三）。その思いの全容は推量の範囲を越えるが、この時念頭に浮かんでいたものも、それらと繫がる深く重いものがあったのであろう。

しかしそれにしても、記憶力のよいはずの宮本が、『土佐源氏』の「檮原町四万川」の主人公において「乞食」としての民俗資料を主張し（『民俗学の旅』「雑文稼業」の項ほか）、なぜそのような事実とは異なる認識にこだわり、終始したかは、結局、最後まで疑問として残ってしまう。「乞食」とする必然的なもの、その重さは、宮本が生きた時代と自身の事情の中に求め、理解を深めて見るよりほかはあるまい。

以上の考察を通してあえて結論するとすれば、『土佐源氏』は間違いなく宮本常一が生み出した「文学」であり、『土佐源氏』の主人公の本当の実像、それはほかならぬ宮本常一その人に通じるものということになろう。

おわりに——「忘れられた」を考える

『土佐源氏』という文学作品は、結局、最終的に『忘れられた日本人』という印象的な表題の書物に収められることにより定着し、永く残っていくこととなった。最後にこの「忘れられた」という言葉の来歴の周辺をあらため、その持つ意味について考えておきたい。

名取洋之助『忘れられた島』と有吉佐和子『私は忘れない』

この件に関しては、管見ではすでに二人の先学の発言が見られる。表明の順に挙げると、まず、さなだゆきたかは、『宮本常一の伝説』（阿吽社、平成十四年八月）第九章の「宮本民俗学の村落社会像」の項において、宮本の「救貧と村の組織」（『社会事業論叢』第一巻第五号、昭和十五年九月）という論を取り上げ、「忘れられたる」という用語の存在に注目、「戦時下」以来の展開に言及している。

この論文の序章で、宮本は「唯私は地方を歩いてむしろ、忘れられたる世界を見ようとしたのである。従って私の述べて見たいのも農山村に於ける実情であり、……十戸二十戸の部落で行はれてゐる生活」「小共同社会」である、と書いている。（中略）戦時下の「忘れられたる世界」の発見から、戦後の「忘れられた日本人」へ至る道筋が始まっているのは間違いなさそうだ。

また須藤功は、佐田尾信作『宮本常一という世界』（みずのわ出版、平成十六年一月）における「インタビュー9　宮本常一の写真を読み解く」において、次のように発言し、「忘れられた」という用語において宮本の果たした役割を指摘、さらにその語の来歴から『忘れられた日本人』への道筋を推測している。

岩波写真文庫に薩南諸島の記録『忘れられた島』という一冊があるのですね。一九五四年十二月二十五日発行の岩波写真文庫『能登』の監修に先生の名があります。『忘れられた島』はその半月後に出ています。先生の名はありませんが、この書名は先生の命名ではないかと思っています。昭和三十年代に島に精通していたのは先生の他にはいなかったはずですから。

昭和九年に渋沢敬三を団長とする一行二十余名が薩南十島を訪れます。島人は東京から来る学者たちのために資料を用意しました。その中に『忘れられがちの小宝島』という一冊がありります。一緒に行って島めぐりの様子を書いた早川孝太郎（民俗学者）は、その表題をそのまま小見出しに使っています。宮本先生はそれを見ていて『忘れられた島』を思いつき、さらに後の『忘れられた日本人』になったのでは、と推測しているわけです。

後段に指摘されている、「忘れられた」の始発が昭和九年の薩南十島見学における島人の用意した資料『忘れられがちの小宝島』あたりに始まるというのはその通りであろう。早川の書いた当時の自筆のノート、「薩南十島を探る」（『早川孝太郎全集　第九巻』未来社、昭和五十一年一月所収、編者・解説宮本）には次のように記載があり、元は小宝島小学校の先生の用いた言葉であったことがわかる。

（9）忘れられがちの小宝島（中略）世に忘られた薩南十島の中にさらに忘られんとする島があったのである。表題の文句は、小宝島小学校（宝島分教場）の若い先生が一行のために、島の状況を書いて下すった謄写版刷六枚綴りの表紙の文字である。

しかしながら、前段から述べられている岩波写真文庫一四八『忘れられた島』(昭和三十年五月)の書名における宮本の命名という須藤の推測については、名取洋之助(一九一〇—一九六二。直接の取材者でもあり岩波写真文庫の編集長でもあった)の書いた取材の経緯を説明する記事が残されており、それに拠り考え直しておかなければならないと思う。「温泉のわく孤島」(『旅』第三〇巻第一号、日本交通公社、昭和三十一年一月一日発行)という資料である。名取は、「忘れられた三島」という小見出しに続けて、

「終戦を、三ヵ月たって知った島がある。そこにはまだ、昔ながらのトコロンジなどという風習が残っている。鼠が跳梁して、人間の食うものがなくなって困っている。今この島の記録を作ることは、きっと後で役に立つことであろう。岩波写真文庫に取り上げてはどうか」という話を、鹿児島の新聞社の方から聞いたのは、一昨年の暮れだった。(中略)話以上の所であった。第一村役場が島にない。汽船会社の待合所、切符売場の並んだ鹿児島市の港にある。(中略)そこで村長さんから話を聞いた。村長さんというより、船会社の社長さんというところである。

と、渡島のいきさつを紹介した後、三島村(鹿児島県大島郡三島村)村長の話として、「戦争前は、沖縄航路の船は下七島の中之島に寄港してくれるだけでした。それでも一月に一度船が来ればいい位で、私達の三島は本当に忘れられた島でした。」等々、文字通り「忘れられた」三島(黒島・硫黄島・竹島)の取材にまつわる興味深い話を縷々書き留めている。「忘れられた島」の情報の出所は「鹿児島の新聞社」であり、「忘れられた」という言葉は、村長をはじめとした三島村を構成

する島民個々の、厳しい生活にかかわる痛切な思いであったことがわかる。振り返って見れば、早川孝太郎の引用した『忘れられがちの小宝島』という資料もまた、小宝島の若い先生の意識に拠るものであり、〝島民〟の思いであったことに留意しておかなければならない。

なお、引用した名取の「温泉のわく孤島」（『旅』第三〇巻第一号）は、昭和三十年十二月二十日の印刷であるので、その執筆時期から、「忘れられた三島」についての「鹿児島の新聞社」からの「一昨年の暮」という情報入手の時期は、昭和二十八年末と推測しておいてよいであろう。『忘れられた島』自体の取材については、半袖・長袖・上着姿等、年間を通しての写真が見られ、またその末尾掲載の島を出て行く船の写真には「アシタヨナー（さよなら、また明日）。やがて11月だ。強いニシに海は荒れ初める。来

左は名取洋之助『忘れられた島』（岩波写真文庫）の表紙。
右は有吉佐和子『私は忘れない』（新潮文庫）の表紙。

年の3月、サクラゴチの東風が吹くまで、三島丸の往来はとだえがちだ。」というコメントが付されているので、昭和二十九年、一年を通じての調査が中心となったものと考えることができる。発行日は「一九五五年（昭和三十年）五月二十五日」とあり、編集は取材に引き続いての作業であったことが考えられる。

こうした展開の中で、実際、名取洋之助の岩波写真文庫『忘れられた島』は、作家・有吉佐和子（一九三一—一九八四）に強い衝撃を与え、黒島を舞台とした小説『私は忘れない』を生み出すこととなる（傷心の女優である主人公が、偶然『岩波写真文庫—忘れられた島』を手にし、黒島へ渡り、その体験により復活するという設定）。昭和三十四年八月十六日から十二月十八日まで、有吉の初めての新聞小説として朝日新聞に連載されたものであり、この小説は、発表の翌年昭和三十五年には松竹映画から映画化され（七月一日公開・題名「私は忘れない」八十六分）、「忘れられた島」黒島の名を日本中に知らしめることとなる。[13] なお有吉は、これに先立ち、「忘れられた島「黒島」のルポルタージュ」として、「「姥捨島」を訪ねて」（『婦人公論』第四百九十七号、昭和三十三年九月）を書いており、そこではその末尾を次のような強い言葉で結んでいる。

船を横づけることもできない大里の小さな埠頭で、何時までも何時までも手を振っていた子供たちの顔を、私は忘れることができない。真ン中に立った校長先生の姿が、やがてぼやけてきた。この涙を感傷で終らせないために、私は折あれば黒島を、都会の人々に語り続けるだろう。文明の中で怠惰に流れようとしている人々の生活に塩をぶっかけるためにも。黒島は決して忘れられてはならない。

「忘れられた島」黒島は、宮本の言葉で言えば「忘れられた日本」の象徴になる。「私は忘れない」は、その核心についての意識的宣言と見なすこともできる。「忘れられた島」に向き合い、「私は忘れない」と有吉が高く宣言するその内容は何か。島から東京に帰った主人公は、島の校長先生への手紙の中で次のように書き留めている。「私の脳裡に、再び黒島での二十日間が浮び上りました。あの自然と闘い、貧しい生活と闘い、一生懸命生きている人たちのことが、本当に力強く思い出されてきました。」——ここには、昭和三十年代当時のめざましい日本の経済的発展の中で、都会では忘れ去られようとしていた日本人の〝原点〟が示されている。それは作者有吉佐和子の思いそのものでもあったとして良いであろう。

さて、以上見てきた諸資料から浮かび上がってくるものは、「忘れられた」という切実な思いは、本来、薩南をはじめとした離島の〝島民〟のものであったということである。その一つの流れは、須藤功らの指摘の通り、早川孝太郎や自身の体験を通してすでに宮本の中に入っていたものと思われるが、名取洋之助の岩波写真文庫『忘れられた島』及び有吉佐和子の新聞小説『私は忘れない』等々は、それに加わる新たな刺激として見直しておかなければならないものとなろう。ここに見る〝島民〟とそれにかかわる周辺の人々の痛切な思いは、『忘れられた日本人』（未来社、昭和三十五年七月）の書名誕生に至るもう一つの重要な契機として、改めて注目し確認しておきたい。宮本もまたその出自から、〝島民〟の自覚を強く持った一人であったことは言うまでもない。

前掲の佐田尾信作『宮本常一という世界』（みずのわ出版、二六一頁）に拠れば、宮本は、弟子でもあり記録映画の監督でもあった姫田忠義に、対談の中で次のように語っていたという。

「人間にとって、一番やりきれないことというのはね、忘れられるということなんですね」「人が人を忘れなかったら、人は山の中でもどこでも生きられるんですよ」(姫田忠義『樹木風土記』未来社、一九八〇年)

なおこの前後の宮本の使用例を挙げれば、「島が忘れられる要素」(「島に生きる」『旅』昭和三十三年四月)、「忘れられた島」「忘れられた者」(「怒りの孤島」に生きる人々―情島」『しま』17、昭和三十四年七月)、「忘れられた土地」(『日本残酷物語』第二部、平凡社、昭和三十五年一月)、「わすれられた世界」(『日本の離島』第一集「あとがき」、未来社、昭和三十五年九月)など、特に島とかかわる場面で集中的に用いられていることが確認できる。「忘れられた」は何よりもまず、そうした孤絶の境涯に生きる人々の思いを伝えようとしたものであろう。

性愛表現と「忘れられた」民俗歌謡

名取洋之助の『忘れられた島』、有吉佐和子の『私は忘れない』に登場する黒島(現鹿児島県鹿児島郡三島村黒島)は、私自身の研究テーマ(日本歌謡史及び民俗芸能研究)における重要な調査地であり、この二つの書は、私にとっても大切な研究書、研究資料であった。『土佐源氏』自体の直接的な研究とは若干離れるところもあるが、性表現や「忘れられた」という問題において、その趣旨・精神は根底では通じていると考えるので、最後に、この地の民俗に伝承した「性」にかかわる歌謡についての考察を付け加えておきたい。

まず紹介したいのは、有吉の小説『私は忘れない』の中で島の校長先生や老人たちが折りにつ

けて唄い踊る、

「わりゃ、くれないよオ
ぬれて、いろますやア……」
「わりゃ、ねたねんなア
まくらこそ、知るよオ
まくらが
ものを、いわばやア……」

という歌詞についてである。作品の中では「大里の盆踊り歌」「長刀踊りの歌」として記されているが、これは三島村黒島大里の盆及び八朔の踊りとして伝承されてきた「長刀踊り」の歌で、現行では例年、月遅れの八月十五日と九月一日に、黒尾神社境内及び太夫（神職）の家の庭で踊られている。文化財の資料集と私自身の取材に基づき、囃子詞を判読し、欠けた部分を補い、適宜漢字を当てれば次のように読み取ることができる。

わりゃ、紅よ、いや、濡れて色増す、や、嫁御は殿と、いや、寝て増す
わりゃ、寝た寝んな、いや、枕こそ知る、よ、枕がものを、いや、言わばや

冒頭の歌詞の「紅」は、本来、ツツジの花の色に由来するが、自然の雨に濡れた花の美しさから転じて、男女のいとなみ、性愛の「寝て濡れて増す」思いに至り、花と女性の美・艶やかさを重ねて歌う。二番目の歌は、枕に浮気を問う嫉妬の歌と読み取ることができる。全部で六番ある

うちの最初の二番の歌詞に当たるが、その詞型（五七七四）の特徴から室町時代の「小歌」と認定できるものである。その歌意が露骨とは受け取られないとしたら、室町期の雅語の効用もあろうが、意味するところは深く、その表現は巧妙である。全体としては中世以来の古い伝統を持つ「風流踊り」と判断されるものとなる。詳しくは小論「土佐の「花取踊り」の生成と流伝」（「民俗芸能研究」第42号、民俗芸能学会・平成19年3月）の参照を乞うが、土佐の「花取踊り」を始め、愛媛・徳島・岡山・長崎・鹿児島の各地とも重なる貴重な資料となる。(14)

こうした民俗芸能の伝承からまず解ることは、性愛表現の高さとともに、『忘れられた島』のこの地が、かつて中世においては、海を通じて周辺の各地とも密接な交流のあった高い文化の伝承地であり、決して現今のような辺境の「忘れられた島」ではなかったということである。

この地の性愛の歌については、もう一つ取り上げておきたい伝統芸能の歌詞がある。やはり八朔の踊りとして太夫の家で踊られる「面踊り」の歌を巡る問題である。『三島村誌』（三島村誌編纂委員会、平成二年五月）に拠れば、「面踊りは子孫繁昌と五穀の実り、生産を祈る踊りで、手に持つすりこ木としゃもじ、腰のひょうたんは共に生産と性器を意味している。」と記されている。八朔（旧暦八月一日）は当地では「セチガワイ」（節替わり）と呼ばれ元日と同様に大切な日とされており、この踊りは新しく迎える節目の生産予祝の踊りに当たる。

歌詞は『村誌』には、「揃た揃たよ　踊い子が揃たヨ　ズイナ　ズイナ　稲の出穂ヨヤ　まだ揃たナ」など、近世以来の七七七五調を中心とした一般性の高い祝いの踊り歌が書き留められている。問題はこうした歌詞に固定・定着する経緯にあった。

元太夫の日高政行（大正十三年〈一九二四〉生れ）によれば、現行の歌詞は、昭和三十四年（一九五九）四月、皇太子（今上天皇）のご成婚記念に当たり、招聘され東京で踊るために、当時の大里小中学校の校長先生と相談して、自身が祖母から聞いてメモしていたものの中から選定したもの——とのことである。それ以前はまったく別の歌詞で踊っていたという。同氏は「本来、上品なものは歌わなかった」と言い、そうした歌詞にある性的表現がこの際、「具合が悪い」として除外されたのである。それ以来、本来の歌は〝忘れられた歌〟となってしまった。

しかし、踊り手の装束にも性器の意匠が不可欠であったように、本来、生産予祝の踊り歌にあって、生殖とかかわる性的表現は、生産を願う意味で必要不可欠であったはずのものである。根底にあるのは〝言霊信仰〟

黒島の面踊り。異形の面をかぶり、体には蓑をつける。手に持つすりこぎは男性器、しゃもじは女性器の象徴。

に通じる考えであり、古来の自然と一体化した人間観である。したがって、性器の俗称を用いた表現が決して「上品」と言えないのは事実であろうが、これをもって「卑俗」と見るのは誤りと言わざるを得ない。

この件に関しては、私にも反省すべき苦い出来事がある。かつて国際シンポジウム「東アジアにおける農耕文化とウタ」（関西外国語大学外国語学部真鍋研究室、平成21年8月発行）所収の発表資料「日本の農耕歌謡研究における諸問題―地域研究を中心に[15]」を作成した際、公開の場を慮って、「面踊り」の本来の歌の紹介には手を加えざるを得ず、十分な資料紹介ができなかったからである。ここにはその時の反省も踏まえて、平成十八年九月一日の日高政行元太夫への取材に基づき、失われた「面踊り」の本来の歌詞を記録し、本論の締め括りとしたい。表現の根底にあったのは、自然と闘って生きるかつての生活の貧しさ・厳しさであり、心底から豊かな生活を願う思いであったことを忘れてはならない。

面踊りの歌（合間に、ズイナ（瑞な）ズイナ――めでたいなという意の囃子詞――が入るが、省略する。）

1、ぼぼのぼたもち（牡丹餅）、きんたま（金玉）のよごしナー、まめ（豆）にすられて毛のなます（膾）ナー、毛のなますナー　（註「ぼぼ」は女陰の異称・方言。「よごし」は「和えもの」の意。「まめ（豆）」は女陰。また、陰核の意を込める）

2、ちんぽどこ行く、青筋立ててナー、生れ故郷に種をまくナー、種をまくナー

3、ぼぼは大事なもんで、座れば開くナー、立てばすぼんでしわがよるナー、しわがよるナ

ー

4、ぼぼはしてみた、なめてもみたがナー、なめちゃくさかった、しちゃよかったナー、しちゃよかったナー

5、風呂になりたい、風呂場の石にナー、おめこなめたり眺めたりナー、眺めたりナー

6、ぼぼのボンクラどんにゃ、よき（斧）の刃もたたぬナー、まら（魔羅）はえらいもんですべり込むナー、すべり込むナー

7、ぼんぼ・ぼんぼと、威張るなぼんぼナー、ぼんぼちんぽの植木鉢ナー、植木鉢ナー

8、まめ（豆）のとげの先、線香三本立ててナー、まめ（豆）がはやせば毛が踊るナー、毛が踊るナー

9、おごじょコラコラ、おはん宿だどこかナー、行けば左手の門屋敷ナー、門屋敷ナー

10、うお（魚）になりたい、かつお（鰹）のうおにナー、思うた主様に抱かよもね、抱かよもね

11、娘十七、八ちゃ、停車場の汽車よナー、早く乗らなきゃ人が乗るナー、人が乗るナー

12、男やぼめ（やもめ・寡）は、かぼちゃ（南瓜）のかずら（葛）ナー、近所となりをはいまわすナー、はいまわすナー

13、山の小鳥も、思ん木にゃ乗いめえナー、うんどま、おまん様乗せはせぬナー、乗せはせぬナー

宮本常一において、『土佐源氏』の原作『土佐乞食のいろざんげ』をそのまま公開できなかった

のも、こうした性器・性交の俗称記載に対する慮りがあったことは確かであろう。「性愛」の表現に対して時代は、現在よりもはるかに厳しい規制の課されていた時代であった。しかし、「土佐源氏」の老人が死の四年前（宮本の取材は昭和十六年二月、山本槌造の死は昭和二十年二月）に語ったとされるその言葉に込めた思いは、宮本の原作『いろざんげ』の表現を通して決して忘れてはならないものとなろう。人間の真実の思いを伝えるものとして。

註（1）第一章の論は、原題「『土佐源氏』の成立」として、柳田国男研究年報3『柳田国男・民俗の記述』（岩田書院、平成十二年十月）に執筆。また第二章の論は、原題「『土佐源氏』再考「悪党」強盗亀・池田亀五郎の語るもの」として、『季刊 東北学』第四号（東北芸術工科大学東北文化研究センター、平成十七年七月）に執筆。

（2）掲出書の出版年次を発行順に記すと、『宮本常一著作集42 父母の記／自伝抄』（未来社）が平成十四年九月、『宮本常一 写真・日記集成』（全三巻、毎日新聞社）が平成十七年三月、『宮本常一日記 青春篇』（毎日新聞社）が平成二十四年六月。

（3）木村艸太『魔の宴 前五十年文学生活の回想』は、昭和二十五年五月、朝日新聞社刊。著者の木村艸太は、その上梓を前に、昭和二十五年四月十五日、自ら命を断ったことが本書冒頭に記され、「著者の霊に献ず」と書き込まれている。

（4）『民俗学の旅』は、文藝春秋、昭和五十三年十二月刊。

（5）『万葉集古義』は、土佐の国学者・鹿持雅澄（一七九一―一八五八）による『万葉集』の総合的注釈書。宮本による本書の購入は、その関心・理解の水準が、専門家の研究的高い段階にあったことを示している。

（6）「現代民俗学の課題」の所出については、末尾に「『フォクロア』2号＝71／谷川健一対談集『民俗学の遠近法』東海大学出版会、81・4」との記述がある。

（7）佐田尾信作『宮本常一という世界』（みずのわ出版、平成十六年一月）、第四章「基層文化　土着の踏ん張り、映像に」参照。

（8）『『忘れられた日本人』を読む』は、網野善彦の岩波書店における四回にわたる講座記録をまとめたもの。平成十五年十二月刊。

（9）「父祖三代の歴史」の初出は、原題「家のうつりかわり」として『日本残酷物語』第四部（平凡社、昭和三十五年六月刊）所収。

（10）この「孫晋澔」については、『宮本常一日記　青春篇』（毎日新聞社）の昭和四年五月十三日付けの「註記」には、「宮本常一「孫晋澔君のこと」、『世に出ていく君たちに』住井すゑほか編、汐文社、一九六五年所収、参照。」とある。

（11）なおここで、クロポトキン・大杉栄に関して補足するとすれば、宮本は「圖書新聞」（昭和三十九年九月十九日付け）の「大杉栄訳『相互扶助論』（大杉栄全集第十巻）を読んで」においても、

「私が相互扶助論をはじめて読んだのはまだ二十才になっていなかった。小学校を出ただけであったから書物を読んでも十分に理解する力はなかった。おそらくはその中に書かれているいくつかの実例が理解できた程度のものであっただろうが、実に深い感銘をおぼえ、（中略）そしてその書物の著者はクロポトキンであるはずなのに、私には大杉栄のような気がして、頭の中では区別がつかなくなってしまった。それから私は何冊か大杉栄のものを読み、大杉栄を通じてクロポトキンを知ったのである

が、（中略）それを今四十年近く距てても一度読む機会を得たのである。読んでいて私は初めて読んだときとおなじような感激をおぼえた。（中略）しかも訳文が達意で、いわゆる翻訳調でなく、訳者と著者の区別すらつきがたい。それはそのまま訳者が著者とおなじほどの感激を持ってこの書をよみ訳出にとりくんだことにあるだろう。」

と述べており、宮本にとっての二人の影響力、特に大杉栄の持つ意味の大きさを窺うことができる。なお、見出しにも「身につけてしまっていたクロポトキン・大杉の世界」とあり、その意味が強調されている。

（12）柳田国男と宮本との接点に関して、宮本が「民俗誌を書くこと」については、『宮本常一　写真・日記集成』「別巻」（毎日新聞社）の昭和二十二年九月二十六日の記事に「柳田先生のところへ行く。おいでになったので沢田先生の家のことや地方状況についてはなす。直江君来て居り、カイトの調査をたのまれる。また民俗誌を書くことを約束する。」との記述が見られる。

（13）有吉佐和子の小説『私は忘れない』は、昭和四十四年十一月十五日刊として、新潮文庫に収録される。

（14）当該の歌謡自体については、『古代から近世へ　日本の歌謡を旅する』（日本歌謡学会編、和泉書院・平成25年11月）所収の「30　花と性愛と豊饒」の解説記事においても、さらに詳しい解釈を付しておいたので、参照をお願いしたい。

（15）この発表資料「日本の農耕歌謡研究における諸問題―地域研究を中心に」においても、「呪的心性」と「性愛」の持つ意味については詳しく考察しているので、併せて参照を乞う。

資料編1 『土佐乞食のいろざんげ』

『土佐乞食のいろざんげ』を資料として紹介する。第一章「『土佐源氏』の成立」で『土佐源氏』の原作本として、宮本常一の著述と認定したものである。その根拠の大要は小稿で論述したが、ここでは〝原作〟の本文について、具体的にそのことを確認し、また宮本の本作に込めた真の意図を受けとめていただきたい。

『土佐源氏』の諸本、『民話』第十一号所収本（「土佐源氏―年よりたち五―」）、『日本残酷物語』1所収本（「土佐檮原の乞食」）、『忘れられた日本人』所収本（「土佐源氏」）とのかかわりについては、本文の主な相違箇所に注番号を付け、異同の態様を脚注に記した。「ばくろうちゅう」とするか「ばくろうちう」と書くかという表記の問題や、同じことばでも、漢字を当てるか平仮名を用いるかなどの用字の問題は、煩雑になるので脚注からは省いた。ただし、これも諸本の成り立ちを考えるうえでは重要な情報であり、「ちゅう」「ちう」の表記では、〝原作本〟と『日本残酷物語』本は一貫して「ちゅう」と表記するのに対して、『民話』本と『忘れられた日本人』本は「ちう」で統一している。

また、漢字・平仮名の用字の問題は、これも〝原作本〟と『日本残酷物語』本が一致するのに対して、『民話』本と『忘れられた日本人』本が大半同一表記となっている。例えば、〝原作本〟と『日本残酷物語』本が「一人前」「悪い」「おおかた」「寝て」「子ども」「夜這い」などと表記するのに対して、『民話』本、『忘れられた日本人』本は「一人まえ」「わるい」「大方」「ねて」「子供」「よばい」などと表記している。

右の例も含めて、その他の脚注に示した異同の様相をまとめて見ると、結論として〝原作本〟は『日本残酷物語』所収の本文と極めて近い記述になっていると確認することができる。宮本自身は本文の成り立ちについて、『忘れられた日本人』の「あとがき」の中で、その順序・経路を『民話』→『日本残酷物語』→『忘れられた日本人』と受け取れる発言をしているが、決してそうではなく、『日本残酷物語』は、宮本の「『民話』へのせたものにもう少しつぎたした」という発言に相違して、『民話』ではなく〝原作本〟にまで立ち返り、それに基づいて本文を作成し直していることがわかる。

同様に、宮本は「ここ（『忘れられた日本人』）へはそのつぎ足したもの（『日本残酷物語』）をのせる」と説明しているのであるが、本文の内容から見ると『日本残酷物語』と『忘れられた日本人』の文章は一致せず、『忘れられた日本人』の本文は、細部まで含めてなぜか『民話』の本文と一致しているところが多いのである。諸本の本文の在り方は大きくは〝原作本〟と『日本残酷物語』、『民話』と『忘れられた日本人』という二グループに分けられる。

本文の成り立ちの順路については、さらに宮本自身による「推敲」も含めた校正という問題があるので、これ以上は明確な筋道を示すことは難しい。いずれにしても最も初期に成立した草稿本が、ここに示した〝原作本〟であり、その第一次稿本的存在にさまざまな推敲及び作為を加え、当時の出版事情で一般に公刊できるところまで整理したのが『日本残酷物語』であり、さらに『忘れられた日本人』の本文であると言えるであろう。はたしてどの段階の本文を良しとするか、宮本の意図はそれとして、現代のわれわれはその判断を迫られているのではないだろうか。いつまでも〝原作本〟を地下秘密出版物として、暗がりの中に放置しておくことはできないと思う。

凡例

一、底本には、青木信光編、大正・昭和地下発禁文庫『好いおんな』⑥（図書出版美学館、昭和五十七年十月発行）所収本を用いた。

一、用字、体裁とも底本の通りとしたが、伏字については、原資料の正確な本文を示す意味から復元した。（伏字は底本においても、同じことばの空白の位置をずらすなど、復元可能な形がとられている）

一、表記にはいくつかの不備が見られるが、明らかな誤記・誤植と思われるものに限って訂正した。

一、『民話』第十一号所収本（略称・民）、平凡社刊『日本残酷物語』1所収本（略称・残）、未来社刊『忘れられた日本人』所収本（略称・忘）との主な異同を脚注に示した。また一部、理解の難しいことばには注を施した。

一、本文中に、一部現代では不適切な用語があるが、底本の資料としての性格から、あえて除くことはしなかった。

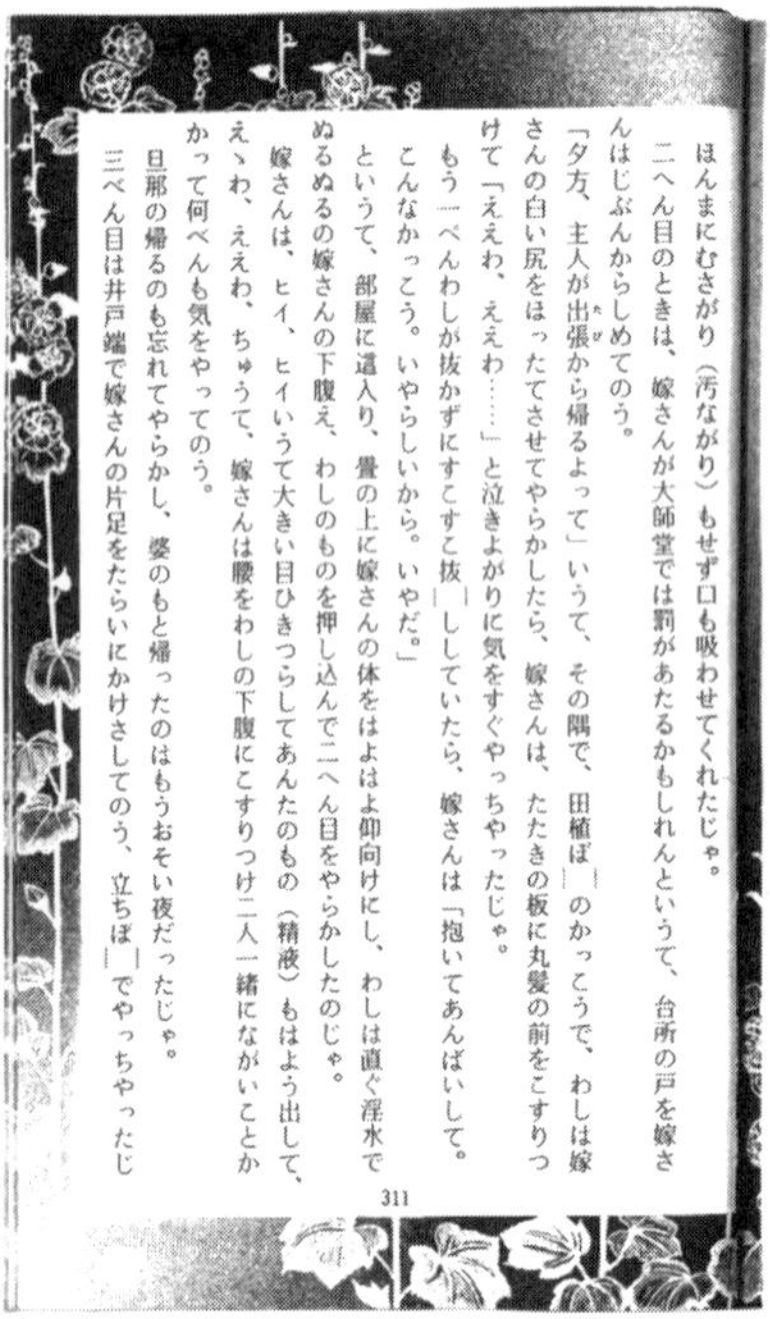

ほんまにむさがり（汚ながり）もせず口も吸わせてくれたじゃ。

二へん目のときは、嫁さんが大師堂では罰があたるかもしれんというて、台所の戸を嫁さんはじぶんからしめてのう。

「夕方、主人が出張《たび》から帰るよって」いうて、その隅で、田植ぼ　　のかっこうで、わしは嫁さんの白い尻をはったてさせてやらかしたら、嫁さんは、たたきの板に丸髪の前をこすりつけて「ええわ、ええわ……」と泣きよがりに気をすぐやっちやったじゃ。

もう一ぺんわしが抜かずにすこすこ抜　　ししていたら、嫁さんは「抱いてあんばいして。こんなかっこう。いやらしいから。いやだ。」

というて、部屋に這入り、畳の上に嫁さんの体をはよはよ仰向けにし、わしは直ぐ淫水でぬるぬるの嫁さんの下腹え、わしのものを押し込んで二へん目をやらかしたのじゃ。

嫁さんは、ヒイ、ヒイいうて大きい目ひきつらしてあんたのもの（精液）もはよう出して、えゝわ、ええわ、ちゅうて、嫁さんは腰をわしの下腹にこすりつけ二人一緒にながいことかかって何べんも気をやってのう。

旦那の帰るのも忘れてやらかし、婆のもと帰ったのはもうおそい夜だったじゃ。

三べん目は井戸端で嫁さんの片足をたらいにかけさしてのう、立ちぼ　　でやっちやったじ

311

土佐乞食のいろざんげ

「あんたもよっぽど酔狂じゃ[1]。

乞食の話をききにくるとはのう……。

また誰があんたをわしの所へ寄越しなさったか……。

はア那須の旦那か？　那須の旦那か。

あの方はえゝ方じゃ。

わしがここへおちついたのもあの人のおかげじゃ、あの方は仏のようなお方じゃったから。

婆に手をひかれて、流れ流れてここまできたとき、あの旦那が、目が見えいではどこで暮すも同じじゃいうて、人様に迷惑をかけさせねば[2]、かつえ（飢）させはせんものじゃいうて、親切にしてくださったのでこの橋の下におちついたが、ほんに人のあまり物をもろうて、食うてこの橋の下でもう三十年近うなる。

しかし、わしはあんたのようなもの好きにあうのははじめてじゃ、八十になってのう、八十じじいの話をききたいというてやってくる人

（1）民・残・忘の冒頭の前文「あんたはどこかな？……寒そうないそぎ足である。」はなく、この文から始まる。「酔狂」は、他本は三書とも「酔狂者」。

（2）かけさせねば　かけさいせねば（民・忘）、かけさえせねば（残）。

に会(3)おうとは思わだった

しかしのう、わしは八十年何にもえゝ(4)こと世間さまにしておらん。人をだますことと、おなご（女）をかまうことですぎてしもうた。かわいがって一緒(5)に抱いたおなごのことぐらいおぼえているだろうといいなさるか？　かわいがったおなごがかづ(6)知れんでのう……。

遠い昔のことじゃのう。

一

わしはてて（父）なし子じゃった。母者《ははじゃ》が夜這いにくる男の種をみごもってできたのがわしで、流してしまおうと思うて、川の中へはいって腰を冷やしても流れん。石垣に下腹をぶちあてゝもおりん、木の上から飛びおりても出ん。あきらめて(7)いたら、月足らずで生まれた。生まれりゃァ殺すのはかわいそうじゃと爺と婆が隠居へ引き取って育てゝくれた。

母者がそれから嫁にいったが、嫁入先で夜、蚕に桑をやっていて、ランプをかねって※、油がからだ中へふりかかって、それに火がついて大やけどをして、むごい死に方をしなさった。じゃから、わしは父御の顔も、母者の顔もおぼえてはおらん。

(3) 会おうとは　あおうとは（民）、あうとは（忘）、会おうとは（残）。用字も含めて残のみ一致。

(4) えゝこと世間さまに　民・残・忘の三書ともにない。

(5) 一緒に抱いた　三書ともにない。

(6) かづ知れんでのう　三書ともになく、「かわいがったおなごか……。」とする。

(7) あきらめていたら　あきらめてしもうていたら（民・忘）、あきらめていたら（残）。残のみ一致。

※かねって　「かねる」は山口県の方言で、「頭で突き上げて落とす」「頭か

気のついたときは子守りといっしょに遊んでおった。

わしに子守りがついていたんじゃない、よその子守りをしているおなごの子のあとをついて遊(8)んでおった。

昔は貧乏人の家の子はみんな子守り奉公したもんじゃ。

それが頭に鉢巻して子どもを負うて、お宮の森や村はずれの河原へ群れになって出てまゝごとをしたり、けんかをしたり、歌をうとうたりして遊うでいた。

わしら子守りのない男の子は、そういう仲間へ何となくはいって遊うだもんじゃ。

親はなくとも子は育つちゅうが、ほんにそうじゃな。

ただ、みんな学校へいくようになってもわしはいかなんだ。

子守りと遊ぶほうがよかった。

子守りにも学校へいかんのがえっとおった。

わしの子どものころはまだ学校へいくことをあまりやかましゅういわなかったでのう。

女の子と遊ぶほうがよかった。

それに十《とう》になっても学校へいかん男の子は少なかったで、守りたちの仲間と遊んでいると、かわいがってくれたもんじゃ。

ほかに学校へいかん男の子があっても、貧乏な家の子はみな家の手

らかぶる」(小学館『日本方言大辞典』『日本国語大辞典』)。本書二九・三〇頁参照。

(8)遊んでおった　あそびあるいていた(民・忘)、遊びあるいていた(残)。

伝いをしたもんじゃが、わしは(9)まつぼり子（私生児）で、爺婆に育てられたから、山へゆけ田へゆけということもなかった。

そのころから(10)悪いてんごをおぼえてのう。

雨の日には遊ぶところがない

子守りらはどこかの納屋に三、四人づつ集まって遊びよった。

そうして子どもがねむりよると、おろしてむしろの上に寝かして守りは守りで遊ぶのよ。

遊ぶといってもこれということもない。

積んであるわらの中へもぐったり、時には(11)着物の裾を捲って、股の大きさをくらべあわせたり、(12)前の道具をくらべあわせたり、(13)股の付根の穴へ指を入れたり、(14)わしの道具をつかませたりしてキャアキャアさわぐ。

おまえのも(15)捲って出せちゅうて、(16)わしのまだ皮むけちょらん道具を出させておもしろがって(17)いよる。

そのうちにな、年上の子守りが「(18)ぺこつく（交接）するちゅうのは(19)男のちんぽを入れるのよ、おらこないだ、家の裏の茅のかげで、姉《ねえ》と若い衆が(20)抱き合ってねているのが見たんじゃ。

(21)ちんぽをねえのおめこに入れて、ウンウン声をたて、姉《ねえ》と若い衆が腰をうごかしていたじゃ。

（9）まつぼり子　まっぼり子（民）、まつぼり子（残・忘）。岩波文庫版の『忘れられた日本人』所収の本文は、民と同じ「まっぼり子」としているが誤り。

（10）悪いてんご　わるい事（民）、悪いこと（残）、わるいこと（忘）。「てんご」は方言で「いたずら」の意。

（11）着物の裾を捲って　まえをはだけて（民・残・忘）。

（12）前の道具を　×××を（民・残・忘）。

（13）股の付根の穴へ　そこへ（民・残・忘）。

（14）わしの道具をつかませたり　民・残・忘はない。

（15）捲って　民・残・忘はない。

（16）わしのまだ皮むけち

お前も(22)わしのおめこに入れて見い」というてな、(23)わしの道具をつかんで自分の前の穴にわしの道具をはめようとして仰向けになり股をひろげてわしの体を腹の上に乗せて抱き込んだもんだよ。「立てんとはいらんがなァ」とい丶ながら、わしのなまおえのちんぽをむりににおめこの穴に入れさした。

それがわしのおなごを知った初めじゃった。

別にええものとも思わなかったし、子守りも「なんともないもんじゃの」いうて、(24)おめこを着物で拭きふき起き上り、「姉はえらいうれしがりよったが」、と不審がっておった。

それでもそれから遊びが一つふえたわけで、子守りたちがおらにも(25)ちんぽを入れていうて、男の子はわし一人じゃで、みんなに入れてやって遊ぶようになった。

たいがい雨の日に限って、納屋の中でそういうことをしては(26)おめこごっこにふけったもんじゃ。

(27)みんなのおめこの穴にちんぽを入れてこすってみたんだが、あんまりえ丶とも思わだった、それでもやっぱりいちばんころおもしろい遊びじゃった。

あんたは喜多郡の方からあるいてきたんなら、あのあたりの村の様子はようわかってじゃろう。

ょらん道具を　わしのも（民・残・忘）。

(17) いよる　いるいよる（民）、いろいよる（忘）、いよる（残）。民は誤植であり、残のみ一致。

(18) ぺこつく(交接)する　××する（民・残・忘）。

(19) 男のちんぽを　男のを（民・残・忘）。

(20) 抱き合って　民・残・忘はない。

(21) ちんぽを……うごかしていたじゃ　民・残・忘はない。

(22) わしのおめこに　おらのに（民・残・忘）。

(23) わしの道具をつかんで……入れさした　わしのをいれさせた（民・残・忘）。

(24) おめこを着物で拭きふき起き上り　……（民・残・忘）。

家は谷底の広うなったところに十軒もかたまったところが[28]あろうが。あとはたいがい山の腹に一軒二軒とポツリポツリある。五十戸の在所というてもずいぶん広うにちらばっている。雨が降らねば子どもらはおらびおうて（大きい声で呼びあって）お宮や河原へ集まってくるが、雨が降れば隣近所の四、五軒の子どもの集まるのがせいさい（せいいっぱい）じゃ。

女の子と[29]おめこごっこするちゅうても、つい仲ようした三、四人のことじゃが。

そのうちに[30]おめこにちょっぴり毛の生えた年上の一人が、[31]わしを寝かした体の上に乗っかり、ウンウンうなってこすっているとき、[32]おめこからえらい血を出してのう、[33]わしの股ぐらは血だらけになっちゃった、たまげた[34]のなんの。

女は[35]わしの体から飛びおりるなりいによった（帰った）。わしはその女の子が死ぬのじゃないかと思うておそろしゅうてその晩は飯ものどを通らだった。

あくる日、河原へいって見たら、その子がきてケロッとしている。「どうしたんじゃ」いうてきくと「おらもうおせ（大人）になったんじゃ。あれは月のさわりちゅうもんで、大人になったしるしじゃ、じゃから、もう近いうちに子守りはやめるんじゃ」いうて急にえらそう

(25) ちんぽを　民・残・忘はない。
(26) おめこごっこにふけった　あそうだ（民・残・忘）。
(27) みんなのおめこの穴に……こすってみたんだが　民・残・忘はない。
(28) あろうが　あろうか（民・忘）。あろうが（残）。残のみが同じであるが、民・忘のほうの誤植と思われる。
(29) おめこごっこする仲ようした（民・残・忘）。
(30) おめこにちょっぴり毛の生えた　民・残・忘はない。
(31) わしを寝かした体の上に乗っかり……こすっているとき　わしとねているとき（民・残・忘）。
(32) おめこから　民・残・

にいいよる。

　そしてのう「もうお前とは遊ばん」いいよる。

「どうしてじゃ」ちゅうと「もう大人じゃけん、二、三日うちにおばさん[36]（主家の主婦）が赤飯たいて祝ってやるといいよった。赤飯たべたら、若い衆が夜這いにくるけえ気をつけんといけんと」。

　わしはそういうもんかと思うた。

「わしとではいけんのか」ときいたら「お前若い衆じゃないもん」いいよる。

　わしは早う若い衆になりたいもんじゃと思う様になった。

二

　わしが十五になった年に爺が中風でボックリ死んだ。伯父（母の兄）が、お前ももう大人になったんじゃ、爺も死んだことじゃし、百姓家へ奉公にいくか、うちの手伝いでもするとえゝが、爺が遊ばせて何にもできんなまくら者になってしもうた[37]から、ばくろうの家へでも奉公にいけいうて、わしは家から三里ばかりはなれた在所のばくろうの家へ奉公にいった。

　わしの仕事は親方のいいつけで牛市へ牛を追うていくことと、百姓家へ替える牛を追うてあるくことじゃった。


忘はない。
(33) わしの股ぐらは血だらけになっちゃった　民・残・忘はない。
(34) 誤植とみて補う。
(35) わしの体から飛びおりるなり　ないて（民・残・忘）。
(36) 主家の　雇われている家の（民・忘）。主家の（残）。これも残とだけ一致する。
(37) 誤植とみて補う。

今日もくる日もあっちこっちへ牛を追うていく。

その牛がまた毎日替わっている。

あっちの牛をこっちへやり、こっちの牛をあっちへやる。

親方は口上手でウソばかりついて、この牛はええ牛じゃというて、悪い牛をおいては、その家で飼うているええ牛をとりあげて外へ追うていく。

まァ、山の奥のほうの村へ仔牛を追うていって、そこの大けな牛を少し山から下ったところへおく。

その家の牛をそれからまた少し下ったところへおく、というふうに大けなええ牛を下へ下へ持っていく。

そしておとす牛（殺す牛）はたいがい宇和島へ出したもんじゃ。

このあたりの牛はみな大きゅうてのう。

宇和島というところは牛相撲が昔から盛んじゃったからばくろうはええ牛をさがすのに血まなこじゃった。

そこでええ牛を見つけると、これこれと目星をつけて百姓に念を入れて飼わせて、それを牛親方のところへ高うに売りつけたもんじゃ。

ばくろうにはまたばくろう宿というてな、家の少々かたまっているところには宿のあったもんじゃ。

おおかたはちいとばかり小ぎれいな後家の家で、泊まるばかりでのうて、ときにはばくろうどうしで酒も飲む、ばくちもうつ。

後家も一緒に飲む打つ(38)、後家が負けかけると、膝を割って毛むくじゃらの陰部をちらちらさしよってのう、わしの親方がそこに目が散ってすっからかんに負かされたこともあったじゃァ。

後家の負けた時は、隣の納戸で親方と一緒に寝るのが、ばくちの金替わりの穴埋めじゃよ。

そのうえ後家はばくろうの中のだれかとたいがいはねんごろになっておる。

わしの親方も方々にそがいな女がいた。

それがまた他の男と納戸の裡で抱き合っているのを見つかって(39)大事がおこったことがあった。

まあそういうごたごたはしょっちうじゃったのう。

わしも始終そんな色ごと(40)ばかり見ておるんじゃから、自然とそういうこつ(41)もおぼえる。

わしの親方は助平じゃったので(42)、なじみの家の前を通りかゝると、昼の日中《ひなか》でも座敷へあがって女をころがす、女も人もなげに(43)親方の腰に両足をまいて腰をゆすって、わしにあっちへ行ってなと、目くばせしたもんじゃ。

わしは家の近くで牛をつれて待っておるのじゃが、牛をそこらの木

(38) 後家も一緒に飲む打つ……ばくちの金替わりの穴埋めじゃよ　民・残・忘はない。

(39) 納戸の裡で抱き合っているのを見つかって　関係して（民・残・忘）。

(40) そんな色ごと　そういうこと（民・残・忘）。

(41) こつ　こと（民・残・忘）。

(42) ので　で（民・残・忘）。

(43) 女も人もなげに……目くばせしたもんじゃ

へつないでおいて、ときおりは(44)のぞきにいってせんずりをかきながら見たもんじゃ。
(45)ある日中《ひなか》、親方の用事で、その後家の家へ宿賃をわしが一人で持って行くと、後家が一人居て、女が「こないだ、お前のせんずり掻きを見たが、もったいないことをするもんじゃけん、淫水を外へピュッと飛ばッしたりしてさ、何じゃけそれほどおめこしたいかよなァ、無駄なことするもんでねえ」とわしに色目をつかった後家は「わしがえゝことをおしえてやるさかいな、まァこっちへ上りいな……」表の戸に後家はかんぬきをして、わしの手をとって座敷へ引き上げ「誰にもしゃべるでねえぞ」と小声でさゝやいてびょうぶの引き廻した薄暗い部屋に押込まれたじゃ。

　わしをそこに坐らした後家は、ハアと息をつめてわしの股の道具をつまみ出し、もうピンと突立った男のせがれを見て後家は「オヤオヤ、小僧のくせに、お前のものは親方のよりばか大《で》かいよ」とわしのおやかった道具を後家は手でしごきながら、わしの膝の上に腰巻をくるっと片手で尻までまくって股がっただ。

　後家のあつい鼻息がわしの顔にかゝり、わしの雁首で自分のサネの頭をすこすこと五六ぺんこき上げて、もう淫水でずくずくになっちょる後家のおめこに一息に腰をおとしておし込むあたりは、させ上手の

民・残・忘はない。
（44）のぞきにいって……見たもんじゃ　隙見にいったもんじゃ（民・残・忘）。
（45）ある日中……ついぞ親方にめっかったこともない　以上三一行分、民・残・忘はない。

後家はわしのせがれの根元まできりきりともむように入れこんだもんじゃよ。

後家は目を白黒して口をあけっぴろげ「親方よりいっそう太くって、えゝよえゝよ、……お前もいゝかい、せんずりよりよっぽどええ気持じゃろが」。

とわしの膝に腰をぶるんぶるんと上げたり下げたりしよったもんだ。わしの体をしっかり抱きしめくらいつき、旦那笑うでねえよ、居茶臼ってかっこうでよ。

ゆいたての髪をさんばらにしてせいさいをつくして腰をゆすっただ。助平の後家はしまいに「えゝよ、えゝよ」と泣きだしよって、その日はわしの腰骨ががたがたする程、五回ばかりやらされたじゃ、気をやる度に生たまごをふるまわれてよ、ほんとうの女の味をおぼえ、おめこってほんまにえゝもんちゅうこと、この後家によっておそわったじゃが、ついぞ親方にめっかったこともない。

どうも助平話ばかりじゃあいそがないのう。

しかしわしは女と牛のことよりほかは何にも知らん。

ばくろうちゅうもんは袂付きをきて、にぎりきんだまで、ちょいと見れば旦那衆のようじゃが、世間では一人前に見てくれなんだ。

人をだましてもうけるものじゃから、うそをつくことをすべてばくろう口というて、世間は信用もせんし、小馬鹿にしておった。

それでも、そのばくろうにだまされては牛のかえことをしておった。悪い、しようもない牛を追うていって「この牛はええ牛じゃ」いうておいてくる。

そしてものの半年もたっていって見ると、百姓というものはその悪い牛をちゃんとええ牛にしておる。

そりゃええ百姓ちゅうもんは神様のようなもんで、石ころでもじぶんの力で金にかえよる。

そういうものから見れば、わしらは人間のかすじゃ。

ただ人のものをだまってとらんのがとりえじゃった。(46)

それにまァばくろうのうそは、うそが通用したもんじゃ。

とにかくすこしべえぼう（ぐうたら）な百姓の飼うたしようもない牛を、かっせいな（よく稼ぐ）百姓のところへ引いていって押しつけてきても、相手がみごとな牛にするんじゃから、相手も、あんまりだまされたとは思っておらん。

うそがまことで通る世の中があるものじゃ。

そりゃのう、根っから悪い牛は持ってゆけん。

十が十までうそつけるもんじゃァない。

まアうそが勝つといっても三分のまことはある。

(46) このあと、次の行との間に民・残・忘は「ぬすっと」「ごうどう亀」「盗人宿・おとし宿」の話が入る。

それを百姓が、八分九分のまことにしてくれる。

それでうそつきも世が渡れたのじゃ。

ときにはうそばかりもついておれんことはあった。

げんに、牛市へ牛を引いていけば、悪い牛はだれでもわかる。

人はだましておれん。

そのうえ牛の品評会がある。

あれにはかなわん。

牛相撲で勝つほどの牛なら十人が十人とも見てわかる。

そこでわしらみたいな小ばくろうはなるべくそういう所へは出んようにして、山の奥ばかりあるくようにしたもんじゃ。

三

二十の年じゃった。

わしの親方が死んで、わしは一人立ちすることになった。

親方はまだ若うて、かっぷく（体格）のええ男じゃったが、女の出入りが多くて、うらみを買うことがあったのじゃろう。

あるばくろう宿で後家と一緒に寝ているところを殺されて、家へ火をかけられて、風の強い日で家は丸焼けになった。

こたつの火の不始末で火事になり、焼け死んだということになったが、それにしては、焼けただれた二人の死がいが並うで出てきたのが不思議じゃった。

　あれほどの人が、家が焼けおちるまで気がつかずに寝ているはずがない。

　山の中のことで、そのまゝすんだが、わしには思い当る節があった。その後家はええ体[47]とええおめこをしておって、[48]男のものをくわえきるようなきんちゃくを自慢じゃったから、始終男どもがせりおうておった。

　それを最後はわしの親方が[49]くどきおとしてものにしておったが、それを恨んでいるばくろうが[50]おった。

　村の中の者どうしならすぐわかるが、わしらはばくろう仲間はその村の者ではない。

　それでわしらは何をしているか、案外気がつかん、また、気がついておっても、かかわりあいになるのは面倒で、とくにもならんことはだれも口をつぐうで何もいわん。

　それでわしは親方の得意先のあとを貰うて、一人前のばくろうになった。

　それからはおもしろかった。

　わしはこれという家もない。

(47) とええおめこ　民・残・忘はない。
(48) 男のものを……自慢じゃったから　民・残・忘はない。
(49) くどきおとして　民・残・忘はない。
(50) おった　いた（民・忘）、おった（残）。残のみ一致。

生れ故郷も婆が死んで、あとは伯父だけじゃで帰っても家がない。

親方のなじみの後家の家をあっちこっちと渡りあるいて、かわいがってもろうてそれで日がくれた。
(51)その間、さまざまのおめこをやらかし、女の喜ぶこつもおぼえた。
色んなやり方もおさわった。

わしらみたいに村の中にきまった家のないものは、若衆仲間にも入れん。

若衆仲間にはいっておらんと夜這いにもいけん。

夜這いにいったことがわかりでもしようものなら、若衆たちに足腰たたんまでに打ちすえられる。

そりゃ厳重なものじゃった。
(52)親方の同じ仲間の一人じゃったが、或夜夜這に忍び込んで、娘っ子の腹の上に首尾よく乗っかって、おやかったえて吉を押入れたまではよかったが、その娘っ子にえろうばたつかれ（騒ぐ）わめかれ、親達に押さへられ、村の若衆たちに半殺しに打ちのめされよった。
じゃからわしは子どものときに子守りらとよく(53)おめこしたことはあったが、大人になって娘と寝たことはない。

わしの(54)寝ておめこをいらいしたのはおゝかた後家じゃった。

一人身の後家なら、(55)抱かれようが、一緒に寝ようが表だってだれも

(51) その間……色んなやり方もおさわった　民・残・忘はない。

(52) 親方の同じ仲間の一人じゃったが……打ちのめされよった　民・残・忘はない。

(53) おめこ　××（民・残・忘）

(54) 寝ておめこをいらいした　ねた（民・忘）。寝た

文句をいう者はない。このあたりは案外後家の多いところじゃ、どうしてか、わしにはようわからんが……。

それで小ぎれいなのが旦那衆の妾になっているのが多かった。

妾は多いぞね。

村の旦那衆なら、おおかた持っておる。

あんたは神主のところへいったというが、どっちのうちじゃ、下のほうかの、四十過ぎの(56)色白なぽっちゃりした人がおりなさったろう、その人が神主の妾じゃ。

どういう顔かわしには見えんが、村で(57)名うての美人じゃそうだが(58)噂ではしもに毛がなうてのう、じゃが神主はえろうそのかわらけをありがたがってかわいがってるそうじゃ。
(59)その女ちゅうは亭主と二人で大阪のほうへ出ていたのが、亭主が死んでもどってきて、それから神主が(60)のりとを入れて通いはじめた。
六十半ばのじいさんがのう。

家を建ててやって、上の本宅と下の妾の家に一日交代で(61)ひねまらおったてゝゆきゝしなさる。
(62)よっぽどかわらけぼぼがええとみえて。
(63)わしはこの年までやっちょらんが。
この村にも四、五人は妾を持つ旦那がいる。

(残)。
(55) 抱かれようが、一緒に寝ようが　民・残・忘はない。
(56) 色白なぽっちゃりした人　色白のひと(民・忘)。色白の人(残)。
(57) 名うて　名おうて(民・残・忘)。
(58) 噂ではしもに毛がなうてのう……かわいがってるそうじゃ　民・残・忘はない。
(59) その女ちゅうは　民・残・忘はない。
(60) のりとを入れて　民・残・忘はない。
(61) ひねまらおったてゝ　民・残・忘はない。

甲斐性のある者はそうして女を囲うておる。

甲斐性のない者は後家遊びをしたり。

よその[64]かかのぬすみ取をこっそりやらかしたり……。

それでものう、百姓ちゅうもんはかたいもんぞな。

昼は二人で働き、夜はまた夜で夫婦で納戸で寝る[65]から間男なんかできっこない。

そういうなかで浮気をするのは、[66]よっぽど女好きか男好きじゃで……。

わしらみたいに女をかまうもんは、おおかた百姓しておらん人間じゃ。

みんなにドラといわれた人間じゃ。

それに村の中へはいれば村には村のおきてがあって、それにしたがわねばならん。

村のおきてはきびしいもんで、目にあまることをすれば八分になる。

（村八分）

しかしのう、わしのように村へはいらんものは村のつきあいはしなくてもええ。

そのかわり、世間もまともな者に見てくれん、まともなこともしておらんで……。

（62）この文、民・残・忘はない。
（63）この文、民・残・忘はない。
（64）かかのぬすみ取をこっそりやらかしたり　かかぬすみをしたり（民・残）、かかぬすみしたり（忘）。
（65）から間男なんかできっこない　民・残・忘は「納戸で寝る。」で終止。この文はない。
（66）民・忘は「よっぽど」の後に（余程）と注記。残は注記なく一致。

それでけっく（結局）だれにも迷惑をかけん後家相手に遊ぶように
なるのよ。
それも親方のお古の[67]後家を抱くことが多かった。
新しいなじみをつくるのはたいへんなことじゃで。
それもまァ親方のように女を我がもの顔にあつかうことはできん。
第一わしは体もこまいし、親方のようにかっぷくも貫禄もない。
また親方のように金まわりもよくない。
こそこそと人のかげでたのしむよりしようがない。
それでどうして女がついてきたかって……女を喜ばせることを心得
ておれば、女ちゅうもんはついてくるぞね。
[68]女の喜ぶつぼをめっけりゃい丶のじゃ。
わしの婆（妻）を見なさい。
このへんしょうもん（屑物）のような男にもう六十年もついている
わな。
わしの婆は、ばくろう宿の娘で、おっかァは親方のなじみやった。
わしも親方が死んでからそのおっかァの世話になっていた。
はじめはそのおっかァからよくおこられたもんよ。
[69]おっかァはわしに「親方はよかった、親方はよくわしを喜ばせてく
れた、お前[70]はこまかいくせに道具が大《で》かいわりにたよりない」ちゅう

（67）の後家を抱くこと民・残・忘ともになく、「お古が多かった。」

（68）この文、民・残・忘はない。

（69）おっかァはわしに民・残・忘はない。

てな。

それで、わしはおっかァを喜ばせようと思うて一生懸命にいろいろのことをしたぞね。

サネ(71)をもんだり、乳をすったり、おめこの穴を指でいろうたりしてのう、それも二、三べんもやってからじゃァ。

わしがどないしても女の精の強いのには勝てん。

そのうえおっかァはわしより二十も年上で、わしはいつも子ども扱いじゃ。

わしが親方について、おっかァのところへ泊めてもらいはじめたころ、わしの婆はまだ十にも足らん子どもじゃったが、わしがおっかァと関係するようになったころには、もう娘になって、村の若衆が目をつけはじめていた。

おっかァはじぶんがじるい（みだらな）くせに、娘に若衆の手のつくのを恐れて夜はいつもじぶんのそばへ寝せよった。

そこで自然わしとおっかァのすることを見らァね。

わしもまた娘の一から十まで知ってきてのう。

わしも(72)下心があったから、ちょくちょく丸裸になっておっかァの腰巻をへそまでまくり上げ、二人のちんちんかもかもを見せつけ娘にじるい気を起さしたもんじゃァ。

（70）お前はこまかいくせに道具が大かいわりにたよりない　おまえはたよりない、おまえはこまい（民・残・忘）。
（71）この文、民・残・忘はない。
（72）わしも下心があったから……娘の体をわけもなくものにしてしもうた　以

おっかァもおっかァだ、娘のそら寝も知らず声をあらげて泣きよがるでのう。

娘もへんなじるい気になるのも無理なことなかろうというもんじゃ。

あるむし暑い夜だってのう。

おっかァと一丁すんで、おっかァがくたびれていびきをかきはじめたので、わしはおっかァが寝込んでいる間に、娘のふとんの中にもぐり、娘の体をわけもなくものにしてしもうた。

それからわしは娘を連れて逃げた。
[73]冬じゃった。
雪の降る山を越えてはじめて伊予からここの隣村まできた。

わしも一人前の人間になりたいと思うた。

隣近所のつきあいもし、世帯をはって子どもをもをけて——。

しかしのう。

わしは子どもの時からまともに働いたことがない。

若衆仲間にはいったこともない。

村の中へはいって見ると、何ひとつ村のおきての守れる人間ではない。

それでも、土地で小さい納屋を借りる、婆と二人で世帯をはって、わしは紙問屋の手先になって楮《こうぞ》を買うてあるいた。


上十行分、民・残・忘にはなく、替わりに、「おっかァのねている間に娘をものにしてしもうた。」

(73) 冬じゃった　民・残・忘はない。

三年ほどの間じゃったが、わしがまァいちばん人間らしい暮しをした時じゃった。

四

そのままおちつけばよかったのを、つい魔がさしてのう(74)。

楮の中にガンピというのがあって、それはお札《さつ》の原料になる。

そのガンピは官林の中にえっとあって、百姓衆は官林で払い下げてもろうてそれをとる。

官林の番は小林区署の役人がやっておった。

わしも楮買いのことから、担当の役人によくおうた(75)。

役人は一軒ええ家を建ててもろうて、そこに夫婦で住んでおった。

高知の城下の者であったが、その嫁さんが、ええ人じゃった。

土佐の女じゃから、色はあんまり白うはないが、眉の濃いい、黒い目の大けえ、鼻すじの通った、それでまた気のやおい（やわらかな）人でのう。

行くといつも茶を出してくれた。

はじめは楮の用事で旦那に逢いにいきよったのじゃが、いつの間にか、嫁さんに心をひかれていくようになった。

それもまったくひょんな(76)ことからじゃった。

(74) のう　三書ともになく、替わりに「……。」

(75) おうた　あうた（民・忘）、おうた（残）。文字遣い、残のみ一致。

(76) 民・忘は「ひょんな」

旦那を尋ねていったら旦那が留守で、嫁さんは裏で洗たくをしておりなさった。
(77)しゃがんで膝を割ってたらいをまたいだ嫁さんの股から桃の割ったような赤い陰部が目についた。
わしは悪《わる》い物を見たとおもって目をそらした。

嫁さんはビックリしたような、そして顔を赤うしてすぐ前掛をおろしなさった。

すぐ帰ろうかと思ったが、茶をごちそうになって、嫁さんの洗たくを見ながら、つい話しこんでしまった。

話というても、わしは牛のことしかわからんから、人をだまして牛を売買する話をして聞かせた。

洗たく物をしぼって、すすぎの水を井戸からくもうとしなさるから、わしがくんであげた。

たらいの水も捨てるのを手伝うてあげた。

ただそれだけのことじゃったが「あんたはほんとに親切じゃ」とお礼をいわれた。

わしがこれほどの身分の人に一人前にとり扱われて、お礼をいわれたのははじめてじゃった。

それまではあんた、役人は官員様というて、わしらみたいに悪いこ

の後に、(何でもない)と注記。残のみ注記なく一致。
(77) しゃがんで……前掛をおろしなさった　以上五行分、民・残・忘はない。

とばかりしておる者には、いちばんおそろしいもんじゃった。

それに小林区署の役人は山へ見まわりにいく時は巡査と同じような服を着て、腰へサーベルを下げて、それだけ見てもわしら尻の穴がこもうなった(78)もんじゃ、その嫁さんからお礼をいわれて何ともいえんうれしかった。

それからは旦那のいなさらん時を見はからって、ちょいちょいいくようになった。

家がおくまって少し高い所にあるので、たずねていってもあまり人目につかん。

それでわしは駄菓子を買うて持っていったり、町へ出たついでに珍しいものを買うて持っていった。

そりゃァ婆には気づかれんようにしてのう……。

いってもたわいもないことを話してくるのじゃが、よそからきた人で(79)話し相手はないし、旦那は留守が多いし、そこでいったついでにちょいちょい手伝うてもあげた。

それでも相手は身分のある人じゃし、わしなんぞにゆるす人じゃないと思うとったが、洗たく物をほしている手伝いをしたら、つい手がふれて、わしが嫁さんの手を握ったらふりはなしもせず(80)、わしの顔をじっと見てうつむいたきりじゃった。

(78) こもう　こまう（民・忘）、こもう（残）。文字遣い、残のみ一致。

(79) で　じゃで（民・忘）、で（残）。残と一致。

(80) せず、……うつむいたきりじゃった　民・残・

忘ともになく、「ふりはなしもしなかった。」


秋じゃったのう。

わしはどうしてもその嫁さんと寝てみとうなって、そこの家へいくと、嫁さんは洗たくをしておった。

わしが声をかけるとニコッと笑うた。

わしは「上の大師堂で待っとるで」いうて、逃げるようにして、その家の横から上へ上がる小道をのぼっていった。

家のすぐ上のところから小松がはえていて、その中を通っている急な坂道を一丁近くも上ると、四角な大師堂が大きな松の木の下にある。

毎月廿一日にはお参りがあるが、常日頃はだれも参る者はない。

わしは息せききって、そこまで上がって「えらいことをいったもんじゃ」と思うて、半分後悔しながら、松の木にもたれて下のほうを見ておった。

秋のいそがしいときでのう、小松の間から見える谷の田のほうでは、みな稲刈りにいそがしそうにしておる。

そういう時にわしはよその嫁さんをぬすもうとしておる。

なんともいえん気持じゃった。

このまま逃げて帰ろうかとも思ったが、やっぱり待たれてのう。

もう小半時も待ったろうか。

夕方じゃった。

夕日が小松を通してさしておったが、下のほうから嫁さんが上がってくる。

絣の着物を着ていて、前掛で手をふきふき、ゆっくりと上がってきなさるのよ。

わしは上からじっと見ておった。

なんぼか決心のいったことじゃろう。

わしはほんとにすまんことをすると、思うたが……。

四、五間のところまできて上を見あげたから、わしがニコッと笑うたら嫁さんもニコッと笑いなさった。

それから上がってきた嫁さんの手をとって、お堂のところ連れていって上がり段に腰をおろした。

そしたら嫁さんがあたりをみまわして、[81]ちっちゃな声で「人の目につくといけんから」いうて、嫁[82]さんはわしより先にお堂の中へはいっていった。

わしの腰[83]のものはもうふんどしを突きやぶけるほどおやかって嫁さんの体に当たらんばかりじゃった。

嫁[84]さんははきものをお堂の中へ入れて、格子をしめなさった。

そうして板の床の上へすわっての、わしの手をとって、その手をじぶんのみずおちのところへあてて「こんなに動悸がうっている」とい

（81）あたりをみまわして、ちっちゃな声で　民・残・忘はない。

（82）嫁さんはわしより先に　民・残・忘はない。

（83）この文、民・残・忘にはない。

（84）嫁さんは……せられたことはなかった　以上七

うてわしを見てほんのり笑いなさった。

　何ともいえんかわゆい顔じゃった。

　困ったような、たよりにしているような。

　わしはおなごからそないにせられたことはなかった。
　(85)わしは嫁さんの手から手をほどいて片手で嫁さんの肩を抱いてその手を膝の間をかきのけて陰部のあたりに持っていった。
　嫁さんはピクッと体をふるわしてわしの体にしがみついたじゃ。

　わしのおやかったものをふんどしからぬき出して嫁さんの手ににぎらせると、おずおずと嫁さんはそれをにぎってほてった顔を横むけた。

「わしのようなもののいうことを、どうしてきく気になりなさったか」いうてきいたら「あんたは心のやさしいええ人じゃ。女はそういうものがいちばんほしいんじゃ」といいなさった。

　みぶんの高い女で、わしをはじめて一人前にとり扱ってくれた人じゃった。
　(86)嫁さんは「はづかしいよ」と言ったが、わしは嫁さんのおめこに指二本をのぞませると、腰をもじもじふってわしの肩に顔を押しつけてくるけん。
　こまい毛をしょり〳〵といらい、オサネをつまみ、ふっくらとしたおめこのもりあがった穴はぽかぽかと熱く、もう嫁さんはたえられな

行分、民・忘にはなく、残のみにあり一致する。ただし、「何ともいえんかわゆい顔」のうち「かわゆい」は欠落。

(85) わしは嫁さんの手から……顔を横むけた　以上五行分、民・残・忘ともにない。

(86) この文より、二九九頁の「わしにすなをに体を自由にさしてくれたじゃ」まで九七行分、民・残・忘はない。替わりに「四、五回

さそうにお尻までつるつるにぬれていたじゃ。

その淫水でオサネの頭をわしは指でねれつけてやると、嫁さんはハアッハアッといってヒョイヒョイと腰を浮かしてのう。

指を二本さしいれて子つぼをいらいらいろってやったら「もう、あんた、アア……」と腰を思いきりピクッと動かしてわしにくらいついてきたじゃ。

嫁さんは膝をにじらせ、にぎったわしの動悸うつ男のものをつよくしごいて……。

わしは頃を見て、かっかっとほてった嫁さんの顔を見ながら、わしは嫁さんの赤い腰巻を左右にお尻の上へまくりあげ、わしの膝の上にまたがらせた。

嫁さんは片手で前掛をもってじぶんの顔をかくした。

そうしてじぶんのからだをわしの思うまゝにさせた。

つばきもつけず雁首をぬっと嫁さんのものに突きあげると、ぎちぎちと根までぬめりこんでのう、嫁さんは「ウウッ」とうめいて思わず顔から前掛をおとしたぞいな、わしはこゝぞと腰をふんばって、嫁さんの子つぼを雁首のさきでつき上げてはせゝりあげてやった。

嫁さんは顔をしかめて、きれいな歯を口から見せっ放しにしてフウフウうめき声をたてゝ、「えゝぞいな、えゝぞいな」とお尻をえんりょ

もおうたじゃろうか。」とする。

ぶかそうにゆすりおろしてのう「あんたとなら、どうなっても、ええ、もうどうなっても、ええ……」わしの顔に嫁さんはあついあつい息をはいてのう、さゝやくのじゃ。

わしは嫁さんに「しんどないけん、痛たかないけん」というと「えゝ気持、えゝ気持、いゝのよ、いいのよ」と大きな目から嫁さんは涙をぽろんぽろんおとしてのう、両脚を突張って「アッツアッツ……」と嫁さんのおめこの口がきゅんとしまって、わしのおやかりかえった道具にたらたらと淫水をへりかけたじゃ。

わしもたまらなくなって、嫁さんの腹の中え、嫁さんのお尻をきつう抱きひねって、どっとため淫水をはじき飛ばしたわな……。嫁さんは体中ぶるぶるふるわして二人が気をやっても、嫁さんはじっとわしに抱かれてうっとりとながいこと居茶臼のままだったよ。

「ええあんばいだったかな」とわしは嫁さんを抱いたままいうと、だまって嫁さんはこっくりした。

わしが、嫁さんの体を膝からそっとおろして、ふんどしのはしで嫁さんのぬれたおめこを拭いてやろうとすると、嫁さんははずかしがって、股倉を腰花ではよはよおさえて「こんなところ男のあんたが拭くもんじゃない」と、嫁さんはふところから半紙を出し、わしのものをやわらかうふいてくれたじゃ。

そして嫁さんはくるりとあちらをむいてじぶんのを始末しだした。うしろむきに丸髷をうつむけて、お尻をちょっぴりほったてた嫁さんのそのかっこう見て、わしのものはまたむくむくとおやかってきたじゃでのう。

で、わしはまた、嫁さんの腰巻をうしろからさっとせなかまでまくりあげ、丸いお尻の割目にわしのおえた奴をどきんどきんとあてがったら、そのはずみで嫁さんは四つ這いになってのう、嫁さんの「アッ」という声といっしょにおめこの穴に、ブウと音を立ててわしの道具がきんだまの付根まで押込んじゃったたじゃ。

めんくらった嫁さんは別にいやがりもしなかったが。

それでその初めての日は、お堂のせまい中でとうとう三回も、嫁さんとしてしもうたじゃァ。

髪や着物をなをして嫁さんの立ち上った時は、もう秋の陽はとっぷりと暮れていたじゃ。

それからなァ、四、五へんもおうて、旦那の留守の日にしたじゃろうか。

嫁さんは決して自分から、わしにほれていたんじゃないが、そいでもわしにいつもニコッと笑うてわしの言うがままに股をあけてくれてのう。

目に泪をためてわしのようなへんしょうもんの体を抱いてくれたじゃ。

ほんまにむさがり（汚ながり）もせず口も吸わせてくれたじゃ。

二へん目のときは、嫁さんが大師堂では罰があたるかもしれんというて、台所の戸を嫁さんはじぶんからしめてのう。

「夕方、主人が出張《たび》から帰るよって」いうて、その隅で、田植ぼぼのかっこうで、わしは嫁さんの白い尻をほったてさせてやらかしたら、嫁さんは、たたきの板に丸髷の前をこすりつけて「ええわ、ええわ……」と泣きよがりに気をすぐやっちゃったじゃ。

もう一ぺんわしが抜かずにすこすこ抜差ししていたら、嫁さんは「抱いてあんばいして。こんなかっこう。いやらしいから。いやだ。」というて、部屋に這入り、畳の上に嫁さんの体をはよはよ仰向けにし、わしは直ぐ淫水でぬるぬるの嫁さんの下腹え、わしのものを押し込んで二へん目をやらかしたのじゃ。

嫁さんは、ヒイ、ヒイいうて大きい目ひきつらしてあんたのもの（精液）もはよう出して、えゝわ、ええわ、ちゅうて、嫁さんは腰をわしの下腹にこすりつけ二人一緒にながいことかかって何べんも気をやってのう。

旦那の帰るのも忘れてやらかし、婆のもと帰ったのはもうおそい夜だったじゃ。

三べん目は井戸端で嫁さんの片足をたらいにかけさしてのう、立ちぼぼでやっちゃったじゃ。

嫁さんは「こんなかっこうしんどい」いうたが、わしのおやかったもの嫁さんの股にあんばい入れて、嫁さんのお尻を両手で抱いて嫁さんがくたくたになるまでとぼしたら「あんたはほんまに工合よく女をよろこばす」ちゅうて顔をまっかにして、たらいの水で嫁さんはじぶんのおしものよごれをしまつしてのう、わしのもニコッと笑うて水をチャブチャブとかけて洗ってくれたじゃ。

旦那がこの嫁さんをあんまり可愛がらないのか、嫁さんの体をあんまりかわいがらなかったのか、嫁さんはわしとするとき、腰のつかいかたも、男を抱くこつもあんまりしっちょらんから、わしのいいなりに、前向き、後向き、横ざしと転がって「こうかえ、ああかえ」と、するたびにわしの手をかりるんじゃ。

嫁さんはきりょうはよし、おめこも上玉だし、もったいないほど、わしにすなをに体を自由にさしてくれたじゃ。

それから、わしはこの嫁さんや旦那に迷惑をかけてはいかんと思うて、(87)しかしこの土地にいるかぎりはとても縁のきれるものではないと思うて、この人にも内緒、婆にも何にもいわんで、四年目にまた雪の

(87) しかし……と思うて　民・忘はない。残のみ一

降る道を伊予へもどった。
(88)わしは一代のうちにあの時ほど身にこたえたことはなかった。
半年というものは、何をして暮したかもおぼえてはおらん。

気のぬけたように、暮したのう。

何べん峠の上までいって嫁さんのあの姿が見えやせんか、ぼんやり峠の上にのぼってらちもないことを考へ考へのぼったかわからん。

婆にも逢うのがいやで、半年ほどはかくれておった。

半年ほどたつと、やっとこらえられるようになった。

五

わしはそれからまたばくろうになった。

それからのわしはこれと思う女は、みなか(89)もうて喜こばした。
(90)しかし、あの嫁さんのような人にはあわだった。
いや、一人あった。

話してええかのう。

あんたはほんとに女にほれたことがありなさるか。
(91)また女の股倉《まえ》をなめたことがあり、ほれた女の小便《しし》をのんだことがありなさるか。
わしゃァ、この話はいままでだれにもしたことはないんじゃ。

致。
(88) 以下の文、七行分、民にはなく、残・忘は一致。ただし「嫁さんのあの姿が見えやせんか、ぼんやり峠の上にのぼってらちもないことを考へ考へのぼった」は欠く。
(89) かもうて喜こばした　かもうた（民・残・忘）。
(90) 以下に続く「庄家のおかた」の話は、民にはない。
(91) この文（また女の……ありなさるか）、残・忘は「まえをなめたことが死ぬるまで話すまいと思うておった。

あの人にすまんでのう[92]……。

人に話されんような話がわしにもあるかって？　あるくらいな、しかしの、わしが死んでしもうたらだれも知らずじまいじゃ。

八十すぎの[93]盲目人《めくら》が話したからって、もう罪になる人もあるまい。

わしは庄屋のおかた（奥さん）に手をつけてのう。

旦那は県会議員をしておって、伊予の奥ではいちばんの家じゃった。

何かの折に道ばたでおうたら「博労、ええ牛を世話してくれ、おとなしい牝牛がええ、家へいったら、おかたがいるで、よう相談しておいてくれ」と人力車の上からいわっしゃる。

　これから宇和島へゆきなさるということじゃった。

旦那には道でよく逢うことがあって、いつでもていねいに頭を下げてはおったが、声をかけてもろうたことはない。

それにわしは旦那の村からずっと離れて住んでおったで、御縁もなかった。

　それにあのあたりはりっぱな博労が何人もいたところじゃ、どうした風の吹きまわしか、わしに声がかかってのう。

　おそるおそるいったもんよ。

　昔の一領具足の家で、庄屋になったということで、前は高い石垣で、

ありなさるか」と改変。
（92）のう　残・忘はない。
（93）盲目人　盲人（残・忘）。

石段があって、お城のような家じゃった。

石段を上ると門があってのう、長屋門になっておった。

勝手口へいって「いま旦那様におうてこれこれの話じゃで、おかたさまに相談せえっていうことでありました」というとのう、おかたさまが出てきなさった。

わしらまた、ああいう美しい女におうたことはなかった。まだ四十になっておりなさらんじゃろう。色がめつぽう(94)白うてのう、ぼっちゃりして、品のええ、観音様のような人じゃった。

ああいう家じゃから何もかも下女や下男にまかせていなさるかと思うたら、そうじゃなくて、おかたさま(95)じぶんで牛の駄屋までいきなさって、長い間飼うてきて、仕事もようする牛じゃがコットイ（牡牛）で気があらいで、オナミ（牝牛）にかえたいといいなさる。

「はァ、田に使うなら牛はコットイに限ります。男衆が使うんじゃから牡牛のほうがようござりますで……。これほどの牛がありましょうかい」ちゅうと「いやもう旦那が留守がちで、女が家をきりまわすのでは、とても骨が折れるけに、田は小作にあづけることにしたから、牛も大きなのはいらぬ。しかしわたしが牛がすきだからこれからも飼うてみたい」といいなさる。

(94) めつぽう　残・忘はない。
(95) おかたさま　残・忘はない。

「へえ、さようでございまするか」ちゅうことになって外へ出たのじゃが、ああいう、ものいいのやさしい人にはおうたことがない。

始終家の中におりなさるで、それまでおうたことも見たこともなかった。

別嬪(96)でおとなしいおかたさまじゃといううわさだけは、きいておった。

それでまァわしも一生懸命になって、これならほんとに気に入られるじゃろうという牛をさがし出して追うていった。

そしたら喜びなさってのう。

ところがあんた、こんどは今までいた牡牛を引き出そうとしたら、赤飯をたいて食べさせるやら、酒を飲ませるやら、人間を扱うのとちっともちがわん。

はア上《うえ》つ方の人というものはこういうもんかと思うてのう、わしもちっとあきれておった。

酔狂じゃのう。

普通の百姓はあそこまではせん。

ところがあんた、いよいよ牛を引いて出かけるときに、ポロポロ涙をおとしなさって「ええとこへいって大事に飼うてもらいや」いいなさる。

(96)　で　の（残・忘）。

なんとまァやさしい人もあるもんじゃと思いましたなァ。

わしらのような出たとこ勝負のやったりとったりとは、てんでものがちがうんぞな。

なにもかもたまげることばっかりよのう。

それからまァ時々牛を見がてらに旦那の家へいって見たが、旦那のいるちゅうことはめったになかった。

夫婦仲はよかったようじゃが子ども衆(97)がのうてのう。

それがさびしかった。

旦那には宇和島に妾がおいてあって、そのほうには三人も子があるちゅうことじゃった。

ところがあんた、いつじゃったか、八つ下り（午後三時）ごろじゃったろう。

いって見ると女子衆も男衆もおらん。

はァてと思うて大きな声で「ごめんなされ」ちゅうとたすき掛けでおかたさまが裏のほうから出てきた。

「何をなさっておいでで？」いうてきいたら牛の世話をしていなさるというんじゃ。

わしゃ、またたまげてのう。

こういうしとやかな、大けえ声もたてんような人は、座敷にばっか

（97）子ども衆　子供（忘）、子ども衆（残）。残は一致。

りいて、そういうことはせんのかと思うていた。

牛の駄屋へいって見るとなァ、牛をきれいにこすって……。

「そういうことは男衆にさせなされませ。おかたさまのような方のするもんじゃありません」ちゅうと「わたしは牛がすきで、八つ下りになると、下女に茶を持たせて畑仕事をしている男衆のところへやって、その間にこうして牛の世話をするのじゃ」という話で、またたまげて……。

それからのう、八つ下りの時にゆけば、おかたさま一人でいなさることも知った。

悪いこととは知りながら、ついその時刻にいくようになってのう、わしら世間のことはあんまり知らんで、話といえば、牛のことだけでほかに話の合うこともなかったが、おかたさまのわきにおるといっちええ気持でのう、[98]八つ下りにゆけば、おかたさまひとりだし、そりゃァもう、いつも一緒になって手伝っておった。

わしが牛の講釈してきかせた。

するとおかたさまはいちいち感心してきいてくれて……。

かなしいことじゃが、わしら学問も何ものうて言葉づかい一つでけないので、下手《へた》をいうとなァ、そりゃこういうのじゃって、笑いながらおしへてくれなさる。

（98）八つ下りにゆけば、おかたさまひとりだし
残・忘はない。

そんなときに、役人のお嫁さんを思い出すかといいなさるか。

あんたも悪いお人じゃはァ、こういうことが浮気というものかと思うてのう。

お嫁さんのことは片時もわすれたことはなかった。

それにおかたさまにまたほれて……。
[99]一緒に手伝っておる時はちょくちょくわるいことじゃが、わしの前のものがおえてしようがなかってのう。
それでおかたさまに手をかけちゃァいかんと思うて[100]せいいっぱいほかのことを考えてしんぼうしたが、おかたさまの髪がわしの顔にさわりたり、手が手にさわられたりしておかたさまがわしのはたにいる限り、それもつらいこっちゃったじゃァ、たいがい女をかもうてからいくんじゃが、どうもならん。

お嫁さんにすまんように思うて……。

それでいて、だんだんおかたさまをわなにかけるようなことをしたわい。

「おかたさまおかたさま、[101]これほどせっかくの牛じゃから子をとりましょうや」いうて、とうとう種をつけることにして、わしはええ牡牛を借って追うていったぞね。
[102]そうしたらおかたさまは、[103]小屋をきれいになさって、敷わらも換え

(99) 一緒に手伝っておる時は……おえてしようがなかってのう　残・忘はない。
(100) せいいっぱい……それもつらいこっちゃったじゃァ　残・忘はない。
(101) これほどせっかくの　せっかくこれほどの(残・忘)。
(102) そうしたら　そ

て、牛をぴかぴかするほどみがいていた。

　どこの牛でも百姓家の牛は糞の中に寝て、尻こぶたへ糞をべったりつけているものじゃ。

「おかたさま、おかたさま、あんたのように牛を大事にする人は見たことがありません。どだい尻をなめてもええほどきれいにしておられる」というたら、それこそおかしそうに、(104)おかたさまは片手で口をおさえ「あんなこといいなさる。どんなきれいにしてもお尻がなめられようか」といいなさる。

「なめますで、なめますで、牛どうしでもなめますで。すきな女のお尻ならわたしでもなめますで」いうたら、おかたさまは(105)顔をまっかになさって、あんた向こうを向きなさった。

　わしはいいすぎたと思うて、牡牛を牝牛のところへつれていきました。

　すると(106)牡牛は大きなへのこをおっ立てて、牝牛の尻の上え乗ってきよる。

　わしゃもうかけるほうに一生けんめいで、おかたさまのほうへ気をとられることはなかったがのう。

　おかたさまのほうを見たら、ジイッと見ていなさる。

　牡牛が(107)一物をずるずるっと抜いてすましたあと牝牛の尻を(108)ぺろぺろ

したら（忘）、そうしたら（残）。残と一致。
（103）小屋　駄屋（残・忘）。
（104）おかたさまは片手で口をおさえ　残・忘ともにない。
（105）顔をまっかになさって　まっかになって（残・忘）。
（106）牡牛は大きなへのこをおっ立てて　牛は大きなのを立てて（残・忘）。
（107）一物をずるずる

となめるので「それ見なされ……」というと、おかたさまは「人よりも牛のほうが愛情が深いのか知ら」と(109)顔をまたまっかにしなさってためいきをつきなさったじゃァ。

　わしはなァその時はっと気がついた。

「この方はあんまりしあわせではないのだなァ」とのう。

「おかたさま、おかたさま、人間もかわりありません。わしなら、いくらでもおかたさまを(110)かもうて、おかたさまのお尻でも、サネでもなめて、ほんまの情《じょう》をうつすのじゃが……」おかたさまは何にもいわだった。

　わしの手をしっかりにぎりなさって、眼へいっぱい涙をためてのう、(111)体をふるわしておかたさまは顔をうつむけたじゃ。

　八つ時で女中衆も男衆も、わしとおかたさまいがいは誰も居なかった。

　おかたさまの早い胸の動悸がわしにはわかった。

わしは牛の小屋の隣の納屋の中へはいると、おかたさまもだまってついてきて納屋の戸をじぶんでしめた。

おかたさまと寝るのに工合のよいわらが積んであった。

おかたさまは娘のように体をふるわしてのう。

わらの上にわしが坐ったらおかたさまも行儀よく膝をそろえて坐り

っと抜いて　残・忘はない。
（108）ぺろぺろと　残・忘はない。
（109）顔を……つきなさったじゃァ　残・忘ともになく、替わりに「いいなさった」。
（110）かもうて……ほんまの情をうつすのじゃが　残・忘はない。
（111）「体を……」以下、三一六頁の「坐りなをした」まで一四八行分、残・忘はない。替わりに「わしは牛の駄屋の隣の納屋の藁の中で、おかたさまと寝た。」

なさったが、あぐらをかいたわしのものはいたいほどおやかってふんどしの横から飛びでていたじゃ。

おかたさまは、それかえったわしの大けえ道具を見て、また顔をまっかにしてのう。

わしのものを握らそうとおかたさまの手をきんたまに当てがったら、はづかしがりながらも恐る恐るやわい手でにぎってくれたじゃ、わしのものはおかたさまのやわい手の中でドキンドキンとおどってのう。

さすがのおかたさまもちょっとじるい気がおこったのか、いきをスウスウしながら行儀のよい膝を少うしあけたから、わしはおかたさまの膝の間に手を入れ、腰巻をかきわけて指を股の付根にのぞませたら、おかたさまはピクッと腰をうごかして両股をしめつけてのう。

持っていたわしのおやかったものをおかたさまははなして、わしの膝の上に丸髷をすりつけ胸を膝小僧に押付けてきたじゃァ。

おかたさまの髪のええにをいと美しい襟《えり》あしの肌のええにをいがぷんぷんわしの鼻さきにきて、わしはごくらくにいるような気がしてのう、生つばをゴクンとのんで夢中におかたさまの体を仰向けに寝かしたじゃ。

おかたさまはアッと叫ばれたようじゃったが髪のくづれも気にせんですなをに寝てくれたじゃ。

わらの上じゃから工合ようふとんがわりになってのう。

腰巻をまくりかけたら、おかたさまはそれを両手でおさえてひざをぴったりあわせなさるから、わしは「ごめんなされや、おかたさま、ごめんなされや、おかたさま、その手をどけんと、おかたさまをかもうことも、おかたさまのきうじ※をなめることもでけんよって」いうて、おかたさまの両手を腰からのけさし、腰巻をくるっとおへそのあたりまでまくりあげたら、おかたさまは何かいわれたようじゃったが、こんどは顔を両手でかくしなさった。

まァ、ぽっちゃりとしてまっしろでつるつるとしたお腹や、そのおめさんの上にほどよく生えそろった黒い毛並、つんむりした豆（陰核）が赤うぬれて、股を押しひろげたらおめさんの穴の肉が、落したての牛肉色のように赤うて、おかたさまのおめさんは、いままでかもうて見てきたぎょうさんな後家衆のおめさんとくらべものにならないええおめさんじゃったよ。

あんた笑いなさったが、ほんまのことじゃ。

あの年の女ご衆のおめさんはたいがい紫色にふじゃけて、わるいにをいをするもんじゃで、とってもなめられたもんじゃないが。

このおかたさまのものは、ほんまにおはつのようにきれいな、それでいて指二本を付根まできゅっと吸《すいっ》くほどなええおめさんじゃったの

※きうじは、「きゅうじ」で、急所、きゅうじどころ（急死所）の意。急死所は、「体の中で命にかかわる大事な部分。急所。きゅうじ。」（小学館『日本国語大辞典』）

う。

おかたさまの豆《サネ》の皮をこき上げてほんざねを、わしが舌でなめあげ、なめさげ、穴の肉を、そのびらびらを、舌を丸めてそのおめさんのきうじきうじを押しなめしてやったら、おかたさまは、すすり泣くような声をたてて、腰をあちらこちらよじってわしの顔におしつけてきてのう、おかたさまのおめさんからじくじく汁がわき出てくるじゃが、おかたさまは「いい、いい、えゝわ、えゝわ……あああ、お前さん、困《こま》った、こまった、わたしのものからお小用《こよう》が、あああ……」わしは、ますます、指二本と舌でくじりまわして、おかたさまのおめさんの生汁《きじる》をのみこみ「おかたさま、遠慮なさらず、どんどんお出しなされ、お出しなされ、お出しなさると、もっと、もっとええあんばいにしてあげまするで。」

ちゅうと、おかたさまは「それでもお前さんの顔をよごしては、あぁっ、ああっ、おまえさん！　お前さん！」ちゅうてどくどくおかたさまのおめさんの奥からすきとをった先き走りの淫水がわしの口の中え流れこんでのう、わしは、それを、かんろのようにのみこんで「おかたさま、もっと、もっと、お出しなされ」ちゅうて、わしはせいいっぱい、おかたさまのかたく赤うなったおさねや、ねれついたおめさんの穴の中に指二本でこねまわして「ええ、おめさんだ、ええおめさんだ、もっと、もっと、お汁を、しょんべんでもなんでも、ええあんばいほどお出しなされ、お出しなされ、おかたさま、ほれッ、ほれッ」ときつう舌でおめさんを押しあげ、指でこねまわしてあげたじゃァ。

おかたさまは、うんうんいわっしゃってのう、たまらなそうに、わしの顔を白い股にはさみ込んでしめつけしめつけ、わしの道具をおかたさまのおめさんに入れぬまえに一ぺん気をやってのう、しまいにがっくりとおかたさまは脚をわらの上におとしたじゃ。

おかたさまはもうすうすう息をはいて、何にもいわしゃらなかった。おかたさまはそれから、わしにからだをまかしきりじゃったから、わしは、じぶんのふんどしをまるめて、おかたさまの、丸いお尻の下に敷き、おかたさまの両足をとってわしの肩へかかえあげておかたさまのおめさんを天にむけ、わしの雁首で五、六ぺんおさねや穴のぐるりをせせりあげて、ころはええ工合と、おかたさまが、もづもづと腰を動かすもかまわず、ぬっとおかたさまの腹のなかに押し入れたじゃ。

おかたさまは「ハアッ」とうめいて、美しいかをしかめ、腰をうしろにひきずったがの、おやかったわしのものが、おかたさまのあついおめさんの肉のなかに根っこまでくわえこましたじゃ。

こまいわしがからだじゃったが道具が大けいので、おかたさまは、わしのでかいものがおしこんじゃったものだから、おかたさまのおめ

さんのびらびらがまくれこんで、おかたさまは前をひいて後へ後への
けぞらしていたそうにかをしかめさっしてのう、着物の袖をくわえて
こらえさっしゃったじゃァ。
おかたさまは眼をつむって肩でいきしてのう。
わしが、おかたさまに「つらかろうが、ごめんなされや、……」ち
ゅうたら、おかたさまは、かぶりをふって「ええのよ、ええのよ、」と
いうたので、わしは、おかたさまの着物のえりを片手でひらいて、乳
をむきだし、指でくりくりもんでやると、おかたさまは体をもがいて、
わしの肩をだこうともがいたじゃ。
おかたさまには子がなかったから乳も娘のようにかたく丸丸《まるまる》してのう、おめさんとおんなじええかっこうじゃった。
わしは、それから、ゆっくり、またはやく、乳をもみ、おさねを、つまみ、わしの道具をおかたさまの子つぼめがけておんなじように抜きあげ、押しこみ、淫水でぶっすんぶっすんおとをわかして腰をつかったじゃ。
おかたさまは、丸髷を横ざまに、わら床にこすりつけ「ええわ、ええわ、お前さん、モウ、モウ、わたし、モウ、アアアア、ええわ、ええわ、アアアア……」ちゅうてつつしみぶかいおかたさまも、わしのかもうかたにえろうとりみだして、淫水をとろとろとおめさんのおく

からだして、手足をぶるぶるふるわして、何べんおかたさまは気をわしのためにやったか、かずしれなんだ。

　わしももうおかたさまのとりみだしかたに、こらえきれずなってのう、はりさけそうになった道具に、せいいっぱいの馬力をかけて、おかたさまのやわい体をいっぱいに抱きしめおさえ込んで、おめさんのおくのおくまで突きあげ、押しまわし、ゆるゆるついたり、つよう抜いたり、ぶっすんぶっすん、くちゃり、くちゃりと、おかたさまがヒイヒイうめき、汗をだして、あぶらっこい丸出しの白いお尻を、前後左右にわらどこに、わしのふんどしをずらしてうごかしてよがってのう。

　おかたさまがわしの首をいきのつまるほどきつうしめ、「ああアアアア……お前さん、わたしモウモウモウ、アアッ、また、そそうする、そそうする、そそうする、ああアアア」「おだしなされ、おだしなされ、おだしなされ、おかたさま、おかたさま、わしも出します。おかたさまの子つぼに、わしも出します、それ、ほら、でました、ツウツツウツと、ウォッ、いくいく、おかたさまの子つぼのおくに、ウオッ、いくいくいくいく……」おかたさまにこれほどの力があるかと思うほど、わしのくびとかたをひきしめるうちに、わしもおかたさまといっしょになってした丶か気をやったじゃ。

おかたさまのからだのなかにわしのからだがとけてゆくようなええ気持じゃった。

おかたさまも眼をつむって、汗の顔のままうっとりと、わしにだかれたままじゃった。

わしは、おかたさまのそのかわいいかをにこらえきれず、おかたさまの顔に頰ずりして、おかたさまに舌をださせて、わしがくちに入れてなめまわした。

抱いたままでのう……。

ことをすましたわしは、ふりちんのまま、おかたさまの股の間に顔をおしつけて、ぬれて赤びかりのおめさんに舌をもって、ぴたぴたとなめまわした。

おかたさまは、ふところからふき紙をとり出し「お前さんのものに、そそうしたから、さき（前に）にふきましょう」というたが、わしはかまわず、「おかたさまのなら、おめさんでも、お尻でも、こんなに喜こんでなめますじゃ」ちゅうて、おかたさまの紙をとりあげ、おかたさまのきみづをおめさんの穴にとゞくかぎりなめまわし、おかたさまの手をはらいのけてお尻の穴まできれいになめてあげたら、おかたさまは美しい目をとろんとなさって「ほんとの夫婦の愛情というものは、お前さんのように、そそうもかまわず、いたわってくれるのが、男の実意というものじゃ、わたしはいま、うちの旦那さんにもしてもらえないことをしてもらって、おまえさんにすまないとおもっている。しかし、お前さんによって、わたしは、はじめてほんとの女の喜こびをおそわった」といって黒い丸髷のほつれ毛をなをし、腰巻を股におろして、わらの上に行儀よく、もとのつつしみ深いおかたさまの姿に戻って坐りなをした。

それからまァ、どんなことがあっても、わしはおかたさまを守ってあげねばならんと思うた。

わしは(112)おかたさまのいわしゃる通りのええ子になりたいとは思わだった。

おかたさまには極道した話もした。(113)お嫁さんと大師堂で寝た話もしたぞな。

(114)わしはな、「人間の屑じゃ、屑じゃが何ぞの役にたつかもわからんから、(115)えんりょなく、用立ててつかァされませ」いうたら、(116)おかたさまは、わしのごつい手をやわい手で握りしめて、眼へいっぱい涙をためてのう、わしの胸に顔を押しつけて娘のようにしくしくと泣きじゃくったじゃ。

しっかりとわしの手をにぎったまま涙を流して喜ばれた。

(117)はん月ほどたって、おかたさまをたずねたら、熱があるのでといっ

（112）おかたさまのいわしゃる通りの　残・忘ともにない。

（113）お嫁さんと大師堂で寝た話　お嫁さんの話（残・忘）。

（114）わしはな　残・忘はない。

（115）えんりょなく　残・忘ともにない。

（116）おかたさまは、……しっかりとわしの手を

て寝ておられた。

あくる日、見舞いになしをもっていったら、おかたさまは「もう、えぇのよ」と、またあの納屋の中え、おかたさまと二人でそっとはいって一緒に寝たら、おかたさまの体にまだ熱があるのか、顔色もすぐれず、おかたさまの体はぬくかった。

「体にわるいから今日はなめるだけに」と、おかたさまのものをなめて立上ったら、おかたさまは、わしの手をきつう引きよせて、「お前さんのもなめさせて」とまがをな顔付きに、わしはたまげて、「めっそうもない、おかたさまに、こんなむさいものなめさせることでけん。罰があたる、ばちがあたる」ちゅうと、おかたさまは、「男のお前さんばかりに、わたしのむさいところをなめてもろうのが、わたしはこゝろぐるしいから、どんなにしたらええか、お前さんおしえておくれ」ちゅうもんだから、わしは「ふんどしがきたないし、わしのものを見たら、おかたさまは一ぺんにいやになって、きらわれるから」とことわると、おかたさまは、「では、なんで、わたしのものをお前さんがなめたの、わたしもお前さんのものをなめて、情をつくしたいから」ちゅうて、わしのものを、おかたさまは口一ぱいほをばってくれたじゃ、そして、おかたさまは「こうかえ……」というてのう、舌をわしの胴にまきつかせてのう、わしのおかたさまのをなめるようにしごいてく

にぎったまま　残・忘はない。

（117）「はん月ほどたって……」以下、次頁の「しんぱいでしようがなかったじゃ。」まで三〇行分、残・忘はない。

れたじゃ。

　わしの体はもうもてんようになって、おかたさまの口え、いんすいを出すちうことは、いけんことだと思うて、おかたさまの体を仰向けに引き倒し、おかたさまを手荒らにしては体に毒だと思ったが、もうこらえ切れずにおかたさまの腹のなかに押し込んで、すかすかと二、三度こしをつかって気をやってしまったじゃ。

　おかたさまは「もっと、もっと」ちゅうて腰をわしの腹にすりつけて、わしの体をなかなかはなしてくれなかってのう。

　すんだあと、わしはおかたさまの体のことがしんぱいでしようがなかったじゃ。

　しかしのう、人目をしのぶちうことはむずかしいことで、かえってそれまでほどにいけんようになったが、もうわしのほうですすんで手出しはせなんだ。
　（118）おかたさまと最後に寝たのは、暑い日の、皆の衆がひるねをしている留守中の八つ時だったじゃ、おかたさまの離れのおもやじゃったが、せみが前の庭でやかましう鳴いておったじゃ。
　わしは、おかたさまがえろうはづかしがったが、おかたさまを腰巻き裸にしてのう、おかたさまの体はほんまにまっしろで艶々《つやつや》としてのう、こんなきれいな女の肌ちゅうもんを見たのは、わしは生れてはじ

（118）「おかたさまと最後に寝たのは……」以下、三二二頁の「その笑顔を夢にみたもんじゃ。」まで七四行分、残・忘はない。

めてじゃった。

わしは魂が天にのぼるけもちでのう、はづかしがってくねくねなさるおかたさまの股をひろげて、おめさんやまめをつまんでなめあげまたびらびらをかろくかんだりしていじくったら、おかたさまは「けがしてもい丶から、もっとつようして」と、お汁をだして「ええのよ、ええのよ」と、わしの顔に股をこすりつけてのう、ハアハアスウスウとおかたさまは息をはやめなさったじゃ。

つんむりしたとこ（陰阜）がもりあがって、そこのやわい毛が、わしの鼻に、こしょこしょとあたってええけもちじゃ。

わしは、また、おかたさまのお尻の穴に指を入れてこそぐったら、おかたさまは「いやだ、いやだ、あんた（お前さんといわだった）の手がよごれるから、いやだ、いやだ」ちゅうたが、わしは「なんの、なんの」と、おかたさまのおめさんいっぱいなめつづけながら、こしょこしょとお尻の穴ふかう指をつっこみかきまわしたら、おかたさまは、白い体をむしょうにまるう、股をちぢめ、足をつっぱり「フンウンフンウン」うめいて「モウモウ、アアアアア」と汗して、胸や腹をへこまし、せりあげしてよがって、わしの腰をひきつけようと、おかたさまは、裸のわしの腰を抱いて「ほんとのもの、アア……お前さんのものいただかして……お前さんのもの、はやく、はやく……」おかたさまは、えろうとりみだしたから、わしは、おめさんやお尻のてんご※を やめて「おかたさま、ごめんなされや」ちゅうて、おかたさまの体を、うつぶせにころがしたら、おかたさまはめんくらって「お前さん、どうすれば、いいの」息をあろうしてとまどらっしゃった、おかたさまのお尻を、わしは両手でもって抱きおこし、「おかたさま、牛のつるむようにするのじゃから、ごめんなされ」ちゅうと、おかたさまはがてんなされて、丸いお尻をつき出して四つ這いになってのう「人様も、けだもののようなかっこうで、情をうつすのかえ、……うちの旦那さまにも、こんないやらしいかっこうをしたことないのに、わたしは死ぬほどはづかしい……あァァ、お前さん、どうするのよ……」わしは、おかたさまのほったて尻の割めに、おやかったものを、なんべんもすべらしては、おめさんの穴をちょこちょことかり首だけいれては、抜き出し、おかたさまのぽっちゃり尻を両手でかいぞえして、わしはゆすってやってのう。

おかたさまは、畳のへりにつめたてるほど、両手をつっぱって、じぶんのお尻をささえるにけんめいじゃったじゃ、ふうすうふうふうい うてのう。

身分が高うて、学問のあるお方さまというものは、とんとこんないろごとのわざはうとうてじゃが、そこが、なまみの悲しさというもの

※てんごは、「てんごう」の変化した語で方言。「たわむれ。いたずら」の意。（小学館『日本国語大辞典』）

じゃけん、ばかずをふんで、後家衆やいろんな女をかもうてきた、わしの道具じゃて、上品につつしみ深いおかたさまのものといえど、そこからは、じゅくじゅくと淫水がふき出てきてのう、お方さまのお尻はじぶんからつようおしつけて、わしのきんたままでいれんばかりじゃ。

あれこれとおかたさまのおしもをせせってると、お方さまはもうすすり泣き泣きからだをよじったから、わしもこらえきれず、うんとこさわしの道具を根元まで、おかたさまの子つぼにいれて、ずかりずかり、ぶっすんぶっすんと、ぬきさしやらかし、おかたさまが丸髷のくろかみをふりふり、お尻を動かし「アアッアアッ、お前さん、お前さん、いただかして、いただかして、いただかして、アアッー」わしも、びゃくんびゃくんと道具の先がそりうってぶっぱなしたじゃ、めっぽうこくてあつい子種のいんすいをな、おかたさまの子つぼのおくのおくえのう……。

お方さまは体ごと重いお尻をわしの膝にがばがばとおとしてのう、わしの道具をすっぽりまるのみにくわえこんで、ああ、その時のええけもちのよさったら、はだかのお方さまはせなかをまるうちぢめてぶるぶるぶるふるわしてのう、しくしく泣いておじゃった。

きをやってからわしは、気をうしなったようにぐったりなさったお方さまを仰向けにやわところがし、お方さまのぬれぬれの股をふくようになめつくしたのじゃが、お方さまは眼をつむって手をにぎり股をひろげたままじゃった。

わしは、おかたさまのものを始末して、腰巻をむすんでやり、わしはふんどしをしめて立ち上がると、ようようお方さまも夢からさめたような顔をなさって、衣物をてばやにおめしになり、びんのほつれを掻きあげ掻きあげ、赤い顔をわしにむけ、ニコッと笑いなさった。

ふるいつきたいほどええ顔なさった。

その時のお方さまのうつくしいかっこうが、わしはいまでも忘れられないじゃ、婆と一緒に寝ててもちょくちょく、おかたさまのその笑顔を夢にみたもんじゃ。

わしは、ただ[119]こういうけだかいじょうひんなお方さまから一人前に情をかけてもろうたのがうれしかった。

[120]お方さまとはじめて関係したのは春じゃった。

[121]秋になるまで二、三べんこっそりおかたさまと、はなれで一緒に寝た。

いつもおかたさまはわしのいうとおりに体をあづけてくれたが、なんちうか、させ方にもひかえめで品位があったじゃ、わしがおかたさまの股をひろげると、いつもきまったように両手で顔をかくしてその

（119）こういうけだかいじょうひんなお方さまから　こういう人から（残・忘）。

（120）お方さまとはじめて　はじめて二人が（残・忘）。

（121）この文より、次頁の「元気がなかったよう

寝顔をわしに見られるのがいやがった。

ええあんばいになってきて、わしがむたいにおかたさまの顔の手をおしのけると、眼をつむり唇をきっと結んでおじゃった。

じぶんの顔をそむけてのう――。

最後におかたさまと寝た折は、すこしやつれて、元気がなかったようじゃった。

それから秋もくれて冬にかかる前《まえ》じゃったろう。

おかたさまは風邪をひきなさってのう。

それがもとで肺炎になって、それこそボックリと死んでしもうた。

わしは三日三晩、[122]めしもくわず、ねこんだまま男泣きに泣いたのう。

[123]ひと月ほどたってお方さまの墓えまいり、こっそり、おかたさまの墓好きじゃった野菊の一枝を水いれの竹つつにさして、おかたさまの墓をゆすってまた男泣きに泣いたじゃ。

六

どんな女でも、やさしくすればみんな肌[124]をゆるすもんぞな。

[125]それから、わしも元気をとりもどして、とうとう眼がつぶれるまで女をかもうた。

そのあげくが三日三晩眼が痛うで見えんようになった。

じゃった。」まで一一行分、残・忘はない。

（122）めしもくわず　残・忘はない。

（123）以下、「男泣きに泣いたじゃ」まで残・忘はない。

（124）肌を　残・忘はない。

（125）それから、わしも元気をとりもどして　そ極道のむくいじゃ。

わしは何ひとつろくなことはしなかった。

男ちゅう男はわしを信用していなかったがのう。

どういうもんか女だけは皆わしのいいなりになった。

わしにもようわからん。

しかし、男がみな女を粗末にするんじゃろうのう。

それで少しでもやさしゅうすると、女はついてくる気になるんじゃろう。

そういえば、わしは女の気に入らんようなことはしなかった。

女のいうとをりに、(126)きいてやりしてやり、女の喜ぶようにしてやったのう。

婆とのことか
わしが伊予へ逃げもどったら、またあと追いかけてもどってきて、それからはわしはねぐらの定まらん暮しじゃし、婆さんはおっかァの所へもどって、ときどきわしが寄るだけじゃったが、おっかァには別に男ができて、わしはおっかァとは切れたままじゃった。

女房と名がつきゃァ、婆さんも、わしのような男によう辛抱したもんじゃ。

はじめの三年いっしょに暮しただけで、あとはわしが目をつぶれる

れから元気をとりもどして(残)。民・忘にはこの文無し。

(126) きいてやりして やり 民・残・忘ともにない。

まで、ろくに家に寄りつかだった。

目がつぶれてからいく所もないので、婆さんの所へいったら「とうとうもどってきたか」ちゅうて泣いて喜こんでくれた。

それから目が見えるようにというて、二人で四国八十八ヶ所の旅に出たが、にわかめくらの手をひいて、よう世話してくれた。

結局目も見えるようにならず、そのまま乞食に身をおとしたが、わしはとうとう人なみの家も持ったことがのうて、一代をおわった。

それほど極道をして子ができなかったといいなさるか。

できたかもわからん、できなかったかも知れん。

わしはなァ、村のおきてにそうて生きたのではない。

女と関係してもそれで女が身のもてんようなことがあってはならんから、人のうわさのあがらんまに、わしから身をひいた。(127)

それにわしの商売にさしさわりがあってもいけんから……。

銭ものう、もうけるはしから、そのとき関係しておった女にやってしもうた。

別にためる気もなかったで……。

それでいちばんしまいまで残ったのが婆さん一人じゃ。

あんたも女をかまうことがありなさるじゃろう。

女ちゅうもんは気の毒なもんじゃ。

(127)　人のうわさのあがらんまに、わしから身をひいた　人に知られんまえに手をきった（民)、人に知られん前に手をきった(残)、人に知られるまえに手をきった（忘)。

女は男の気持になっていたわってくれるが、男は女の気持になってかわいがる者がめったにないけえのう。

とにかく女だけは(128)せいいっぱい、じぶんをほっていたわってあげなされ。

かけた情はけっして忘れるもんじゃァない。

わしはなァ、人をずいぶんだましたが、牛はだまさだった。

牛ちゅうもんはよくおぼえているもんで、五年たっても、出会うとかならず啼くもんじゃ。

なつかしそうにのう。

牛にだけはうそがつけだった。

女もおなじで、(129)だいてだかれてかまいはしたが、だましはしなかった。

しかしのう、やっぱり何でも人なみなことをしておくもんじゃ。

人なみなことをしておけば乞食を(130)せえずすんだ。

そろそろ婆さんがもどってくるころじゃで、女のはなしはやめようの。

婆さんはなァ、晩めしがすむと、百姓家へあまりものをもらいにいくのじゃ。

雨が降っても風が吹いてもそれが仕事じゃ。

（128）せいいっぱい、じぶんをほって　民・残・忘にはない。

（129）だいてだかれて　民・残・忘ともにない。

（130）せえず　せえで（民・残・忘）。

わしはただ、ここにこうしてすわったまま。
あるくといえば川原まで便所におりるか。
水あびにいくくらいのことじゃ。
ああ、目の見えん三十年はなごうもあり、みじこうもあった。
かもうた(131)女のことを思い出してのう。
どの女もみなやさしいええ女じゃった……」

（131）かもうた　かまうた（民・忘）、かもうた（残）。

資料編2
下元サカエ媼聞書

杉本　仁
永池健二
井出幸男

本稿は、宮本常一の『土佐源氏』の話者であり、モデルともなった故山本槌造氏の三女、下元《しももと》サカエ媼の談話の聞書記録である。聞書は一九九七（平成九）年八月二日に、地元の民俗学者坂本正夫氏の案内で、井出・永池・杉本の三人が檮原町四万川《しまがわ》区茶や谷のサカエ媼宅を訪れ、媼宅の橋に面した座敷の縁側で行われた。

サカエ媼は、山本槌造・ワサ夫婦の二男三女の末娘として、一九〇七（明治四〇）年三月十九日に槌造・ワサの故郷である愛媛県東宇和郡野村町小屋で生まれた。媼の回顧によると、槌造氏は、小屋の和藤家に生まれ、同村内の山本（文治）家に養子に入り、同村の田之元ワサと結婚、家を継いでいる。山本家は近在有数の財産家であったが、槌造氏は事業に失敗して家産を傾け、ワサ夫人の妹トヨ女の嫁ぎ先、中岡家を頼って、峠を越え隣接している高知県檮原町四万川区茶や谷に移住したという。宮本常一が槌造氏を訪れた一九四一（昭和十六）年当時、サカエ媼は、すでに下元家に嫁ぎ同じ檮原町内の別の所に家を構えていたため、宮本とは直接対面していないが、媼の四人の兄弟がすでに物故されたいま、当時の槌造氏の生活を最もよく知る唯一の証人である。

サカエ媼が、自らの見聞や母親のワサ夫人からの伝え聞きなどによって語ってくれた壮年期の槌造氏の生活は、馬喰を本業としながら博打を好み、ほとんど家に寄りつくことがなかったという自由奔放なもので、『土佐源氏』の主人公の姿を髣髴とさせる。槌造氏がソコヒ（緑内障）を病い、宮本来訪当時の晩年は、失明同然であったというのも一致している。しかし、一方、槌造氏の養家での裕福な生い立ちや、ワサ夫人との結婚後の生活など媼の伝える実状と『土佐源氏』の記述との隔たりは、大きい。

茶や谷に移転後の一家は、槌造氏の馬喰・駄賃持ち（運送業）などのほか、村内を流れる本《お》谷川《だにがわ》に架かる竜王橋のたもとに水車を築き、粉引きを生業としていた。私たちがサカエ媼から話を伺った自宅の媼の部屋は、その水車の上に建て増したもので、その他、一部の改修はあるものの、橋のたもとにある家の位置や造作は、現在も当時とほとんど変わっていないという。「ありあわせの木を縄でくくりあわせ、その外側をむしろでかこい、天井もむしろで張ってある」と『土佐源氏』に描写された「全くの乞食小屋」が、橋の真下にかけられていたということも、槌造氏が「乞食」同然の姿で生活していたこともない、とサカエ媼は強調する。

媼の伝える槌造氏の生活と宮本常一の手になる記録との落差はあまりにも大きく、井出幸男が本書の論考において、資料をたどって明らかにしたように、今日、貴重な民俗の記録として人口に親炙している『土佐源氏』が、その成立の本来の形において持っていた創作的性格を裏付けている。

なお、井出・永池と杉本の三人は、媼から話を伺った後、峠を越えて愛媛県の野村町小屋を尋ね、そこでワサ夫人の実家の田之元家ゆかりの家の方々からも話を聞いた。槌造氏の養家の富裕な生活や、一家が小屋を離れなければならなかった理由など、その話はサカエ媼の話をほぼ裏付けるものであったことを付記しておきたい。

聞書は原型をとどめるようにつとめたが、槌造氏に直接関係ない箇所、および内容が重複したり、聞き取れない箇所があるところは割愛し、時系列を改め編集しなおしたところもある。また内容が不明な箇所は当地（檮原町茶や谷）および愛媛県野村町小屋、小松での聞書などで補い、その箇所は（　）で示した。なお――は聞き手側の質問、それ以外はサカエ媼の答えである。家系図は、聞書をもとに杉本仁が、参考資料として作成したものである。

場所　：高知県高岡郡檮原町四万川区茶や谷の下元サカエ媼宅にて
日時　：一九九七（平成九）年八月二日午前九時より十一時三十分
聞き手：坂本正夫、井出幸男、永池健二、杉本仁（まとめ）（写真資料は井出が追加）

――「土佐源氏（一人芝居）」の主人公のモデルといわれている山本槌造さんのおられたのは、どこになるのでしょうか？

（童王橋のたもとの）ここですよ。ここの家のここにおったがです。家を少しよせたり、屋根をかえたり、傷んだところを直したり、少しはしたけんど……（家の造りはあまり変わっていません）。（橋

上は竜王橋のたもとにある下元サカエ媼宅（山本槌造宅）。カーテンのかかっている部屋の床下には、今でも水車を回した石組の溝（下）が残っている。

の下というが）ここの橋の下に家が建つだの、住まいができるようなことはなかったです。水がでりゃあ腰がつくぐらいでるがじゃもの、乞食でも遍路《へんど》でも（橋の下には）住めるはずがない。あれ（一人芝居の「土佐源氏」）は話としてもできすぎちょったね。

――おばあさん（サカエさん）はここでお生まれになったのですか？

いまは愛媛県東宇和郡野村町小屋（茶や谷からは峠一つを越えた場所）になっておる、そこからこっちへ来たもんです。財産をないようにしてしもうてからこちらに来たもんじゃけ。先にオヤジ（槌造）がおったもんです。わたしは後からここに来たので、わからないことがあるが。おかあさんからよう聞いちょったけに、知ったり見たりはもうしよったけんど。

生まれたのは、明治四十年三月十九日です。学校三年までは小屋の学校へ、学校四年になる時に、ここ（茶や谷）にきたんじゃけに。いまのここではなかったです。少し下のところ（現住所より少し下のところ）に居り、家はあんまり大きゅうない、ここよりは細《こま》いぐらいの家があって、それから馬を二匹連れて来ちょったけえ、駄屋のあるところでなけりゃだめっていうんで……。そこにおって、それから、こっちへ……。ここは水車じゃったんで……。今も跡はありますが、（水車を回せるほどの）ここ（家）を買《こ》うて移ったんです。ここの向こう（川と反対側）に馬が飼えるような大きい駄屋というものがあったんです。こっち（川側）が水車で。

――その頃、『土佐源氏』の作者の宮本常一さんが来たわけですね？

村長の那須さんの紹介で。わたしは家《うち》におらざったけに、そこらはように知らんですけんど、幾日か那須旅館に泊まりながら。何日か泊まっておいでたんでなかろうかねー。（野村町）小屋にいた時の博打、馬喰ぐらいの話をしたわけですね。

上は下元サカエ媼。下は、宮本を“土佐源氏”に紹介したという「那須のだんな」の旧那須旅館。道をはさんで斜め向いにあり、宮本もここに宿泊した。

――娘にもいろいろな話を聞かせることがあったのですか？

いいえそんなことぜんぜん聞いたことありません。おもしろおかしい話はしよったが。愛媛県へ行ったらもっとわかるけんど。峰を一つ越えたところですが。もうみんな死んでしもうたから……、もうイトコもハトコもたいていおらんろうと思う。人も変わったりしておりますからね。（槌造さんを）知った人はね、百歳ぐらいの人じゃーないともうようわからんもんね。

家におって、馬を引いて、大野ヶ原から久万というところまで、お茶を出すのに二、三人の人らで馬につけて運んでおったら、松山の人が、電柱の上にあるコウガイになるケヤキの木の仕事をやってみてくれんかというので、ここからずーっと奥の一里余り入ったところで買《こ》うて、しばらくそれをやりよりましたが。私が学校六年すんでからしばらく何年か、そんなことをしよって、そうしてとうとう目が見えんようになって。

――宮本常一さんと会ったときは、もう目が見えなくなっていたわけですね。

はあ、もう目が見えんようになって、なんにもしません。（イロリで）火を焚いて、そりゃあ、よその方からおいでた人が見たら、田舎の眼も見えず遊びよるような病人みたいなもんじゃけに、乞食と間違うぐらいにはしておりましたろうけんど。その頃は、私も家におらんけに、そのことはように知らんがですが……。川の方に住まいをしていたというのは、あとから新聞社の人が来て、あれはどうも行きすぎじゃったろうというて訂正して送ってもろうたような話でしたがね。

――高知新聞の山田一郎さんが、『土佐源氏』の記事を書いて、槌造さんの事実と違っているといわれているが、「土佐源氏」では迷惑を被っていますか？（ここでは宮本の『土佐源氏』ではなく、坂本長利氏の一人芝居の「土佐源氏」のこと）

そりゃあ、何をしてもええ役もあれば悪い役もあるけに、そこをいうわけではないけんど。（一人芝居を）五百回も六百回もやり、地元でも檮原の三島様（三島神社）でやりよった。生まれたところや近所の人は知っとるからいいが、甥もおるし、子どもが役場にもおるし、皆あんまりよろしゅう思わんで。子どもが怒るけん。いまはもうなれたから、怒りやせんけんど。よそにも子どももおるけん、それらもあまりよろしゅうにはいわん。

子どもが新聞社へ電話かけたんか知らんが。そしたら、「乞食でも遍路《へんど》でも名前を載せてもらったら名誉と思え」といって電話切ったっていう。お金でも出しちょるかいうて。それは出しちょらんというて。

もう三年くらい前になりゃあせんろうか。（坂本長利氏から）高知までいま来ておるが、そっちへ行くけに、お墓もあったら参らせてくれ、お寺さんへも法要もしてあげてくれと、電話がかかったことがあるが。年忌の時には法事もしてやってる。墓もあるけんど……。もう来てくれるなと（断った）。それからおいでません、こっちは。

――ご兄弟は何人ですか？

五人兄弟ですが、けんどもう、わたし一人です。お父さん（槌造）とお母さん（ワサ）の間には五人の子どもがあり、わたしは一番末っ子。

――槌造さんの妻、サカエさんのおかあさんの名前は何といいますか？

ワサです。（山本家へは）母の方が先に行っちょって、（父は）あとからの養子じゃと書いてあるものもあったが、そうじゃない。私らが聞くには、お父さんの方が先に行っちょって、それから嫁を取る時に行ったもんですと。お父さんとは小屋で一緒になり、叔母がこちら（茶や谷）に来て

上は下元家の仏壇。下の段の位牌入れの中に山本家代々の位牌が入れられ、今でも大切にまつられている（位牌の写真は78頁参照）。
下は山本槌造の墓。ワサ（妻）、好太郎（長男）の名前も両脇に刻まれている。

いたので、こちらに来た。

――オバとは？

お母さんの妹で、中岡トヨです。（槌造とワサはイキアイメオト（恋愛結婚）で結ばれ、在所の小屋で生活をしていたが、伊予農工銀行からの借金を返せずに、ハンカヅキ（連帯保証人）をして貰っていた長男宅に多大な迷惑をかけ、ワサの実家（田之元）に出入り禁止の処置を取られたために、茶や谷に転居を余儀なくされたようである）。

――槌造さんのお父さんは？

山本文治です（槌造は和藤家から養子に入った。和藤家の在所は愛媛県野村町小屋）。山本

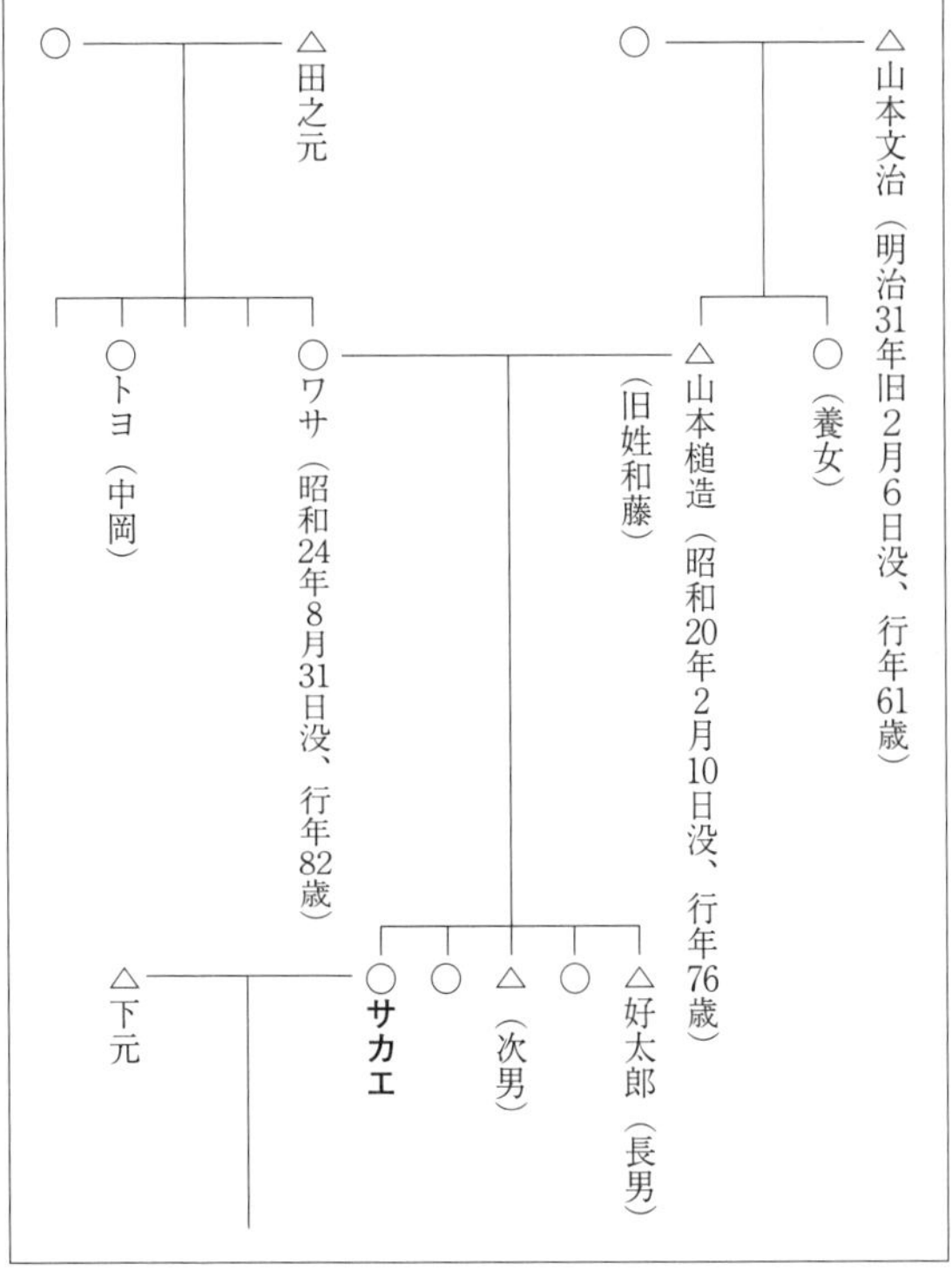

槌造氏にかかわる系図

（文治夫婦）家には子（実子）がなかったけに、娘はお伊勢参りのおりに拾うて戻ってきた。娘は山本家で養われ、またええところへもらわれて嫁に行ってね。その山本家は近在に知れ渡った大きな財産家じゃったがじゃけえ。蔵でも大きな蔵がありましたが、〝土佐の龍王様か、小屋の山本文治か〟といって、貧乏人には土佐の龍王様より効き目がはやいという（龍王様とは檮原町四万川区茶や谷に祀られている神様で、通称四万川の龍王様、正式名は海津見《わたつみ》神社という。土佐では宇佐以西の漁民の信仰が厚く、遠くは瀬戸内・九州方面からの信仰もあつめた神社である。また漁業だけでなく、さまざまな現世利益においても評判の高い神社であったが、文治さんのお金の方が困った村人には即効性があったというわけである）。その人は六十一で一週間もう飲んだり、食うたりでの六十一のお祝いをしたんです。そこに（槌造は）貰われてきたがじゃけに。

――お父さんの槌造さんはどのような人でしたか？

昔のいうたら遊び人というもんじゃろうかね。コマイ（若い）頃はいい生活をしており、飲んだり食うたり、博打から女遊びをしていたようで……。お父さんはちっとも百姓なんか手伝うような人じゃなかった。それはわたしらは見たことがない。お母さんは苦労はしましたね。百姓はふとい（大きい）けに、男の人やら、おなごの人もちゃんと雇うて、守《もり》まであてごうて、お金には困らざったらしいけんど。お父さんは、でたら、もう一週間ほども戻ってこんこともあったっていう。けんど仕事に困るようなことは一度もないような人で……。サイコロ博打をやったり……。仕事は馬喰が主じゃったけにね。ここらにも馬喰は多くおりましたね。その下についている人もおって。お父さんにもついちょりましたよ、一人は。

――おもしろい話はどこで仕入れてくるのでしょうか？

そりゃあ博打・馬喰をしてまわっちょればどこでも。

――お父さんから、馬喰の話や旅の話を小さいころ聞いたことがありませんか？

私は怒られるようなこともなく、とにかく大事にはしてもろうたけんど、お父さんは、ろくに家におらんがじゃけに、聞くことはなかったです。私も、学校すんでからは、お蚕の手伝いに愛媛県の方へ行ったりしたけん（聞くような機会はありません）。

――夫婦仲はどうでしたか？　槌造さんのことを罵《ののし》ったようなことはありませんでしたか？

そのような小さい肝のお母さんではなかったです。ひとのええ人でした。

――目が見えなくなったあとは、ここの水車で粉引きをしていたのですか？

いや、オヤジは仕事はなんちゃしよりゃあしません。まあ、気に向いたら藁でもお母さんにたたいてもろうたら履き物ぐらいは、ちょっとは作りよったけんどね。もう目が見えんようになってからは、あたったり、転んだりで、もう二十年ぐらい、それですんだがじゃなかったかね。

――目が見えなくなってから、近所の人が世間話などを聞きに来たようなことがありましたか？

いや、そんな話を聞きに来るようなものではなかった。きやあしません。

――酒は飲みましたか？

はあ、酒はだいぶ飲んだでしょ。目が見えなくなってからも、ちょいちょい飲みよったけんど、よけいは飲まなくなりました。

――槌造さんが目が悪くなったのは病気ですか？

はあ、昔のソコヒ（緑内障）いうたね。いまのように手術するようなこともせずにすんだわけです。

――愛媛県からこちらへは馬喰仲間はよく来ましたか？

ちょくちょく来よりましたね。牛馬の身体をなおしよりました。牛馬の血合いもようやりよった。この近くにもあります。牛馬に詳しいけに、それでずっと通ったもんですろう。種付けのようなことはしません。

――目が悪くなってからはしませんでしたか。

もお、しおません。

――お父さんがやっている様子を見たことがありますか？

血合いの時はあります。雇われていきよったね。その向こうのいまは田圃になっている所でやりました。

――じゃあ、お金には不自由しなかったわけですね。

知りません、どれだけあったか。お金はあったけに、よお使いだしたがじゃね。

あとがき

私は宮本常一という人物に会ったことはない。したがって、その人物像を機微に至るまで把握し、正確に理解するためには、公私ともに徹底的に彼の遺したものを読み解いていくしか方法はない。幸い、彼はその生涯にわたり、多くの「日記」及び「自伝」とも言える資料を遺してくれた。

「日記」については、例えば昭和八年三月三十日（『宮本常一日記　青春編』）に、次のような記述が見える。

二階へあがつてから古い日記帳を出して見る。歩いて来た道が如何に苦悶の道であつたかをおもふ。或時は女を恋ひ、ある時は自慰をなげいて居る。（中略）併し之等の日記は何時の日にか、焼き捨てねばならぬものである。そこには、私の姿があると共に人に語るべからざる多くのものがある。生きる事の難きを思ふ。

自らの内面について、隠すところのない、真摯な記述の様相の一面が窺えるが、結果的にこれらの「日記」の多くは「焼き捨て」られることなく、われわれの目の前に遺された。誠に有り難い記録である。ただし、「日記」の中には「日記を3ツ書かねばならぬのはいさゝか苦痛。」（『宮

本常一　写真・日記集成』別巻、昭和二十五年七月十日）との記述も見受けられ、時に、目的に応じて書き分けた可能性も皆無ではないのであるが。

田村善次郎氏は、これら「日記」など大量の資料も基礎として「宮本常一年譜稿」（『宮本常一日記　青春編』所収）を作成している。当然のことではあるが、その内容は「民俗学」の業績に重心を置いた公的活動を中心としたものであり、私的な記事はごく一部を除きカットされている。しかし、完全な人物像の把握において、私の重視するのは、一見「民俗学」とは離れた私的記述である。特に瑣末とも見える個人的な記述の中にこそ、宮本の本当の心の真実、〝本性〟が窺えるものと考えている。まず本書で大切にしたのは、そうした「日記」等の中の宮本の「姿」が窺える記事であった。

宮本の人生を通じ、その私の「読み」から第一に浮び上がってくるものは何か。それは宮本の内面における「文学」の持つ〝重さ〟と言ってよいであろう。人を引き入れて止まない「文学」の持つ魅力と恐ろしさ、〝魔力〟と言っていいかもしれない。特に宮本の「民俗学徒」に至るまでの前半生は、「年譜」風に作成した第三章の三（「文学」（『土佐源氏』）へと向かう素地の形成）でも確認したところであるが、それは、まさにその「文学」に取り憑かれたものと捉えることができると思う。

そうして見ると、表向きは「民俗学」へと転換した中で生み出された『土佐源氏』（私が第一に評価するのはその原作、『土佐乞食のいろざんげ』であるが）は、それまで培ってきた宮本の「文学」に懸ける〝夢〟と「民俗学」との一回限りの出会いが生み出した、正に類い稀な作品、〝一瞬の輝き〟であったと言えるのかもしれない。そして原作『いろざんげ』以降の『土佐源氏』へと至る展開は、宮本が置かれた外的事情から、それを民俗学的に色付けしようとしたものと位置付けることができるであろう。ただここにおいても、あえて題名に古典の名品『源氏物語』を重ね、女性遍歴を文学的に意味付けようとした宮本の思いは、決して軽く見てはならないと思う。青春の「煩悶」の日々、その「野心」は「すぐれたる文学者になること」にあったからである。

ただ問題は残った。最後まで宮本の「姿勢」が解らない。私の理解・解釈にかかわらず、宮本は原作については正面から語ることなく、生涯を終えるまで「ユスハラの乞食」は「事実」であり、『土佐源氏』は採集をそのままに記述した「民俗誌」「生活誌」との立場を取り続けていたのである。何故なのか。できないことではあるが、もし可能なら直接会って聞いてみたい。本当にそれで良かったのかと。

「一事が万事」ではないが、「真実は細部に宿る」との言もある。「宮本民俗学」を考え、さらには「民俗学」とは何かを問う原点、大切な手掛りがここにある気がしてならない。特に、柳田国男との出会いにより始まった宮本の民俗学ではあるが、文学性における柳田との相違には、考えるべき多くの事柄があると思っている。

平成二十七年七月日

病気療養中の横須賀市の自宅で

この世に生きて在ることの有り難さをかみしめながら

井出　幸男

著者紹介

井出 幸男（いで ゆきお）

昭和 20 年（1945）8 月、長野県生まれ。博士（文学）、日本歌謡史、民俗歌謡研究。現在、高知大学名誉教授。高知県文化財保護審議会委員。高知県文化財専門委員。
高知県立歴史民俗資料館資料調査員。

略歴

昭和 43 年（1968）3 月		金沢大学法文学部法学科卒業。
同		信濃毎日新聞社入社。編集局記者。（諏訪支社を経て長野本社務。昭和 48 年 1 月まで）
昭和 50 年（1975）3 月		早稲田大学第二文学部（日本文学専攻）卒業。
同		以降、攻玉社学園・麻布学園 非常勤講師、早稲田大学副手、横浜市立大学文理学部 兼任講師、歴任。
昭和 59 年（1984）3 月		早稲田大学大学院文学研究科博士課程（日本文学専攻）修了。
同	10 月	高知大学教育学部 助教授（国文学）
平成 10 年（1998）4 月		同 教授。
平成 21 年（2009）3 月		同 定年退官。
同	4 月	同志社大学・奈良教育大学 非常勤講師（平成 24 年 3 月まで）

主要著書

『中世歌謡の史的研究―室町小歌の時代』（平成 7 年 1 月、三弥井書店）
〈同書により、平成 7 年 5 月、日本歌謡学会より第 12 回志田延義賞を受賞。同書所収の論文により、早稲田大学より平成 8 年 11 月、博士（文学）の学位を取得〉
『新 日本古典文学大系 62 巻　巷謡編』（平成 9 年 12 月、岩波書店）
『土佐日記を歩く―土佐日記地理辨全訳註』（平成 15 年 11 月、高知新聞社）
〈同書により、平成 16 年 2 月、高知県文教協会より第 48 回高知県出版文化賞を受賞〉
『土佐の盆踊りと盆踊り歌』（平成 21 年 8 月、高知新聞社）
〈同書により、平成 22 年 3 月、高知市文化振興事業団より第 20 回高知出版学術賞を受賞。同年 11 月、民俗芸能学会より平成 22 年度本田安次賞を受賞〉

宮本常一《みやもとつねいち》と土佐《とさ》源氏《げんじ》の真実《しんじつ》

2016年3月30日・第1刷発行

定　価＝2500円＋税
著　者＝井出幸男
発行者＝林 利幸
発行所＝梟　社
〒113-0033　東京都文京区本郷2-6-12-203
振替 00140-1-413348番　電話 03 (3812) 1654　FAX 042 (491) 6568

発　売＝株式会社 新泉社
〒113-0033　東京都文京区本郷2-5-12
振替 00170-4-160936番　電話 03 (3815) 1662　FAX 03 (3815) 1422

印刷・製本／萩原印刷

デザイン／久保田考

柳田国男と学校教育

教科書をめぐる諸問題

杉本　仁

A5判上製・四四五頁
三五〇〇円＋税

戦後日本の出発にあたって、次代をになう子どもたちの教育改革に情熱を燃やした柳田は、教科書編纂にも積極的に関与する。だが、判断力をそなえた公民の育成によって、人と人が支えあう共生社会を理想とした中学校社会科教科書は検定不合格となり、その他の社会科や国語教科書も数年のうちに撤退を余儀なくされる。戦後も高度成長期にさしかかって、教育界は受験重視の系統的な学習効率主義を優先し、柳田教科書は見捨てられていくのである。それから50年。私たちは豊かな経済社会を実現した。しかし、その一方で、冷酷な格差社会を出現させ、自由ではあるが、孤立し分断された無縁社会を生きることを強いられている。それは、共生社会の公民育成をめざした柳田教科書を見かぎった私たちの想定内のことだったのか？　本書は、柳田教科書をつぶさに検証し、柳田の思想と学問を通して、現代の学校教育に鋭く問題提起をするものである。

選挙の民俗誌

日本的政治風土の基層

杉本　仁

四六判上製・三一〇頁・写真多数
二二〇〇円＋税

選挙は、四年に一度、待ちに待ったムラ祭りの様相を呈する。たとえば、「カネと中傷が飛び交い、建設業者がフル稼働して票をたたき出すことで知られる甲州選挙」（朝日新聞07・1・29）。その選挙をささえる親分子分慣行、同族や無尽などの民俗組織、義理や贈与の習俗――それらは消えゆく遺制にすぎないのか。選挙に生命を吹き込み、利用されつつも、主張する、したたかで哀切な「民俗」の側に立って、わが政治風土の基層に光を当てる。

柳田国男
物語作者の肖像

永池健二

A5判上製・三二二頁
三〇〇〇円＋税

柳田国男の民俗学は、「いま」「ここ」を生きる人びとの生の現場から、その生の具体的な姿を時間的空間的な拡がりにおいて考究していく学問として確立した。近代国家形成期のエリート官僚として、眼前の社会的事実を「国家」という枠組みでとらえる立場にありながら、柳田の眼差しが、現実を生きる人びと一人ひとりの生の現場を離れることはなかった。「国家」や「民族」という枠組みに内在する上からや外からの超越的な視点とも、「大衆」や「民族」といった、人びとの生を数の集合として統括してしまう不遜な視点とも無縁であった。そうした彼の眼差しの不動の強さと柔らかさは、そのまま確立期の彼の民俗学の方法的基底となって、その学問の強靱さと豊かさを支えてきたのである。――日本近代が生んだ異数の思想家、柳田国男の学問と思想の、初期から確立期へと至る形成過程を内在的に追究し、その現代的意義と可能性を探る。

逸脱の唱声
歌謡の精神史

永池健二

A5判上製・三五六頁
三〇〇〇円＋税

歌とは何か？　人はなぜ歌をうたうのか？　思わず口ずさむ鼻歌。馬子歌、舟歌などの旅の歌。田植え、草刈り、石曳きなどの仕事歌。恋する男女、来臨した神と人、帰来した死者と生者が取り交わす掛け合いの歌。太初から今日のカラオケまで、歌のさまざまな形をつぶさに追い求め、境界を越えて響きわたり、人を逸脱へと誘い出す、歌の不思議な力を鮮やかに描き出す。

柳田国男の皇室観

山下紘一郎

四六判上製・二八八頁

二三三〇円＋税

柳田は、明治・大正・昭和の三代にわたって、ときには官制に身をおき、皇室との深い関わりを保持してきた。だが、柳田の学問と思想は、不可避に国家の中枢から彼を遠ざけ、その挫折と敗北の中から、日本常民の生活と信仰世界の究明へ、日本民俗学の創始へとむかわせる。従来、柳田研究の暗部とされてきた、柳田の生涯に見え隠れする皇室の影を浮き彫りにし、国家と皇室と常民をめぐる、柳田の思想と学問の歩みの一側面を精細に描く。各誌紙激賞。

神樹と巫女と天皇

初期柳田国男を読み解く

山下紘一郎

四六判上製・三四九頁

二六〇〇円＋税

大正四年の晩秋、貴族院書記官長であった柳田国男は、大正の大嘗祭に大礼使事務官として奉仕していた。一方、民俗学者として知見と独創を深めてきた彼は、聖なる樹木の下で御杖を手に託宣する巫女こそが、列島の最初の神聖王ではなかったかと考えていた——。フレーザー、折口信夫を媒介にして、我が国の固有信仰と天皇制発生の現場におりたち、封印された柳田の初期天皇制論を読み解く。

柳田国男研究❻

柳田国男 主題としての「日本」

柳田国男研究会編

A5判上製・二九一頁

三〇〇〇円＋税

大正から昭和の時代に、柳田国男が新しい学問、「民俗学」を構想した時、彼をとらえた最も重い課題は、日本とは何かという命題だった。この列島に生きる人びとはどこから来たのか。我々の今につながる、生活文化の伝統や信仰の基層にあるものは？　そして何よりも、現在から未来へ、わが民の幸福はどう遠望しうるのか？　安易な洋学の借用や偏狭な日本主義を排して、柳田は日本人の暮らしと心意伝承のこしかたを、「民俗」の徹底した採集と鋭い直観、卓出した解読によって明らかにし、課題にこたえようとしたのである。本書は、本質的なるがゆえに、左右の誤読と誹謗にまとわれてきた柳田の「日本」という主題を検証し、真の「日本学」の現代的意義を問い直すものである。

柳田国男研究❼

柳田国男の学問は変革の思想たりうるか

柳田国男研究会編

A5判上製・三八〇頁

三五〇〇円＋税

先住の山人や漂泊する民、定住する農耕民の文字に残されてこなかった伝承や伝説、生活に密着した心意や信仰の世界を掘り起こし、名もなき人々の生き生きした歴史と文化に光を当てた柳田国男。だが、氏が逝って50年。私たちの社会は高度に発達し、伝統的な制度や価値観は崩壊して、柳田の学問、民俗学を生み出した時代から遠い極北にまで歩みいたったかに見える。戦前から戦後の時代の曲り角で、柳田は幾度も見直されてきたが、私たちの時代は今、柳田国男とその学問を、過去のものとするのだろうか？その今日的課題を問う。

神と村

仲松弥秀

四六判上製・二八三頁・写真多数
二三三〇円＋税

神々とともに悠久の時間を生きてきた沖縄＝琉球弧の死生観、祖霊＝神の信仰と他界観のありようを明らかにする。方法的には、南島の村落における家の配置から、御嶽や神泉などの拝所、種々の祭祀場所にいたる綿密なフィールドワークによって、地理構造と信仰構造が一体化した古層の村落のいとなみと精神史の変遷の跡を確定して、わが民俗社会の祖型をリアルに描き出す。伊波普猷賞受賞の不朽の名著。

うるまの島の古層

琉球弧の村と民俗

仲松弥秀

四六判上製・三〇二頁・写真多数
二六〇〇円＋税

海の彼方から来訪するニライカナイの神、その神が立ち寄る聖霊地「**立神**」。浜下りや虫流しなどの**渚**をめぐる信仰。**国見の神事**の祖型。南島の各地につたわる**オナリ神**の諸相——こうした珊瑚《うるま》の島の民俗をつぶさにたずね、神の時間から人の時間へと変貌してきた琉球弧＝沖縄の、村と人の暮しと、その精神世界の古層のたたずまいを愛惜をこめて描く。

新版

キリシタン伝説百話

谷　真介

四六判上製・三五八頁
二二〇〇円＋税

キリシタン伝説の「奇蹟譚、殉教譚をはじめ、摩訶不思議、奇想天外、荒唐無稽な魔術、妖怪譚まで多種多彩」な様を実に丹念に掘りおこしたこの本は、伝説が「このような形で残っている」ことをまず紹介することで第一の目的を果たしており、詳細な注釈を付けて時代背景や文献と伝承との関連を補って「百話を集めた」意義を大きく超えている。著者は児童文学者の筆力で伝説を柔らかくかみくだき、土俗の空気のなかに立ちのぼった伝説を土着化した文化の一様態として、ゆったりと提示することに成功した。こういう蒐集も、早くからあってよかったはずなのに、近代化＝国際化を急いだ日本人は、異文化との接触のプロセスを丁寧に追っていく手間を平気で省いていた。『キリシタン物語』の権威である著者によってこの問題提起を含む蒐集の本が書かれたことを、私は密かに喜んでいる。

松永伍一氏（「週刊読書人」より）